2015—2016年
中国工业和信息化发展
系列蓝皮书

2015-2016年世界工业发展蓝皮书

The Blue Book on the Development of World
Industry（2015-2016）

中国电子信息产业发展研究院　编著

主　编/樊会文

副主编/赵树峰

人民出版社

责任编辑：邵永忠

封面设计：佳艺时代

责任校对：吕　飞

图书在版编目（CIP）数据

2015-2016 年世界工业发展蓝皮书 / 樊会文　主编；

中国电子信息产业发展研究院　编著 . — 北京：人民出版社，2016.8

ISBN 978-7-01-016508-0

Ⅰ . ① 2… Ⅱ . ①樊… ②中… Ⅲ . ①工业发展—研究报告—

世界— 2015-2016 Ⅳ . ① F414

中国版本图书馆 CIP 数据核字（2016）第 174701 号

2015-2016年世界工业发展蓝皮书

2015-2016NIAN SHIJIE GONGYE FAZHAN LANPISHU

中国电子信息产业发展研究院　编著

樊会文　主编

人民出版社 出版发行

（100706　北京市东城区隆福寺街 99 号）

北京市通州京华印刷制版厂印刷　新华书店经销

2016 年 8 月第 1 版　2016 年 8 月北京第 1 次印刷

开本：710 毫米 ×1000 毫米　1/16　印张：19.5

字数：320 千字

ISBN 978-7-01-016508-0　定价：98.00 元

邮购地址　100706　北京市东城区隆福寺街 99 号

人民东方图书销售中心　电话（010）65250042　65289539

代　序

在党中央、国务院的正确领导下，面对严峻复杂的国内外经济形势，我国制造业保持持续健康发展，实现了"十二五"的胜利收官。制造业的持续稳定发展，有力地支撑了我国综合实力和国际竞争力的显著提升，有力地支撑了人民生活水平的大幅改善提高。同时，也要看到，我国虽是制造业大国，但还不是制造强国，加快建设制造强国已成为今后一个时期我国制造业发展的核心任务。

"十三五"时期是我国制造业提质增效、由大变强的关键期。从国际看，新一轮科技革命和产业变革正在孕育兴起，制造业与互联网融合发展日益催生新业态新模式新产业，推动全球制造业发展进入一个深度调整、转型升级的新时期。从国内看，随着经济发展进入新常态，经济增速换挡、结构调整阵痛、动能转换困难相互交织，我国制造业发展也站到了爬坡过坎、由大变强新的历史起点上。必须紧紧抓住当前难得的战略机遇，深入贯彻落实新发展理念，加快推进制造业领域供给侧结构性改革，着力构建新型制造业体系，推动中国制造向中国创造转变、中国速度向中国质量转变、中国产品向中国品牌转变。

"十三五"规划纲要明确提出，要深入实施《中国制造2025》，促进制造业朝高端、智能、绿色、服务方向发展。这是指导今后五年我国制造业提质增效升级的行动纲领。我们要认真学习领会，切实抓好贯彻实施工作。

一是坚持创新驱动，把创新摆在制造业发展全局的核心位置。当前，我国制造业已由较长时期的两位数增长进入个位数增长阶段。在这个阶段，要突破自身发展瓶颈、解决深层次矛盾和问题，关键是要依靠科技创新转换发展动力。要加强关键核心技术研发，通过完善科技成果产业化的运行机制和激励机制，加快科技成果转化步伐。围绕制造业重大共性需求，加快建立以创新中心为核心载体、以公共服务平台和工程数据中心为重要支撑的制造业创新网络。深入推进制造业与互联网融合发展，打造制造企业互联网"双创"平台，推动互联网企业构建制

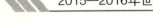

造业"双创"服务体系，推动制造业焕发新活力。

二是坚持质量为先，把质量作为建设制造强国的关键内核。近年来，我国制造业质量水平的提高明显滞后于制造业规模的增长，既不能适应日益激烈的国际竞争的需要，也难以满足人民群众对高质量产品和服务的热切期盼。必须着力夯实质量发展基础，不断提升我国企业品牌价值和"中国制造"整体形象。以食品、药品等为重点，开展质量提升行动，加快国内质量安全标准与国际标准并轨，建立质量安全可追溯体系，倒逼企业提升产品质量。鼓励企业实施品牌战略，形成具有自主知识产权的名牌产品。着力培育一批具有国际影响力的品牌及一大批国内著名品牌。

三是坚持绿色发展，把可持续发展作为建设制造强国的重要着力点。绿色发展是破解资源、能源、环境瓶颈制约的关键所在，是实现制造业可持续发展的必由之路。建设制造强国，必须要全面推行绿色制造，走资源节约型和环境友好型发展道路。要强化企业的可持续发展理念和生态文明建设主体责任，引导企业加快绿色改造升级，积极推行低碳化、循环化和集约化生产，提高资源利用效率。通过政策、标准、法规倒逼企业加快淘汰落后产能，大幅降低能耗、物耗和水耗水平。构建绿色制造体系，开发绿色产品，建设绿色工厂，发展绿色园区，打造绿色供应链，壮大绿色企业，强化绿色监管，努力构建高效清洁、低碳循环的绿色制造体系。

四是坚持结构优化，把结构调整作为建设制造强国的突出重点。我国制造业大而不强的主要症结之一，就是结构性矛盾较为突出。要把调整优化产业结构作为推动制造业转型升级的主攻方向。聚焦制造业转型升级的关键环节，推广应用新技术、新工艺、新装备、新材料，提高传统产业发展的质量效益；加快发展3D打印、云计算、物联网、大数据等新兴产业，积极发展众包、众创、众筹等新业态新模式。支持有条件的企业"走出去"，通过多种途径培育一批具有跨国经营水平和品牌经营能力的大企业集团；完善中小微企业发展环境，促进大中小企业协调发展。综合考虑资源能源、环境容量、市场空间等因素，引导产业集聚发展，促进产业合理有序转移，调整优化产业空间布局。

五是坚持人才为本，把人才队伍作为建设制造强国的根本。新世纪以来，党和国家深入实施人才强国战略，制造业人才队伍建设取得了显著成绩。但也要看到，制造业人才结构性过剩与结构性短缺并存，高技能人才和领军人才紧缺，基础制造、高端制造技术领域人才不足等问题还很突出。必须把制造业人才发展摆在更加突出的战略位置，加大各类人才培养力度，建设制造业人才大军。以提高现代经营管理水平和企业竞争力为核心，造就一支职业素养好、市场意识强、熟悉国内外经济运行规则的经营管理人才队伍。组织实施先进制造卓越工程师培养计划和专业技术人才培养计划等，造就一支掌握先进制造技术的高素质的专业技术人才队伍。大力培育精益求精的工匠精神，造就一支技术精湛、爱岗敬业的高技能人才队伍。

"长风破浪会有时，直挂云帆济沧海"。2016 年是贯彻落实"十三五"规划的关键一年，也是实施《中国制造 2025》开局破题的关键一年。在错综复杂的经济形势面前，我们要坚定信念，砥砺前行，也要从国情出发，坚持分步实施、重点突破、务求实效，努力使中国制造攀上新的高峰！

工业和信息化部部长

2016 年 6 月

前　言

　　工业是拉动经济增长的火车头，是转变经济发展方式的主战场。自工业文明以来，世界强国的发展史就是一部制造强国的奋斗史。一国只有拥有实力强劲的制造业，才有国家和民族的强盛。国际金融危机以来，全球经济复苏进程缓慢，金融市场动荡不安，贸易形势不断恶化。在此背景下，发达国家和新兴经济体纷纷出台一系列政策措施加快本国制造业发展，以期实现经济较快增长。

　　进入 2015 年，全球经济复苏乏力，世界工业发展整体保持低速增长态势。受全球大宗商品价格持续下跌、美国加息、重点行业产能过剩等因素影响，主要能源出口国工业增长乏力，新兴经济体融资成本上升，主要经济体贸易增速急剧下滑。

　　在我国，党的十八届五中全会提出了"创新、协调、绿色、开放、共享"五大发展理念，将创新发展列为五大理念之首。随着《中国制造 2025》和"互联网 +"行动计划的实施，我国制造业创新能力将得到不断提升，实现制造强国的宏伟目标正在不断积累中变为现实。为跟踪研究世界工业发展的最新态势，借鉴主要国家工业发展的经验教训，赛迪智库世界工业所组织编撰了《2015—2016 世界工业发展蓝皮书》。本书全面梳理和总结了世界工业的发展情况，从区域、行业、企业、热点、展望等角度入手，对世界工业总体情况、主要经济体、重点行业、典型企业以及热点事件进行了全面阐述，分析了世界工业领域存在的重点和难点问题，并对 2016 年世界工业的发展趋势进行了展望。其中：

　　"综合篇"，重点介绍了世界工业发展的总体情况，分析了当前世界工业发展的主要特点，结合发达经济体、新兴经济体和最不发达经济体阐述了区域发展的总体情况，并对全球装备制造、原材料工业、消费品工业、电子信息等重点行业的发展进行了总体概述。

　　"区域篇"，重点介绍了主要经济体的工业发展情况。针对全球产业格局，选取了美国、欧盟、日本、金砖国家、拉美国家、韩国以及中国台湾地区等经济体进行了重点研究。总结了主要经济体工业发展的最新特点，分析了产业布局总体情况和调整趋势，梳理了主要经济体推动工业发展的最新政策措施，并对重大政策进行了解析。结合各方面影响因素，对主要经济体工业发展趋势进行了预测。此外，还重点研究了主要经济体的跨国企业和中小企业最新发展状况。

"行业篇"，重点介绍了原材料、消费品、电子信息等行业的发展情况，分析了全球原材料行业的总体情况，并对全球石化行业、钢铁行业、有色金属、建材、稀土等重点行业的发展态势进行了总结。分析了消费品行业的总体态势，对发达经济体和新兴经济体消费品行业的发展情况进行了总结，并对纺织服装、食品和医药产业的发展进行了重点阐述。分析了全球电子信息产业发展形势，结合美国、日本、英国、加拿大等国家和地区电子信息产业的最新发展趋势，总结了电子信息产业的主要发展特点。

"企业篇"，重点介绍了跨国企业的发展情况。结合世界工业最新发展动向，选取了大众汽车、ABB、阿尔斯通、Alphabet、高通、戴尔、三星集团、联合利华、索尼、台积电等十个具有典型代表性的跨国企业进行了研究，从基本情况、发展历程、生产运营、战略布局等方面阐述了这些企业的最新发展动态。

"热点篇"，重点介绍了世界工业领域的十大热点事件，这些事件涉及宏观经济、全球贸易、重大政策、产业动态、跨国并购等世界工业领域的多个方面。

通过对背景、内容和影响的阐述进一步明确了这些事件对全球和中国工业发展带来的机遇与挑战。

"展望篇"，重点对2016年世界工业发展趋势进行了展望。结合全球经济形势、各国政策措施、新兴产业发展、投资与贸易以及重点领域的创新进展等，分析了世界工业发展的有利和不利因素，并对2016年世界工业发展趋势特点进行展望。

本书选题独特、内容充实，具有较强的参考价值。相信本书的出版能够为我国行业主管部门和相关领域的专家提供重要参考。同时，囿于时间和水平有限，本书还有很多不足之处需要继续完善，希望广大读者给予批评指正！

目　录

行 业 篇

企 业 篇

热 点 篇

展 望 篇

综 合 篇

第一章　世界工业发展状况

第一节　世界工业总体状况

一、全球制造业保持低速增长，复苏动能依然不足

2015年，全球经济继续在曲折中缓慢前进，受各种不确定性因素的影响，复苏进程依然缓慢。受全球经济复苏乏力和投资放缓等因素影响，全球工业发展进入低速增长阶段，主要发达国家工业增长实现缓慢回升，而新兴经济体工业增速进一步下滑。2015年，全球制造业PMI值虽一直处于50的景气荣枯分界线以上，连续12个月实现温和扩张，但全年PMI平均值低于前两年，扩张幅度明显收窄，

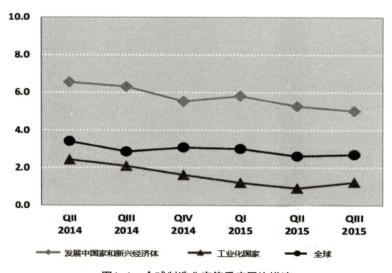

图1-1　全球制造业产值季度同比增速

数据来源：联合国工发组织，2016年1月。

显示全球制造业复苏动能依然不足。其中，2015 年 8 月，全球制造业 PMI 指数由 7 月份的 51 降至 50.7，创 28 个月以来新低。2015 年 10 月，全球制造业 PMI 指数缓慢回升到 51.3，为七个月以来最高水平。据联合国工发组织发布的《2015 年第三季度全球制造业增长报告》显示，2015 年前三季度，全球制造业产值同比分别增长 2.9%、2.5%、2.7%，增长态势趋缓。虽然全球经济增长还面临着很大的不确定性，但是在主要经济体推出的一系列鼓励制造业发展的政策措施带动下，未来全球制造业有望继续保持温和复苏势头。

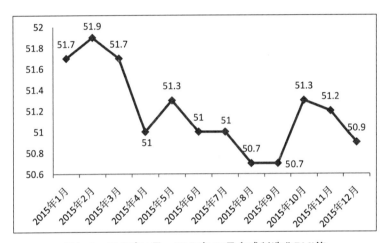

图1-2　2015年1月—2015年12月全球制造业PMI值

数据来源：摩根大通，2016 年 1 月。

二、发达国家制造业复苏态势微弱，新兴国家制造业增速下滑

2015 年以来，主要发达经济体工业复苏势头微弱。受美元升值和能源行业减支等因素影响，美国工业生产略显疲弱。美国供应管理协会（ISM）公布的制造业 PMI 值显示，美国制造业 PMI 值从 2015 年 1 月的 53.5 开始，一直下滑到 3 月的 51.5，在 6 月到达峰值 53.5 以后，此后连续 6 个月下跌，12 月制造业 PMI 降至 48.2，创 2009 年 6 月以来的新低。而欧元区受国际油价大跌及欧元贬值等因素的共同作用，2015 年制造业 PMI 值一直处于扩张状态，全年 PMI 均值达到 52.2，显示欧元区制造业处于温和复苏态势。受国内需求不断改善的影响，日本制造业也逐步实现缓慢复苏。2015 年第四季度，日本制造业 PMI 均值为 51.3，较上季度提升 1.2 个百分点；但反映制造业活动的领先性指标日本大型制造业信

心指数，2015年四季度为正3.8，低于三季度的正11.0，表明日本大型制造企业的乐观程度有所下滑。新兴经济体工业整体表现低迷，增长动能不足。金砖国家中仅印度制造业处于扩张状态，其他国家工业增速不断下滑。其中，巴西和俄罗斯2015年以来制造业PMI值一直处于萎缩状态。2015年中国规模以上工业增加值同比仅增长6.1%，2014年该数值为8.5%，下滑幅度进一步增大，其中，2015年1—11月，中国规模以上工业企业实现利润总额55386.8亿元，同比下降了1.9%。

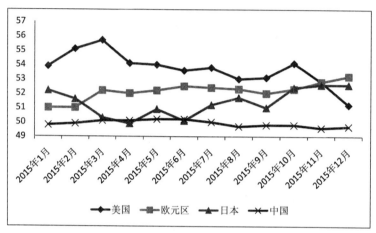

图1-3 2015年1月—2015年12月全球主要经济体制造业PMI值

数据来源：Wind 数据库，2016 年 1 月。

三、新模式新业态不断涌现，智能制造引领全球

随着互联网、大数据、云计算等新一代信息技术的快速发展，不断催生出新的业态、新的商业模式和新的经济成分，推动全球工业发展向高端迈进。在此背景下，全球各国政府纷纷加大科技创新投入力度，大力发展以绿色、低碳、智能为特征的先进制造业，而以互联网、大数据、云计算等技术为基础的智能制造，因其模块化、开源化和个性化的特征，出现了爆发式增长。如在3D打印领域，据中国产业信息网数据统计，2015年，全球3D打印产业市场规模达到60亿美元，预计2020年突破210亿美元，平均年增长率高达27%；在智能可穿戴领域，据IDC发布的研究报告显示，2015年全球可穿戴设备发货量达7810万部，同比增长172%。随着德国工业4.0、美国工业互联网以及中国制造2025的加速推进，智能制造正引领新一轮制造业革命，成为全球工业发展的一大亮点。

四、重点行业产能过剩问题严重

金融危机以来，全球需求不断下滑，大宗商品价格大幅下跌，重点行业产能过剩问题严重，短期内难以找到实质性解决方法。国际钢铁协会于 2015 年 10 月 12 日发布的《2015 年钢铁需求预测报告》称，全球钢铁需求量将在 2015 年降至 15.13 亿吨，同比下降 1.7%；而据英国商品研究所的数据显示，目前全球钢铁业的过剩产能已达 7 亿吨，其中，中国就有 3 亿吨的闲置产能。在化工领域，2014 年，全球乙二醇产能达到 2823 万吨 / 年，实际产量为 2427 万吨，产能过剩 15%。2015 年，仅美国、中东、亚洲地区新增的乙二醇产能已达 780 万吨 / 年。在新兴产业领域，随着近几年绿色低碳理念渐入人心，以太阳能发电为代表的可再生能源产业得到快速发展，全球多晶硅产能不断攀升。目前全球晶硅电池及组件需求量约 35GW，而中国晶硅电池及组件产能已达 40GW，产能过剩问题日益突出。全球产能过剩导致企业盈利能力大幅下滑，对外投资意愿降低，制约全球工业投资增长。

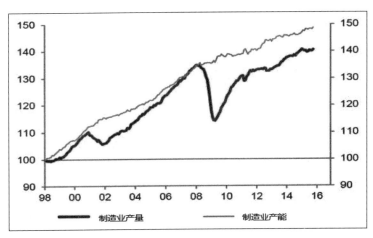

图1-4　全球制造业产量和产能（1998:1=100）

数据来源：法国 Natixis 银行，2016 年 1 月。

五、全球跨国企业并购交易异常活跃

在世界经济低迷及低廉融资成本的驱动下，2015 年全球并购交易规模再创新高。据美国金融数据公司 Dealogic 统计，2015 年全球并购交易总额达到 4.9 万亿美元，同比增长 37%，创下全球企业并购新纪录。其中，生物医药、消费品、半导体等行业的并购表现十分活跃。在生物医药领域,2015年并购量达6775亿美元,同比增长64%。其中,2015年11月世界第一大制药公司辉瑞以1600亿美元收购艾尔建公司,是医疗保健领域史上第一大并购案例;在消费品领域,世界第一大啤酒制造商百威英博以1200亿美元的高价收购南非米勒,成为全球第一大啤酒生产商;在半导体领域,新加坡安华高收购博通,创下半导体业并购金额史上之最;而在这些并购交易中,美国和亚洲地区是并购交易的热点区域。据汤森路透统计,2015年全球最大的10宗并购交易中,7宗涉及美国企业。美国企业并购交易金额达到2.3万亿美元,同比增长55%,创历史新高。在亚洲地区,2015年亚太地区并购规模达到1.2万亿美元,同比增长46%,其中,中国地区交易总额约为1020亿美元,成为全球并购交易的重要驱动力。

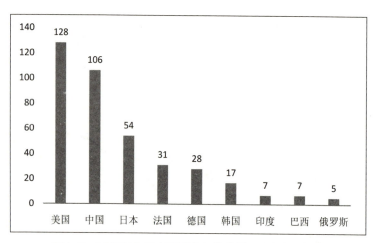

图1-5 2015年全球主要国家入选世界500强企业数量

数据来源:美国《财富》杂志,2016年1月。

六、工业企业利润大幅下滑

近年来,随着全球经济不断深化调整,企业经营投资环境日益严峻,对企业发展提出了新的挑战和更高的要求。一方面,气候环境问题日益成为全球关注的热点,各国对大气污染、生态保护、绿化低碳等环境保护标准提高,以绿色生产为标准的贸易政策使一些不发达经济体产品出口受阻,出口难度增加,导致企业出口利润下降。另一方面,全球地缘政治斗争加剧、股市剧烈动荡、美国加息、新兴经济体货币贬值等因素使得企业融资成本不断上升。这些原因共同作用使企业的经营成本持续走高。在汽车行业，2015 年第二季度，宝马集团全球营业利润下降 3%，销售回报率降至 8.4%，低于上年同期的 11.7%；2015 年上半年，大众汽车在中国销量同比下降 3.9%，是自 2005 年以来首次下滑；在能源行业，标普资本 IQ 公布资料显示，2015 年全球申请破产保护的能源企业达 58 家，比 2014 年增加 38 家，创 2009 年后新高。美国能源企业 Cubic、Magnum Hunter 相继申请破产保护，雪弗龙等代表性能源企业则通过裁员、减少财政支出等措施来避免破产；在消费品行业，2015 年前三季度，贝因美的销售收入同比下滑了 23.17%；2015 年上半年，雅士利销售收入及净利润也分别同比下滑 24.85% 和 63.91%，净利润跌至千万级别。随着全球经济发展的不确定性，企业经营压力将在一定时期内持续存在。

七、全球外国直接投资复苏势头强劲

受新一轮跨境并购热潮的影响，2015 年全球外国直接投资复苏势头强劲。2015 年，全球 FDI 流量增长 36%，增至约 1.7 万亿美元，创 2007 年以来最高水平。据联合国贸发会议 2016 年 1 月 20 日发布的《全球投资趋势监测报告》显示，2015 年流入发达经济体的外国直接投资显著上升，总额达到 9360 亿美元；其中，流入欧盟国家的外国直接投资出现回升，总额达到 4260 亿美元。美国吸引外国直接投资共计达到 3840 亿美元，创 2000 年以来的最高水平，成为全球最大外商直接投资国。受初级产品价格下滑的影响，流向非洲地区的外国直接投资下滑 31%、拉丁美洲下滑 11% 以及转型经济体下滑 54%。虽然 2015 年亚洲经济增速放缓，但依然是目前世界上最大的外国直接投资接受区域，吸引外国直接投资额约占全球总量的三分之一。其中，中国香港在 2015 年的外国直接投资流入量跃升为 1630 亿美元，位居全球外国直接投资流入量第二位。中国 2015 年外国直接投资流入量为 1360 亿美元，同比上涨了 6%，位居世界第三。此外，流入印度的外国直接投资几乎翻了一番，总额达到 590 亿美元，排名全球第七位。

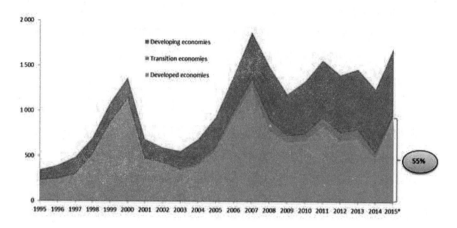

图1-6　1995—2015年全球和集团经济体外国直接投资流入量及预测（单位：十亿美元）

数据来源：联合国贸易和发展会议《全球投资趋势监测报告》，2016年1月。
注：不包括加勒比地区的离岸金融中心

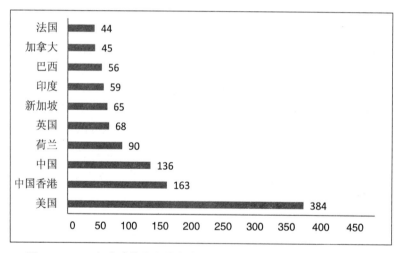

图1-7　2015年全球前十大外商直接投资经济体（单位：十亿美元）

数据来源：联合国贸易和发展会议《全球投资趋势监测报告》，2016年1月。

八、全球贸易量持续下滑，新兴国家贸易增速下滑幅度较大

受全球经济增速放缓、国际金融市场剧烈波动及大宗商品价格暴跌等因素的影响，2015年全球贸易形势异常严峻。2015年，彭博大宗商品指数下跌了近

29%，能源、工业原料、农产品等行业均出现大幅下跌。国际大宗商品价格的暴跌拉低了全球贸易总值。2015 年，全球出口值呈现罕有的大幅度下跌，据世界贸易组织（WTO）公布的数据显示，2015 年 1—10 月，全球出口值下降幅度超过 11%。荷兰经济政策研究局于 2015 年 11 月 25 日公布的数据显示，2015 年前两个季度全球贸易额出现同比萎缩后，第三季度仅实现同比增长 0.7%。WTO 报告显示，2015 年世界贸易增长率为 2.8%，该值远低于 1990 年以来年均 5% 的增长水平。长期以来一直被视为全球贸易增长引擎的新兴经济体贸易下滑速度剧烈。2015 年，印度、俄罗斯全年贸易进出口增速均呈现萎缩态势，中国进出口总值同比下降 7%，其中，中国出口 14.14 万亿元，下降 1.8%，进口 10.45 万亿元，下降 13.2%。

第二节　区域发展总体情况

一、发达经济体

步入 2015 年，主要发达经济体经济呈现缓慢复苏态势。受家庭开支、企业固定投资稳固上升、房地产市场进一步改善等因素拉动，美国经济呈现持续性复苏；日本经济在宽松货币等政策的刺激下经济也逐步步入复苏通道，而受国际大宗商品价格下跌及宽松货币政策的利好因素影响，欧洲经济实现温和复苏。

（一）制造业生产呈现微弱复苏态势

受海外市场的需求乏力以及全球大宗商品价格持续下跌等因素影响，2015 年美日欧等发达经济体的制造业生产呈现微弱复苏态势。美元走强及油气行业投资低迷一定程度上抑制了美国制造业的扩张，2015 年美国工业生产同比增长 1.3%，比上年回落 2.4 个百分点。2015 年欧盟制造业保持平稳增长，全年制造业 PMI 值一直处于 50 枯荣线以上。欧盟统计局发布数据显示，2015 年欧元区和欧盟工业生产者价格指数同比分别下降 2.7% 和 3.2%，表明欧盟制造业复苏势头微弱；日本在经济刺激政策的作用下，制造业呈现微弱增长。2015 年日本制造业 PMI 值一直处于直线上升态势，2015 年 12 月制造业 PMI 值上升至 52.6，创一年来最高。但 11 月路透短观制造业景气判断指数为 +3，创 2015 年 3 月以来最低，显示出日本制造业复苏动能不足。

（二）贸易出口额不断下滑

2015 年，受到全球经济增速放缓、美元走强、需求下降等因素的影响，发达国家贸易出口呈现出疲软态势。根据美国商务部（DOC）2016 年 1 月公布的数据显示，11 月美国贸易逆差约为 424 亿美元。其中，出口总额约为 1822 亿美元，环比下降 0.9%；进口总额为 2246 亿美元，环比下降 1.7%。据日本海关统计，2015 年上半年，日本货物进出口 6433.7 亿美元，同比下降 15.2%。其中，出口 3144.0 亿美元，同比下降 8.1%；进口 3289.7 亿美元，同比下降 15.2%。据欧盟统计局数据显示，2015 年 1—10 月，欧盟对外货物出口达 14850 亿欧元，同比增长 5%；进口 14460 亿欧元，同比增长 2%。

（三）失业率缓慢下降，就业出现明显改善

2015 年美国的就业状况大幅改善，全年就业市场表现创 1999 年以来次高水平。根据美国劳工部 2016 年 1 月公布的数据显示，美国 12 月非农就业人数增加 29.2 万人，远超市场预期的增加 20 万人，失业率为 5.0%。此外，美国 12 月就业市场状况指数（LMCI）为 2.9，创 11 个月来新高。欧盟经济出现的转机迹象使欧盟失业人数也略有减少。根据欧盟统计局数字，2015 年三季度，欧元区 19 国就业人数为 1.5 亿人，环比上升 0.3%，同比上升 1.1%；欧盟 28 国就业人数为 2.3 亿人，环比增长 0.4%，同比增长 1.1%。日本制造业新增岗位增加，失业率不断下降。据日本总务省发表的统计数据显示，2015 年 10 月日本完全失业率为 3.1%，环比下降 0.3 个百分点，达到 20 年来最低水平。

二、新兴经济体

受经济结构调整、投资放缓、国际大宗商品价格持续下跌等因素影响，新兴经济体经济增速不断下滑，普遍出现经济增长动力不足、工业增速放缓、资本外逃以及货币大幅贬值等现象。面对危机，各国采取了一系列刺激经济发展的措施，积极扩大内需，加大政府投资，广泛开展经贸合作，推动产业转型升级，促进工业快速发展。

（一）通货膨胀影响工业发展进程

金砖国家在工业发展过程中一直受高通胀的袭扰。在金砖五国中，按 2001 至 2010 年的 CPI 平均值计算，中国的通胀水平最低，年均通胀速度约为 2.20%；俄罗斯通胀水平最高，年均通胀速度达到 12.6%；其余三个国家均在约 6% 的水

平。据巴西中央银行最新预计，2015 年巴西通货膨胀率预估为 10.8%，较政府制订的目标 4.5% 高出 1 倍多，较目标上限 6.5% 高出 4 个百分点。受俄罗斯禁止和限制产品进口影响，2015 年俄罗斯的通货膨胀率为 12.9%，2014 年是 11.4%，创 2008 年以来最高值。通货膨胀对工业最直接的影响就是企业的原材料、能源和人力成本等生产资料的价格涨幅高于其销售商品的价格涨幅，增加了企业生产成本，减少了企业的利润空间。虽然巴西和印度等国家已经采取货币紧缩政策，但是并不足以控制通胀发展的趋势。另外，全球经济增速放缓及大宗商品价格下跌严重打击以能源出口为主的新兴国家，全球对新兴市场制成品及俄罗斯、巴西等资源国的矿产需求随之减弱。金砖国家较高的通货膨胀率将影响其未来工业发展。

（二）全球贸易日趋严峻，出口增速大幅下滑

受国际金融市场动荡、地缘政治危机及市场需求低迷的影响，新兴经济体出口增速下滑。2015 年，巴西对外贸易总额为 3625.87 亿美元。其中，出口额为 1911.34 亿美元，同比下降 14.1%；进口额为 1714.53 亿美元，同比下跌 24.3%。2015 年上半年，印度进出口 3354.73 亿美元，同比下降 13.30%。其中，出口 1375.87 亿美元，下降 15.17%；进口 1978.86 亿美元，下降 11.94%；贸易赤字 602.99 亿美元，下降 3.58%。根据俄罗斯海关统计，2015 年 1—11 月，俄罗斯对外贸易总额 4844 亿美元，下降 33.8%。其中，进口总额为 1678 亿美元，同比下降 37.5%，出口总额为 3166 亿美元，同比下降 31.6%。2015 年是中国货物贸易形势较复杂严峻的一年。据中国海关总署数据显示，2015 年，我国货物贸易进出口总值 24.59 万亿元，同比下降 7%。其中，出口 14.14 万亿元，下降 1.8%；进口 10.45 万亿元，下降 13.2%；贸易顺差 3.69 万亿元，扩大 56.7%。

（三）绿色产业发展迅猛

新兴经济体工业发展正由传统模式向绿色工业转型，各国政府出台了一系列鼓励措施发展绿色工业。巴西正利用自身的独特优势，借助新技术减少对传统能源的依赖，在新技术新能源的利用上实现节能减排，积极发展绿色工业。为缓解电力供应短缺的困难，巴政府研究出台了光伏产业鼓励政策。若相关刺激政策获得批准，至 2024 年，巴西可拥有 79.5 万套光伏设备，装机容量达到 2435 兆瓦。同时，巴西政府推出各种信贷优惠政策、设立专项信贷资金等一系列金融政策支持新能源产业发展。为了减少汽油、柴油等传统能源汽车给城市带来的巨大污染，

俄罗斯大力支持新能源汽车的推广与使用。南非政府也积极鼓励私人投资进入可再生能源领域，截止到 2015 年 8 月南非已有 40 个可再生能源项目投入使用，50 个项目在建。据南非能源部统计，2011 年以来南非可再生能源领域吸纳 11.7 亿美元私人投资，累计生产了 632.7 万千瓦清洁能源。未来十年内，绿色清洁能源将成为南非未来能源发展的主要趋势。

三、最不发达经济体

进入 2015 年以来，受全球经济增速放缓、恐怖势力干扰、国际油价暴跌等一系列不利因素影响，非洲大部分资源输出型国家经济增长放缓，持续多年的跃进发展开始降速，但得益于丰富的能源矿产、外部投资和基础设施建设拉动，非洲经济仍保持了引人注目的高速增长。据国际货币基金组织发布的报告显示，2015 年非洲 GDP 增长率为 3.62%，仍高于世界 3.12% 的平均水平，仅次于亚太地区。其中，基础设施、矿业、交通运输和通信业等领域投资增加及农业产出的回升，是拉动地区经济发展的关键因素。发达国家和发展中国家也不断加强与非洲的经济合作，在援助、贸易、交通运输、电力和其他基础设施建设等领域加大投资力度。2015 年 12 月在南非召开的中非合作论坛约翰内斯堡峰会上，中国国家主席习近平宣布，未来 3 年同非洲重点实施"十大合作计划"，给予非洲 600 亿美元融资支持。随着国际合作水平的不断提升及自身中产阶级队伍的不断壮大，国内消费能力提高，市场潜力显现，非洲地区经济增长后劲将越来越足。

（一）工业总体比较脆弱，工业制成品主要依赖进口

最不发达国家工业总体上还比较脆弱，经济基础较弱的地区发展速度较快。据联合国贸发会议（UNCTAD）2016 年 1 月发布的报告称，2015 年非洲制造业产值仅占全球的 1%。联合国工发组织发布的《2015 年第三季度全球制造业增长报告》显示，2015 年第三季度非洲制造业同比增长 0.1%，非洲撒哈拉以南地区制造业附加值仅为 10%，而东盟国家的制造业附加值为 30%。非洲国家的出口产品主要集中在原油、天然气、矿产等初级产品，制造业结构单一，工业基础薄弱。其中，汽车、机械设备、电子产品等工业制成品产品严重依靠进口。随着非洲自身发展潜力的不断释放，非洲制造业将有望迎来较快发展。

（二）出口增速大幅下滑，吸引外资能力有所下降

由于国际大宗商品价格持续下跌、美国加息及地区冲突升级等不利因素影响，

2015 年非洲地区的出口出现大幅下滑态势。据非洲头号石油大国尼日利亚国家统计局公布的统计，2015 年第三季度，尼日利亚货物进出口总额 1327 亿元，同比下降 38.3%。其中，出口 770 亿元，同比下降 50.3%；进口 557 亿元，同比下降 16.9%；在吸引外资方面，国际知名财务咨询机构安永发布的《2015 年非洲吸引力调查报告》显示，2014 年非洲获得的外国直接投资达到 1280 亿美元，同比增长 136%，成为仅次于亚太地区的全球第二大外国投资目的地。但进入 2015 年以来，由于国际大宗商品价格下跌及非洲贸易结构的单一性和脆弱性原因，非洲国家吸引外资能力不断下滑。中国作为非洲最大的贸易伙伴国，2015 年中非双边贸易额大幅下降。据中国海关统计数据显示，2015 年，中国与非洲贸易进出口总额为 1.11 万亿元，同比下降 18.3%。

（三）新兴产业发展较快，新能源市场潜力巨大

随着非洲地区社会的稳定以及政府对新兴产业发展的重视，2015 年非洲的新兴产业迎来较快发展。卢旺达选择信息技术产业作为本国的发展重点。电子政务是卢旺达加强信息通信基础设施建设的一个重要方面，为推动电子政务在国内的应用，卢旺达政府不仅要求政府机构办公无纸化，还专门成立电子政务主管部门以制定了详尽的相关技术标准。卢旺达政府计划在距首都基加利 30 公里到 40 公里的地方建设一座科技城，以吸引国内外企业在此设立电子政务的分支机构。津巴布韦政府也越来越重视发展信息通信业。津巴布韦通讯部通过加强政府通讯基础设施建设来提高效率，重点建设光纤骨干网络，并加强通讯领域监管，对数据进行合理定价降低通讯成本，改善投资环境。同时，津巴布韦政府通过设立电脑和手机装配厂，将通讯行业企业纳入经济特区，大力发展软件行业。在新能源领域，尼日利亚政府致力于将创新太阳能产品加入到各式各样的先进经济体系中，如救援中心、远程医疗办公室、写字楼和零售中心等。尼日利亚政府能源部门大力发展太阳能电力，该国对于可再生能源的追求，也代表了非洲的能源未来。

第三节　重点行业发展情况

一、原材料工业

2015 年全球经济复苏之路艰难曲折，世界经济增速放缓。主要国家和地区的经济增长不平衡，发达经济体经济复苏步伐会略微加快，新兴市场和发展中经济体经济增速将连续五年放缓，未来经济下行风险不减。在此背景下，全球原油供给过剩，原油价格持续下跌，主要化工产品价格震荡下行；粗钢产量略有下降，钢材价格不断走低；铜、铝、铅等主要有色金属供过于求，主要产品价格波动下降；水泥市场比较低迷，部分国家水泥需求下滑；平板玻璃市场呈现分化态势，传统普通玻璃产品需求减少，高端深加工玻璃需求旺盛；国外稀土矿山纷纷复产，全球稀土多元化供应格局形成，稀土价格持续低迷。

分区域来看，2015年1—10月，全球粗钢产量13.5亿吨，其中，亚洲地区粗钢产量9.2亿吨，占全球粗钢产量的68.3%；欧洲地区粗钢产量1.7亿吨，占全球粗钢产量的12.6%；北美洲和独联体粗钢产量分别为0.9亿吨和0.8亿吨，分别占全球粗钢产量的7.0%和6.3%；南美洲、中东、非洲和大洋洲的粗钢产量分别占全球粗钢产量的2.8%、1.7%、0.9%和0.4%。

从重点行业发展来看，2014年9月以来，全球原油供给持续增长，由2014年9月的9250万桶/天增加到2015年6月的9460万桶/天，2015年9月仍维持在9450万桶/天。在钢铁行业，2015年1—10月，全球粗钢产量略有下降，纳入统计的66个国家粗钢产量为13.5亿吨，同比下降1.6%。在有色金属领域，2015年1—10月，全球矿产铜产量为1590万吨，同比增加3.6%；精炼铜产量1910万吨，同比增长1.1%；根据IAI的数据，2015年1—11月，全球原铝产量为5308.6万吨，同比增长9.6%；2015年1—10月，全球精炼铅（原铅及再生铅）产量为827万吨，同比下降8.3%；2015年1—10月，全球精炼锌产量同比增长4.7%。在稀土行业，2015年，全球稀土市场价格持续低迷。到2015年底，汽车部件等使用的稀土价格急速下滑，高性能磁铁用的稀土价格较年初下降约20%—30%，已经回落到2010年以前的水平。

二、装备制造业

2015年世界装备工业生产冷热不均。机器人领域，受劳动力短缺与人口红利流失以及机器人应用领域拓展等因素的影响，全球工业机器人市场需求仍加速增长，带动机器人产业的强势中增长。据测算，2014年全球销售的工业机器人达到23万台，预计2015年会有15%的增长；增材制造领域，2014年全球增材制造产业产值达到41.03亿美元，增长超过10亿美元，同比增长35.2%。据Wohlers Associates预计，2015年增材制造的行业规模可达55亿美元，到2016年将超过 70 亿美元，2018 年将达到 125 亿美元，发展潜力巨大；全球车市冷热不均，新能源汽车需求爆发。据 LMC 发布的数据显示，2015 年 1—11 月份，全球乘用车和轻型商用车的累计销量为 8056 万辆，同比增长 1.6%，呈现小幅增长态势，但纯电动车、插电式混合动力车和燃料电池车为代表的新能源车在 2015 年迎来大爆发。11 月份全球电动车销量几乎暴涨 115%，2015 年全年销量将突破 50 万辆。互联网行业掀起造车热潮。在造船领域，全球新造船市场需求疲软。2015 年新船订单量降至 2012 年以来的最低水平。2015 年 1—11 月份，全球新船订单量同比减少 23%，全球手持订单量下滑 8%，降至 4667 艘、2987 万载重吨。

三、消费品工业

受困于大宗商品价格下跌、美元升值、区域冲突加剧等因素，全球经济增长放缓，特别是中国经济进入新常态，制造业增速降至 2005 年以来的最低值，对原材料和中间品的进口下降加剧了其他发展中国家的经济下滑。展望 2016 年，美国、欧洲等发达国家制造业复苏的迹象更加明显，发展中国家制造业受累于美元升值、投资不确定性增加等因素，将有可能进一步放缓，全球消费品工业亦将整体表现增速继续放缓。

消费品行业增长呈现分化态势。2015 年 3 季度，除食品与饮料、服装、橡胶与塑料、家具及其他制造业增速高于整体制造业外（增速分别为 3.6%、3.6%、3.4% 和 5.4%），烟草、纺织、皮革与鞋帽、木材加工（不含家具）、造纸、印刷与出版增速均低于整体制造业，特别是烟草、印刷与出版两个行业增速为负，分别同比下降 1.5% 和 0.8%。

表 1-1　2015 年前 3 季度全球主要消费品行业产出同比增速

行业	2015Q1	2015Q2	2015Q3
食品与饮料	2.7%	3.0%	3.6%
烟草	0.9%	3.6%	−1.5%
纺织	2.8%	3.0%	2.6%
服装	2.7%	3.0%	3.6%
皮革与鞋帽	1.1%	1.2%	0.3%
木材加工（不含家具）	1.9%	1.7%	2.2%
造纸	0.5%	1.0%	1.7%
印刷与出版	−0.4%	−0.4%	−0.8%

（续表）

行业	2015Q1	2015Q2	2015Q3
橡胶与塑料制品	2.9%	3.1%	3.4%
家具及其他制造业	4.4%	4.6%	5.4%
整体制造业	2.9%	2.6%	2.7%

数据来源：UNIDO，2016年1月。

与1、2季度相比，行业增速变化趋势也整体呈现分化态势。相比1季度，3季度除烟草、纺织、皮革与鞋帽、印刷与出版增速继续下滑外（分别下滑2.4个、0.2个、0.8个和0.4个百分点），其他行业增速均逐步走高。

相比去年，3季度除食品与饮料、服装、造纸、橡胶与塑料四个行业增速分别高于去年同期0.8个、2.4个、0.3个和0.5个百分点外，其他行业增速均低于去年同期。

四、电子信息产业

2015年，全球电子信息产业整体增长平稳，新兴经济体地位不断提升。全球市场规模约为2.1万亿美元，同比增长4%。从区域格局看，亚洲和其他新兴经济体市场份额保持持续增长，美、欧、日等发达经济体市场份额微弱下降，新兴国家市场全球增长引擎作用进一步明显。2015年计算机与电子行业的研发支出为1660亿美元，占全球研发总支出的24.4%，但出现了0.7%的负增长。在计算机与电子行业，中国以20%的份额位列2015年计算机与电子行业研发支出第一位，印度以13%的份额取代美国（10%）成为第二。2015年10月，品牌咨询机构Interbrand发布了2015年全球品牌价值排行榜（Interbrand's Best Global Brands 2015）。在Interbrand列出的100家公司中，科技公司占据了28家，从数量上看占比三分之一，从品牌价值层面上来看，占比也超过了三分之一，且苹果和谷歌连续三年占据排行榜前两位。这份榜单意味着互联网科技公司在进一步崛起，其品牌价值度相比于其他行业而言价值更高。

表1-2　2015年全球品牌排行榜top20

公司	排名	品牌价值（亿美元）	价值变化
苹果	1	1702.7	+43%
谷歌	2	1203.1	+12%
可口可乐	3	784.2	-4%

（续表）

公司	排名	品牌价值（亿美元）	价值变化
微软	4	676.7	+11%
IBM	5	650.9	−10%
丰田	6	490.4	+16%
三星	7	452.9	0%
通用	8	422.6	−7%
麦当劳	9	398	−6%
亚马逊	10	379.4	+29%
宝马	11	372.1	+9%
梅赛德斯—奔驰	12	367.1	+7%
迪斯尼	13	365.1	+3%
英特尔	14	351.4	+4%
思科	15	298.5	−3%
甲骨文	16	272.8	+5%
耐克	17	230.7	+16%
惠普	18	230.5	−3%
本田	19	229.7	+6%
路易威登	20	222.5	−1%

数据来源：品牌咨询机构 Interbrand。

从主要国家和地区电子信息制造产业发展情况来看，2015 年，美国科技公司的 IPO 热潮正在降温。2015 年，科技公司在美股市场公开募集金额共 95 亿美元，比 2014 年的 408 亿美元同比降低了 76.7%。IPO 公司的数量也从 2014 年的 62 家下降到 29 家。据市场研究公司复兴资本的数据显示，美股科技公司的 IPO 数量正降至近 7 年来的最低水平。据英国杂志《制造商》（The Manufacturer）发布的英国制造业 2015 年年报资料显示，英国 2015 年 ICT 产业投资情况较近几年来有所改善。2015 年 ICT 企业又开始为 ICT 基础设施的升级换代加大投入，同时大部分企业对于产品改良的重视程度明显提升。2015 年 1—10 月，日本电子信息产业产值维持在平均每月 1.036 万亿日元。1—9 月，日本电子信息产品进口额维持在每月 9104.18 亿日元。电子元器件依旧是其优势产业。消费电子设备受中国、美国等移动终端企业冲击，增速放缓。

区域篇

第二章　美国

第一节　发展概况

美国是当今世界上规模最大的工业化国家，工业门类齐全，体系完整，既包括钢铁、汽车、化工、石油、飞机、机械、造船、电力、采矿、冶金、制药、食品等传统工业部门，也包括微电子、计算机、宇航、新能源、新材料等新兴工业部门，其中电子电器、光电、宇航、清洁能源、生物制药等居世界领先水平。

2015年，美国制造业经历了自2008年经济衰退以来最差的一年。美国供应管理协会（ISM）公布的制造业采购经理人指数（PMI）从1月的53.5开始，一直下滑到3月的51.5。在4月持平的基础上，从5月开始上涨，在6月到达峰值53.5以后，连续6个月下跌，12月的ISM制造业PMI从11月的48.6降至48.2，创2009年6月以来的新低。海外市场的需求乏力以及全球大宗商品价格的持续走低限制了美国制造商订单数量的增加。

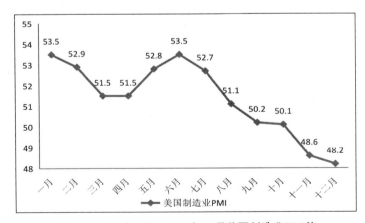

图2-1　2015年1月—2015年12月美国制造业PMI值

数据来源：美国供应管理协会（ISM），2016年1月。

一、传统工业增长出现分化

2015 年美国传统工业部门的增长出现明显分化，钢铁和能源行业衰退，汽车行业增长。2015 年，美国钢铁产能利用率继续下滑。美国钢铁协会（AISI）预计，2015 年第 4 季度粗钢产能为 3140 万短吨（1 短吨 =0.907 吨），同比下降 0.6%。截至 12 月底，美国粗钢产量 8684.3 万吨，同比下降 9.3%，全年平均产能利用率下降到 71%。2015 年，全球能源市场不景气影响了美国油气企业的盈利状况。第 3 季度美国油气企业资产整体盈利下降幅度超过 600 亿美元。包括依欧格资源公司（EOG Resources INC）、西方石油公司（Occidental Petroleum Corporation）等在内的油气公司全年资产损失约 20 亿美元。2015 年，受低油价、低利率以及消费者信心增强等因素推动，美国汽车总销量实现 1747 万辆，超过 2000 年创下的 1741 万辆的历史最高纪录。其中，皮卡、越野车和跨界车销量最佳，福特（Ford）的 F 型系列皮卡以约 78.04 万辆的销售成绩位居 2015 年美国畅销车榜首。

二、新兴工业增长稳健并购活跃

2015 年美国新兴工业部门继续保持稳健的增长势头，并购交易活动极为活跃。2015 年 1—11 月，美国新增 4.378 吉瓦风电和 1.495 吉瓦的太阳能发电装机容量，使非水电可再生能源容量累计增至 104.3 吉瓦。2015 年，美国 IT 行业并购交易活动极为活跃。5 月，安华高科（Avago Technologies）同博通（Broadcom）达成一份协议，前者以 370 亿美元（包含现金和股份）收购博通，成为全球芯片业历史上最大规模的一桩并购案。10 月，全球第三大个人电脑生产商戴尔（Dell）宣布收购数据存储解决方案巨头 EMC，670 亿美元的金额刷新了全球 IT 业并购交易的最高纪录。2015 年，美国生物医药行业的并购交易活动迎来了丰收。11 月，美国制药巨头辉瑞公司（Pfizer）和总部设在爱尔兰的艾尔建公司（Allergan）发布公告，双方董事会已一致同意批准一项规模约 1600 亿美元的合并协议，合并后双方将组建全球最大的制药公司。

三、技术创新力度持续加大

制造业为美国提供了接近 17% 的就业机会，对美国的经济振兴具有举足轻重的作用。自从 2008 年奥巴马当选总统之后，先后通过加大资助制造业扩展伙伴关系（MEP），建立先进制造伙伴（AMP）等计划不断增加对美国制造业的投资。2015 年以来，奥巴马在多个场合多次明确表示美国应牢牢把握科学技术优势，带动制造业形成新一波发展热潮。最典型的例子是 7 月，奥巴马授权创建名为"国家战略计算项目"（NSCI）的超级计算机研究项目。该项目旨在将美国的能源部（DOE）、国防部（DOD）和国家科学基金会（NSF）在内的多个部门的科研资源结合起来，开发首台百亿亿次超级计算机，速度大约是当今最快的超级计算机的 30 倍。据统计，从 2011 年到 2014 年，美国联邦政府的制造业研发投资由 14 亿美元增至 19 亿美元，增长 35%。在此背景下，以高端制造业技术创新和清洁能源技术投资为代表的领域成为推动美国制造业复兴的关键，而以国家制造业创新网络（NNMI）为代表的公私合作成为制造业复兴的驱动力。

四、贸易出口数据出现显著下滑

出口在美国经济复苏中具有关键的作用。2015 年，受到全球经济增速放缓、美元走强、国内需求下降等因素的影响，美国出口数据呈现出疲软态势。根据美国商务部（DOC）2016 年 1 月公布的数据显示，11 月美国贸易逆差约为 424 亿美元，低于上月修正后的 446 亿美元。其中，出口总额约为 1822 亿美元，较前月下降 0.9%；进口总额为 2246 亿美元，较前月下降 1.7%。按国别和地区来看，11 月，美国对中国货物贸易逆差约为 313 亿美元，较前月减少约 17 亿美元；美国对欧盟的贸易逆差约为 138 亿美元，较前月增加约 4 亿美元。2015 年前 11 个月，美国贸易逆差同比增长 5.5%。其中，出口同比下降 4.6%，进口同比下降 2.8%。

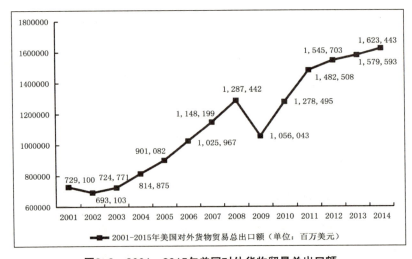

图2-2 2001—2015年美国对外货物贸易总出口额

数据来源：美国商务部（DOC），2016 年 1 月。

五、就业大幅改善但问题仍存

2015年美国的就业状况大幅改善，全年就业市场表现创1999年以来次高水平。根据美国劳工部（DOL）2016年1月公布的数据显示，美国12月非农就业人数增加29.2万人，预期增20.0万人，增幅远超预期。同时12月失业率持稳于5.0%，12月就业市场状况指数（LMCI）为2.9，创11个月来新高。而美国大型企业联合会（Conference Board）公布的数据显示，美国12月就业趋势指数（ETI）再度逼近高位，由11月修订后的128.27，回升至129.33，接近10月所创高位129.75。以上的数据反映了美国就业市场的积极一面。但是另一方面，2015年12月美国的就业参与率（Participation Rate）为62.6%，增长幅度仅为0.1个百分点，持平于1977年来低位。同时在薪资增速（Earnings Change）方面，相比2008年危机前4%的增速幅度，当前的薪资增速仅有2.5%。以上数据表明美国就业市场依旧疲软，还没有实现质的改变。

第二节　产业布局

美国工业的分布大体上分为三大地区。在东北部，所属十四个州的面积仅占国土面积的8%，却集中了50%的制造业，80%的钢产量和90%的汽车产量。在西部，航空、造船、电子和导弹等工业部门工业产值占全国工业产值的10%。在南部，石油、化工、造船和军工等工业部门工业产值占全国工业产值的20%。

美国工业的分布呈现出由东向西向南发展的历史趋势。西起密西西比河，东至大西洋沿岸，南起俄亥俄河和波托马克河，北至密执安湖、伊利湖和安大略湖岸以南，以及新英格兰南部的东西狭长地带被称为美国的制造业带，是美国工业发展最早的地区。战后，在西部太平洋沿岸的加州，一些与军事有关的新兴工业部门，如造船、飞机、导弹、电子、汽车装配等得到巨大发展。南部得克萨斯等州的产油区，逐步发展成为重要的石油化工中心。20世纪70年代以来，经济和人口出现南移现象。被称为阳光地带的南部和西部工业发展较快，其速度大大超过东北部地区。近年来，越来越多的传统制造业开始向成本更低的美国南部地区集聚，美国南部地区制造业呈现快速发展势头。

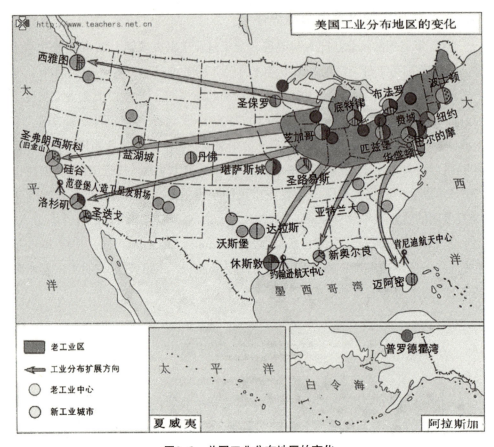

图2-3　美国工业分布地区的变化

数据来源：赛迪智库整理，2016年1月。

第三节　政策动向

一、政策概述

2008年金融危机之后，为促进美国经济复苏，奥巴马政府把重点放在重振制造业上，推出了一系列政策措施。2009年4月，奥巴马首次提出重振制造业战略构想；11月，再次提出美国"再工业化"战略；12月，发布《重振美国制造业框架》，美国重振制造业战略正式开始。2010年8月，发布《制造业促进法案》，从7个方面破解制造业发展难题。2011年2月，发布《美国创新战略：确保经济增长与繁荣》，提出了未来一段时期推动美国创新的战略规划和措施；6

月，提出"先进制造伙伴计划"，加强对新兴制造技术的投资，提高美国制造业的全球竞争力。2012年2月，美国总统执行办公室国家科技委员会在"美国先进制造业国家战略计划"中围绕中小企业、劳动力、伙伴关系、联邦投资以及研发投资等提出五大目标和具体建议。2013年2月，奥巴马表示计划建设一个包含15个制造业创新中心的全国性网络（NNMI），专注于3D打印和基因图谱等各种新兴技术；3月，美国白宫科技政策办公室发布了《机器人技术路线图：从互联网到机器人》，总结了机器人和自动化技术在美国经济中的战略重要性，勾勒出一个富有远见的研究和开发路线图。2014年1月，奥巴马承诺将再开设4家制造业创新中心；4月，奥巴马宣布将投入6亿美元为美国制造业培训学徒；10月，美国先进制造业联盟指导委员会发布《振兴美国先进制造业》报告2.0版，该报告为2011年6月报告的延续，指出加快创新、保证人才输送管道、改善商业环境是振兴美国制造业的3大支柱；11月，通过《振兴美国制造业和创新法案2014》，对《国家标准与技术研究院（NIST）法案》进行修改，授权商务部部长在NIST框架下实施制造业创新网络计划，在全国范围内建立制造业创新中心；12月，奥巴马在"总统出口委员会"会议上宣布，将投入近4亿美元支持"学徒计划"以及新建2家制造业创新中心。进入2015年，美国政府继续发布推动制造业发展的政策。代表性的有：7月，奥巴马授权创建名为"国家战略计算项目"（NSCI）的超级计算机研究项目。该项目旨在将美国的能源部（DOE）、国防部（DOD）和国家科学基金会（NSF）在内的多个部门的科研资源结合起来，开发首台百亿亿次超级计算机。10月，美国国家经济委员会和科技政策办公室联合发布了新版《美国国家创新战略》。奥巴马于2009年首次发布该战略，2011年进行过一次修订，2015年的新版战略提出了维持美国创新生态系统的新政策。

表2-1　2009—2015年美国重振制造业的重要政策

时间	标题	主要内容	对制造业重要影响
2015年10月	美国创新战略（2015版）	包括三大创新要素和三大战略举措。三大创新要素是投资创新生态环境基础要素、推动私营部门创新、打造创新者国家，三大战略举措是创造高质量就业岗位和持续经济增长、推动国家优先领域突破、建设创新型政府	重点聚焦先进制造、精准医疗、脑计划、先进汽车、智慧城市、清洁能源和节能技术、教育技术、太空探索、计算机新领域等9大战略领域

（续表）

时间	标题	主要内容	对制造业重要影响
2014年11月	美国振兴美国制造业和创新法案	实施制造业创新网络计划，在全国范围内建立制造业创新中心	加快美国制造业的技术创新及商业应用的步伐
2014年10月	美国振兴美国先进制造业2.0版	为美国的先进制造业发展总结了3大支柱：加快创新、保证人才输送管道及改善商业环境	保证美国先进制造业良好的发展势头
2014年4月	美国学徒计划	资助社区学院和雇主合作，设立适应未来工作需要的培训项目。投入学徒培训扩大计划	培训包括高级制造业、信息技术和医疗等行业所需的高级技术工人
2013年3月	美国机器人路线图	强调机器人技术在美国制造业和卫生保健领域的重要作用	提出了未来5到15年制造业机器人所要解决的关键能力
2012年3月	美国制造业创新网络计划	计划建设一个包含15个制造创新中心的全国性网络，专注于3D打印和基因图谱等新兴技术。	利用高科技全面提升美国制造业，将美国转变成全球的高科技中心
2012年2月	美国先进制造业国家战略计划	围绕中小企业、劳动力、伙伴关系、联邦投资以及研发投资等提出五大目标和具体建议	促进美国先进制造业的发展
2011年11月	美国制造业复兴计划	从投资、贸易、劳动力和创新等方面提出了促进美国制造业复兴的四大目标及相应的对策措施	确定美国保持制造业全球竞争力的路径
2011年6月	美国先进制造业伙伴关系计划	创造高品质制造业工作机会以及对新兴技术进行投资	提高美国制造业全球竞争力
2011年2月	美国创新战略（2011版）	新的创新战略提出了五个新的行动计划	在美国重点优先领域实现突破
2010年8月	美国制造业促进法案	大规模投资清洁能源、道路交通、改善宽带服务，削减企业部分关税	破解制造业发展难题
2009年11月	美国"再工业化"战略	促进制造业增长，让美国回归实体经济	推动美国制造业回归
2009年9月	美国创新战略（2009版）	注重国家创新基础架构建设，鼓励有效创业的竞争市场，推动国家重点项目取得突破	充分发挥创新潜力，促进新就业、新企业和新产业

数据来源：赛迪智库整理，2016年1月。

二、重大政策简析

（一）美国重振制造业框架

2009年12月，美国政府发布《重振美国制造业框架》，从七个方面设计了重振制造业的政策框架。第一，为工人提供更多提高劳动技能的机会，提高劳动生产率。第二，为新技术研发进行大规模投资，创造有利于技术扩散的商业环境。第三，为制造业投资建立稳定而有效的资本市场。第四，发挥制造业和社区之间的良性互动作用，促进社区集聚和创新，为大规模制造业特别是汽车制造业的发展建立良好的基础。第五，投资于先进交通基础设施，改善电力、网络、通信等基础设施。第六，打开国外市场，为制造业产品创造更大规模的需求。第七，改善制造业所处的税收、金融等商业环境。

美国重振制造业框架从理论出发，结合制造业发展的特点，提出了具有针对性的政策措施，是美国重振制造业政策措施的纲领性文件。

（二）美国制造业促进法案

2010年8月，美国政府发布《制造业促进法案》，从7个方面破解制造业发展难题，即：改善培训教育系统，使工人获得必要的劳动技能；为创造新技术和新的商业操作规范而进行投资，鼓励不能立即投入商业运营的基础性研究，保护知识产权；为商业投资提供稳定而有效的资本市场，资助中小企业，加强金融监管，使金融业服务实体经济；建设产业集群，完善产业结构，帮助相关地区和工人实现转型；投资于包括交通电池、高速铁路和下一代信息和通信技术在内的先进交通和信息基础设施；确保美国商品在国内和国际市场上拥有销路和公平的竞争环境；改善商业环境，使法律、税收和监管机制利于美国制造业的发展。

《制造业促进法案》使美国重振制造业框架成为正式法律条文，对大型和小型制造企业的发展都起到推动作用，进而带动美国经济的复苏。

（三）美国创新战略2011版

2011年2月，美国政府发布《美国创新战略：确保经济增长与繁荣》，提出了未来一段时期推动美国创新的战略规划和措施。新的创新战略对2009年发布的《美国创新战略：推动可持续发展，创造高水平就业》进行了深化与升级。从"创造就业"到"确保经济增长和繁荣"，这一措辞上的变化体现了美国政府对创新的重视和实施创新战略的决心。

美国创新战略的实施，以及知识产权政策的变革，将直接推动技术的进步，确保美国继续处于技术革命的前沿，这为美国继续占领制造业的高端领域提供了重要的技术支撑。

（四）美国制造业创新网络计划

2012年4月，美国总统奥巴马建议设立全美制造业创新网络（NNMI），包括投资10亿美元建立15家制造业创新研究所（IMI），通过加强研究机构与制造企业之间的合作，为美国创造更多的就业机会，从而提振美国经济。截至2015年12月，美国已经建成了7家制造业创新研究所，正在建设中的有2家。

研究机构的研究重点放在大规模制造技术、降低成本和商业化风险上，已经确立的研究领域包括：一是开发碳纤维复合材料等轻质材料，提高下一代汽车、飞机、火车和轮船等的燃料效率、性能以及抗腐蚀性。二是完善3D印刷技术相关标准、材料和设备，以实现利用数字化设计进行低成本小批量的产品生产。三是创造智能制造的框架和方法，允许生产运营者实时掌握来自全数字化工厂的"大数据流"，以提高生产效率、优化供应链，并提高能源、水和材料的使用效率等。

（五）美国机器人路线图

2013年3月，白宫科技政策办公室（STPO）发布《机器人技术路线图：从互联网到机器人》。路线图强调了机器人技术在美国制造业和卫生保健领域的重要作用，同时也描绘了机器人技术在创造新市场、新就业岗位和改善人们生活方面的潜力。

路线图是对2009年路线图的修订，主要包括五部分，分别是制造业机器人路线图、医疗机器人路线图、服务机器人路线图、空间机器人路线图以及国防机器人路线图。

其中制造业机器人路线图提出，未来5到15年要解决的关键能力包括重构装配、自主导航、绿色制造、灵巧操作、供应链整合与设计、纳米制造、非结构化环境感知、本质安全、教育和培训等。为了取得这些关键能力，制造业机器人需要加强学习和适应、控制和计划、感知、人机交互、建模与陈述以及"云"机器人与自动化制造等方面的技术研发。

（六）振兴美国先进制造业2.0版

2014年10月，美国先进制造业联盟（AMP）指导委员会发布《振兴美国先进制造业》报告 2.0 版，提出了加快创新、保证人才输送管道、改善商业环境 3 大战略。

在促进创新方面，将在增加美国竞争力的新型制造技术领域大量增加投资。国防部、能源部、农业部及航空航天总局等政府部门将向报告所建议的复合材料、生物材料等先进材料、制造业所需先进传感器及数字制造业方面加大投资，总额超过 3 亿美元。以政府提供先进设备、部门与科研机构、高校联动，设立联合技术测试平台等方式促进创新发展。

在确保人才梯队方面，美国劳工部设立 1 亿美元"美国学徒奖金竞赛"，以促进新的学徒模式发展，在先进制造业等领域产生规模效应。先进制造业指导委员会的成员已经开始进行学徒制试点，并为参加学徒制培训战略项目的雇员发放指导手册。

在改善商业环境方面，政府决定推出新工具及一项 5 年的初始投资，促进供应链上的小型制造企业的创新。商务部的制造业扩展联盟项目每年为 3000 个以上美国制造商服务，该项目将于未来 5 年内投资 1.3 亿资金，帮助小型制造企业发展新技术，推广新产品。

（七）振兴制造业和创新法案

2014 年 11 月，经由美国众议院修改通过了《振兴美国制造业和创新法案 2014》，将对《国家标准与技术研究院（NIST）法案》进行修改，授权商务部部长在 NIST 框架下实施制造业创新网络计划，在全国范围内建立制造业创新中心。

法案明确了制造业创新中心重点关注纳米技术、先进陶瓷、光子及光学器件、复合材料、生物基和先进材料、混动技术、微电子器件工具开发等领域。2014—2024 财年商务部和能源部资助金额分别不超过 0.5 亿和 2.5 亿美元。

法案还授权商务部部长设立国家制造业创新网络计划办公室，职责包括对计划的监管、开发和定期更新战略计划、向公众公开项目情况、作为网络的召集人。该办公室还需将现有的制造业扩展伙伴关系（MEP）计划纳入到制造业创新网络计划中，确保中小企业参与。

（八）美国创新战略 2015 版

2015 年 10 月，美国国家经济委员会（NEC）与白宫科技政策办公室（STPO）发布新版《美国创新战略》。此前，美国政府先后分别于 2009 年、2011 年发布《美

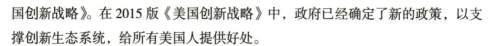

国创新战略》。在 2015 版《美国创新战略》中，政府已经确定了新的政策，以支撑创新生态系统，给所有美国人提供好处。

2015 版《美国创新战略》承认联邦政府在投资美国创新基本要素、激发私营部门创新、赋予全国创新者权利方面的重要作用。此外，该战略描述了如何通过三套战略计划扩建这些重要的创新要素。这三个战略计划重点为创造高质量就业岗位和持续经济增长、推动国家优先领域突破及建设创新型政府服务大众。

第四节　发展趋势

从 2015 年主要经济指标来看，美国经济增长已回到稳步复苏的轨道，财政赤字和失业率大幅下降，但制造业复苏势头较弱。根据 2016 年 1 月高盛的预计，2016 年美国经济增长将继续略微高于潜在趋势，全年整体增长率为 2.25%。根据世界银行的预计，2016 年美国 GDP 增长率将会上升 2.7%，稍高于 2015 年的 2.5%。预计随着就业市场逐渐恢复和美联储的货币政策继续维持极度宽松，2016 年美国的经济活动势头将逐渐加快，美国的制造业也将实现微弱增长。

一、制造业将微弱增长

尽管从金融危机以来，美国政府出台了多项举措振兴本土的制造业。但是从基本面上来看，美国制造业的发展前景缺乏支撑。一方面，各项与制造业相关的数据全面下滑，显示出复苏的疲态。ISM 制造业 PMI 经历了连续 6 个月的下滑，同时，美国 11 月工业产出环比下降 0.6%，降幅为 2012 年 3 月以来最大。工业产出数据不佳，表明美国经济仍面临一定的困难。此外，衡量工业企业活跃程度的产能利用率从 10 月份的 77.5% 下降至 11 月份的 77.0%。但在另一方面，消费端的需求增长会为制造业的振兴注入一定动力。美国 2016 年 1 月的 IBD 消费者信心指数微升至 47.3。消费者对未来六个月经济前景指数由 41.8 升至 42.9；个人财务前景指数由 59.6 回落至 58.2；对联邦政府经济政策信心由 40.1 升至 40.7，表明消费者信心在增强。同时考虑到美国就业市场在改善、汽油价格下挫等因素都增加了居民消费需求，会相应地推动工业产出增加。因此，预计 2016 年美国制造业将实现微弱增长。

二、工业互联网大发展

金融危机以来，美国奥巴马政府提出了"再工业化"（Reindustrialization）的战略，企图抢占新一轮工业革命的制高点。由于软件和互联网经济发达，美国侧重于借助网络和数据的力量提升整个工业的价值创造能力。这一次的工业革命以智能机器为主要工具，融合了互联网技术、移动互联网技术、大数据、智能分析技术。2012年2月，通用电气（GE）提出了"工业互联网"（Industrial Internet）的概念，并在医疗和航空等领域迅速推出9个工业互联网项目。2014年3月，思科、IBM、英特尔、AT&T等企业参与进来，同通用电气一同组建了工业互联网联盟（IIC）。IIC由对象管理组织（OMG）管理，其中参考架构（Reference Architecture）、测试床（Test Bed）及应用案例（Application Case）是IIC关键工作的抓手。当前，IIC正以参考架构为引领，通过企业自主设立的应用案例组织垂直领域应用探索，支持建立测试床提供验证支撑，并借助其他标准组织力量，推动工业互联网加快落地。预计2016年，通用电气将在全球开展更多的工业互联网落地项目。预计到2020年，将有超过500亿台机器连入工业互联网。

三、汽车业生态大变革

汽车业是美国制造业的重要支柱。金融危机以后，美国汽车业经过业务整合、资产重组，整个行业的效率大有改观。考虑到经济回暖、家庭收入增加以及油价下跌的有利影响，以及美联储加息对汽车贷款提升带来的不利影响，预计2016年美国乘用车销量将小于2015年，在1600万—1700万辆左右。在电动汽车领域，自奥巴马政府上台后，通过《美国复兴和再投资法案》、《美国清洁能源与安全法案》、新的燃油经济性标准（CAFE）以及调整各类电动汽车的税收优惠等措施，多部门分工协作，共同推进，引导美国汽车工业将重心转向插电式混合动力汽车和纯电动汽车（BEV）。预计2016年美国政府将出台更多的刺激方式，尤其是税费方面的奖励，鼓励电动汽车的推广。此外，美国早在多年前即已启动无人驾驶汽车研究，在2015年，美国有10座城市已实施无人驾驶汽车试点项目。2016年1月15日，美国交通部（DOT）宣布了在10年内投资40亿美元的无人驾驶汽车推动项目提案。预计2016年美国政府将宣布多项计划，扶持无人驾驶汽车行业发展。

四、清洁能源政策利好

自金融危机以来，美国非常注重清洁能源（Clean Energy）的发展。美国认为清洁能源创新将改善低碳能源技术的成本、效率以及可扩展性，是采取行动对抗环境变化的关键。近些年，美国已经在太阳能光伏、风电、高级电池、低能耗照明以及燃料电池等领域实现了长足的技术进步。美国计划 2020 年将温室气体排放降低 17%，同时鼓励更多地使用可再生能源和其他清洁能源。2015 年 12 月，美国综合预算法案的通过为清洁能源的发展提供了政策红利。根据法案，为太阳能提供 30% 的投资税收抵免（ITC）将延长三年，此后到 2021 年逐渐递减，而从 2022 年开始始终维持在 10%。针对风能的 2.3 美分生产税抵免（PTC）的激励政策也将延长至 2016 年。政府补贴加上规划担保，使得 2016—2021 年期间美国对风能和太阳能的投资将增加约 730 亿美元。预计 2016 年将会有大量资金投入到美国环保局（EPA）清洁能源计划之中，清洁能源行业的前景非常光明。

第五节　企业动态

2015 年 7 月发布的《财富》世界 500 强显示，美国上榜公司数量与 2014 年持平，目前为 128 家，仍位居全球第一位。

一、主要跨国公司近期动态

2015 年，受美国经济复苏的利好影响，美国多个行业的跨国公司实现了良好的经营业绩。下面选取 5 家具有代表性的美国跨国公司，分析其最近的经营情况和发展动向。

（一）通用电气（GE）

根据 2015 年 10 月公布的第三季度财报，在截至 9 月 30 日的这一财季，通用电气的净利润为 25.1 亿美元，每股收益为 25 美分，相比之下 2014 年同期的净利润为 35.4 亿美元，每股收益为 35 美分。总营收同比下降 1.3%，至 316.8 亿美元。不计入将被剥离的金融业务，通用电气第三季度每股收益为 29 美分，营收为 279 亿美元。此前平均预期不计入个人消费者金融业务每股收益为 26 美分，营收为 285.7 亿美元。通用电气第三季度的调整后利润好于预期，原因是航空和交通运输业务的盈利增长对其核心工业业务形成了支持。

（二）杜邦（DuPont）

根据 2015 年 10 月公布的第三季度财报，在截至 9 月 30 日的这一财季，杜邦实现净利润 4.33 亿美元，合每股 47 美分，2014 年同期净利润 2.58 亿美元，合每股 30 美分。扣除特定项目，运营利润从 2014 年同期的每股 45 美分增至每股 54 美分。净销售额同比下降 2.9% 至 75.1 亿美元，综合营收小幅增加至 78.7 亿美元。杜邦第三财季总运营成本同比下降 6.5% 至 70.8 亿美元。杜邦重申全年运营利润将达到每股 4 美元至每股 4.10 美元。对于第四财季，杜邦预计运营利润将较上年同期的每股 59 美分增长 20%。

（三）英特尔（Intel）

根据 2015 年 10 月公布的第三季度财报，在截至 9 月 30 日的这一财季，英特尔的净营收为 145 亿美元，与 2014 年同期的 146 亿美元相比基本持平，与上一季度的 132 亿美元相比增长 10%。第三季度净利润为 31.09 亿美元，每股收益 64 美分，不及 2014 年同期的净利润 33.17 亿美元，每股收益 66 美分。第三季度运营利润为 42 亿美元，与 2014 年同期的 45 亿美元相比下降 8%，与上一季度的 29 亿美元相比增长 45%。第三季度毛利率为 63.0%，不及 2014 年同期的 65.0%。

（四）Alphabet（原 Google）

根据 2015 年 10 月公布的第三季度财报，在截至 9 月 30 日的这一财季，按照美国通用会计准则，Alphabet 第三季度总营收为 186.75 亿美元，比 2014 年同期的 165.23 亿美元增长 13%。Alphabet 第三季度运营利润为 47.08 亿美元，在营收中所占比例为 25%；2014 年同期运营利润为 37.24 亿美元，在营收中所占比例为 23%。Alphabet 第三季度净利润为 39.79 亿美元，比 2014 年同期的 27.39 亿美元增长 45%。Alphabet 第三季度 A 类、B 类和 C 类普通股的每股收益为 5.73 美元，2014 年同期为 3.98 美元。

（五）亚马逊（Amazon）

根据 2015 年 10 月公布的第三季度财报，在截至 9 月 30 日的这一财季，亚马逊的净利润为 7900 万美元，每股收益为 17 美分，这一业绩好于 2014 年同期。在 2014 财年第三季度，亚马逊的净亏损为 4.37 亿美元，每股亏损为 95 美分。亚马逊第三财季净销售额为 253.58 亿美元，比 2014 年同期的 205.79 亿美元

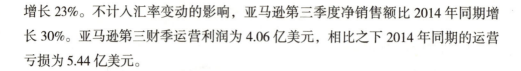

增长 23%。不计入汇率变动的影响，亚马逊第三季度净销售额比 2014 年同期增长 30%。亚马逊第三财季运营利润为 4.06 亿美元，相比之下 2014 年同期的运营亏损为 5.44 亿美元。

二、中小企业发展情况

中小企业一直是美国经济发展与创造就业的引擎，对于美国的经济与社会发展发挥着决定性作用。在过去的 20 多年里，小企业创造了美国超过三分之二的新增就业岗位，2800 万家小企业雇佣了 6000 万美国人，占私人部门劳动力的 50%。

1953 年，美国政府出台了《小企业法》，并依法成立了美国联邦小企业署（SBA），SBA 对于美国小企业创新创业发展发挥了巨大的积极作用，提供了大量的投融资服务、政府采购服务、商业咨询服务以及其他多种形式的服务等。针对科技型中小微企业技术创新市场化支持不足等问题，美国推出了一系列政府公共财政专项资金，其中最为著名的是美国 SBA 小企业创新研究计划（SBIR）和小企业技术转移计划（STTR），它们促进了美国在前沿学科的领先地位，成为全世界效仿的成功典范。

自奥巴马担任美国总统以来，美国出台多项给小企业减税法案和小企业融资扶助政策。2010 年 9 月，美国国会通过了《2010 年小企业就业法案》。该法案强化了美国联邦小企业署（SBA）的传统贷款项目，并推出两个新的融资项目：各州小企业信贷计划（SSBCI）和小企业贷款基金（SBLF）。2011 年 2 月，美国联邦小企业署（SBA）发布了《2011—2016 年度战略》，出台可操作的政策评估指标体系，并且在绩效评估工作和运行机制上下功夫，真正推动中小企业迅速发展。2011 年 9 月，美国推出的就业促进法案提出要对中小企业的工资所得税进行减免。2012 年 4 月，美国出台了《2012 年促进创业企业融资法》，该法案旨在通过放宽金融监管要求来鼓励中小企业融资，为中小企业的成长提供更加宽松的市场空间。美国非常重视小企业创新，而股权融资无疑为小企业提供了新的平台。2015 年 10 月，美国证券交易委员会（SEC）通过了《就业法案第二章》（JOBS ACT Title III），该法案旨在鼓励股权众筹（Equity-based Crowd Funding），首次允许普通投资者通过股权投资创业公司，并下调了股权融资企业的信息披露要求。

根据 2016 年 1 月全美独立企业联盟（NFIB）调查显示，美国 2015 年 12

月 NFIB 小型企业信心指数回升至 95.2，高于市场预期的 95 及 2015 年 11 月的 94.8。显示中小企业对于 2016 年的发展前景充满乐观。自金融危机以来，美国中小企业已在就业市场的复苏中起到主导作用。根据 2016 年 1 月 ADP 发布的美国就业报告，2015 年 12 月，少于 50 名员工的小企业新贡献了 9.5 万个岗位，而中型企业（有 50—499 名员工）新创造了 6.5 万个岗位。

第三章　欧盟

第一节　发展概况

欧盟是世界上最具影响的区域一体化组织,它集政治实体和经济实体于一身。欧盟工业占国民经济比重较大,主要工业部门包括钢铁、机械、化工、汽车、船舶、飞机、电子等。2015 年,欧盟经济在经历了多年的下行之后,出现较为明显的好转,本章将介绍欧盟在 2015 年的经济发展总体特征、企业发展情况和重点国家的经济发展情况。

一、现状特点

（一）经济回暖步伐加快

全球金融危机后,欧盟经济复苏一直较为乏力,但 2015 年趋好形势略有加强。2015 年,欧盟 GDP 增速创 2010 年以来新高,欧元区经济也出现 4 年来最高增速,特别是西班牙、意大利、法国的回暖迹象都较前几年更为明显。

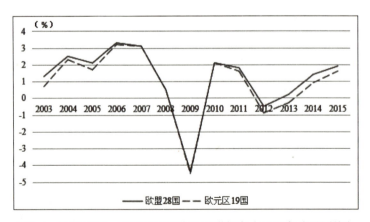

图3-1　欧盟28国、欧元区19国的GDP增长率（2015年为预测值）

数据来源:欧盟统计局,2016 年 1 月。

从欧盟统计局公开的数据看，2015年前3季度，欧盟28国和欧元区19国的季度GDP环比增幅分别为0.4%和0.3%，高于2014年各季度的增长速度。2015年11月，欧委会将2015年欧元区经济增长率由5月份预测的1.5%上调到1.6%，欧盟增长率由1.8%上调到1.9%，同时预测2016年欧元区财政状况将持续好转，财政赤字占GDP比重将下降至2%，2017年将进一步下降至1.5%。2015年第一季度和第二季度，欧盟500强企业中23%和39%的企业纯利润都有明显提高，2015上半年，欧盟500强企业的总利润额高达2000亿欧元。

分国家看，2015年前两季度，欧盟各国中多数国家经济趋好形势明显，多数国家GDP增长率都在提高，其中英国、德国、法国、意大利等核心成员国的GDP增长率有小幅度提升，冰岛、芬兰、爱沙尼亚三国的经济增长率在2015年第2季度结束了负增长，而卢森堡经济下滑趋势有所加重。总体而言，欧洲央行采取量化宽松政策、持续低油价一定程度上刺激了欧盟民众的消费和产品出口。

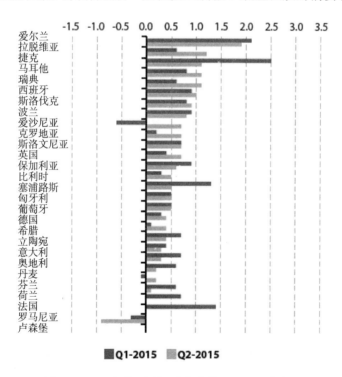

图3-2　2015年第1和第2季度欧盟28国GDP增速对比

数据来源：欧盟统计局，2016年1月。

尽管欧元地区的通胀率可能持续降低，但其对经济增长的正面影响在逐渐减少。全球经济的不确定性、一些新兴国家经济增长速度放缓和难民危机，对欧盟经济增长产生的消极影响在进一步扩大。

与金融危机前相比，欧元区的投资水平依旧较低，投资增长低迷。欧元区投资复苏十分缓慢，一方面受经济危机长期性的影响，同时也受市场需求不旺盛、经济前景不明朗、产能过剩、政策不确定性、效率和利润低下、劳动力和行政成本较高、去杠杆化、劳动市场法律法规、市场限制性措施、现金储备需求和融资便利度等多方面的影响。据欧洲央行的分析报告显示，2014—2015年，欧洲的工业、建筑业和服务业企业的企业投资预算虽然有一定增加，但大部分资金都是资本支出，只有小部分用于研发和无形资产投资。而在资本支出中，投资主要被用于设备更换，而不是技术改进。

（二）国际竞争力保持稳定

金融危机对欧盟经济造成了一定冲击，但是未能撼动其世界第一大经济体的地位。欧盟占据着全球产业分工上游，德国、英国、法国、荷兰等核心国家在技术、人才、管理、品牌等方面优势突出。《2014—2015年全球竞争力报告》表明，欧洲核心国家的国际竞争力依旧十分强大，瑞士、芬兰、德国、荷兰、英国和瑞典6个欧洲国家都位列2015年全球国家竞争力排名前10，其中瑞士更是连续6年位居榜首。

工业方面，虽然近些年来，欧盟的经济结构出现了"去工业化"的特征，欧盟各国工业增加值占国内生产总值的比重和工业部门的就业人口数量比不断下降，但欧盟产业结构变化趋势是经济发展阶段的必然所驱，工业比重的下降趋势和全球，尤其是发达国家的产业结构变化趋势一致。从横向数据上看，2015年，欧盟工业增加值在全球工业增加值中的比重依旧最高。2012年，欧盟委员会发布名为"强大的欧盟工业有利于经济增长和复苏"的再工业化政策，提出用创新和先进技术带动新型工业革命，促进欧盟工业转型，同时提出到2020年将欧盟工业增加值占国内生产总值比重提高到20%。未来，欧盟各国的工业竞争力将有进一步提高。从制造业的竞争力看，多年来欧盟制造业都处于全球顶端。根据Markit公布的数据显示，进入2015年以来，欧元区制造业温和扩张，改变了2014年不断下降的趋势。2015年，欧元区1月到11月制造业PMI指数平均值为52.1，略高于2014年的51.8。

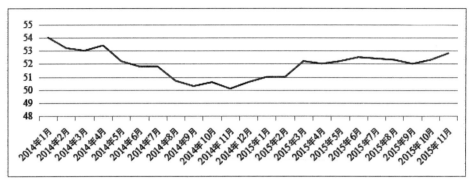

图3-3 欧元区制造业PMI指数（2014年1月到2015年11月）

数据来源：Markit，2016 年 1 月。

分国家看，德国、意大利、西班牙、荷兰、爱尔兰等国制造业景气程度有所提升，其中西班牙、荷兰、爱尔兰等三国制造业成长稳健；法国、意大利、奥地利和希腊等国制造业衰退情况仍在继续，但法国和意大利的衰退幅度接近稳定，而奥地利和希腊制造业的窘迫局面仍在继续加剧。

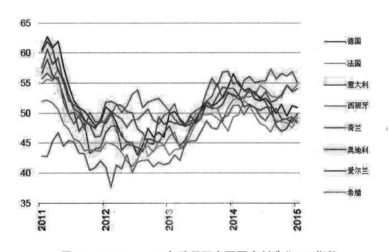

图3-4 2011—2015年欧元区主要国家制造业PMI指数

数据来源：Markit，2016 年 1 月。

（三）经济增长和工业发展区域差异较大

欧盟和欧元区虽然是一个较为统一的经济体，但其内部发展并不是十分均衡，各成员的经济发展速度、经济发展水平和工业发展水平的区域差异较大。

从发展速度上看,欧盟各国的GDP增长速率差距较大,从2011年到2014年,GDP增长率在最高和最低的国家都在10%和–13%这之间。相比前三年,2015年欧盟内部各国经济增长率之间差距有所减小,多数国家GDP增长率都显著提高,所有国家的经济增长率都高于–2.5%,增长速度在5%以上的国家数量也有所减少,经济增长不均衡的状况略有改善。欧盟内部国家众多,各国经济增长和复苏存在明显差距,这在一定程度上拉低了欧盟的整体经济增长水平。

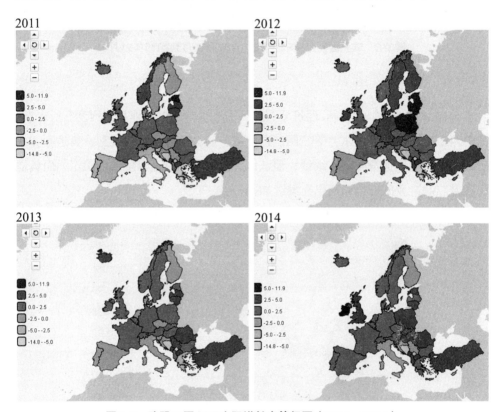

图3-5 欧盟28国GDP实际增长率等级图(2011—2014)

数据来源:欧盟统计局,2016年1月。

欧盟内部各国的工业规模和工业发展水平差异较大。从工业规模上看,德国、英国和法国工业基础雄厚,一直是欧盟各国中工业实力最强的国家。在欧盟委员会"一个强大的欧盟工业有利于经济增长和复苏"计划的基础上,德国、法国和英国都于2013年出台了本国的工业振兴计划。在这些振兴计划的激励下,2015年德国、法国和英国的工业产值稳步增加,工业发展形势均好于2014年。2015

年前 10 个月，德国、英国、法国的工业产值平均增长率分别为 0.06、0.15 和 0.18，高于 2014 年的 −0.15、0.05 和 0.06。德国工业在欧盟范围内一直一枝独秀，无论是产业规模、产业结构先进性都高于其他国家。德国工业产品以质优耐用而享誉全球，德国联邦统计局公布数据显示，2015 年 1—3 月，德国外贸出口实现了 3 个月连续攀升。

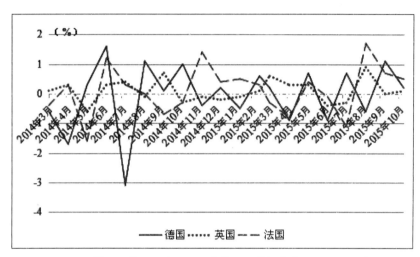

图3-6　德国、英国、法国工业产值环比增长率（2014—2015）

数据来源：欧盟统计局，2016 年 1 月。

（四）企业实力缓慢恢复

欧盟是全球优质企业的聚集地。在金融危机和债务危机的阴影之下，2012 年到 2014 年，欧盟企业整体实力有一定下滑，但伴随经济形势的好转，2015 年，欧盟企业实力体现出一定恢复。从《财富》杂志对世界 500 强的企业的排名情况看，2012 年到 2014 年，欧盟上榜企业的数量逐渐减少，上榜企业的整体排名有所后移。2011 年有 137 家欧盟企业进入世界 500 强，而 2014 年滑落为 120 家，2015 年，情况明显好转，130 家企业入围世界 500 强企业。

（五）就业情况有所改善

主权债务危机给欧盟各成员国带来巨大就业压力，2008 年到 2013 年，欧盟失业率不断上升，对区域经济发展和社会稳定造成一定威胁。2014 年，伴随经济形势的好转，欧盟失业率有所下降，2015 年这一趋势更为明显。2015 年 3 季度的"欧盟就业和社会状况季度报告"显示，2015 年，欧盟多数国家的失业率都在持续下降，长期的全职雇佣合同数量有所增加，并且出现了金融危机以来年轻人失业率的首次下降。

2015 年 10 月，欧盟失业率降低到 9.3%，达到 2009 年 9 月后的最低点；欧元区经季节调整的失业率下降到 10.7%，是 2012 年 1 月以后的最低点。在欧盟成员国中，24 个成员国的失业率在 2015 年都有不同水平下降，10 月，德国失业率最低，为 4.5%，而在失业问题最为严重的希腊和西班牙，失业率依旧高达 24.6% 和 21.6%。同期，欧元区青年失业率降低到 22.3%，欧盟青年失业率降低到 20.0%，但个别国家青年失业的问题还是较为突出，如希腊、西班牙、克罗地亚和意大利的青年失业率还分别高达 47.9%、47.7%、43.1% 和 39.8%。

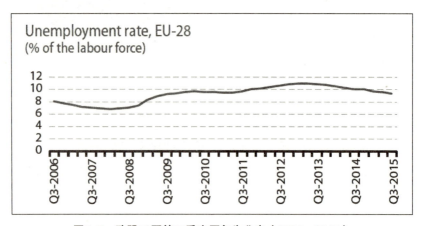

图3-7　欧盟28国第三季度历年失业率（2006—2015）

数据来源：欧盟统计局，2016 年 1 月。

虽然失业率增加的形势得到一定逆转，但和全球其他地区相比，欧盟失业率的总体水平依旧较高。2015 年 6 月，欧盟平均失业率下降为 9.6%，创造了 3 年来的新低，但同期美国失业率为 5.3%，中国失业率 5.1%、俄罗斯为 5.4%、日本为 3.4%。而在欧盟各国中失业率低于 5% 的只有德国和冰岛，多数国家失业率在 9% 到 15% 之间，而希腊和西班牙的失业率则处于高于 20% 的高位水平。意大利、希腊、西班牙等国的失业率问题已导致有关国家民众对政府的支持率一再下滑。

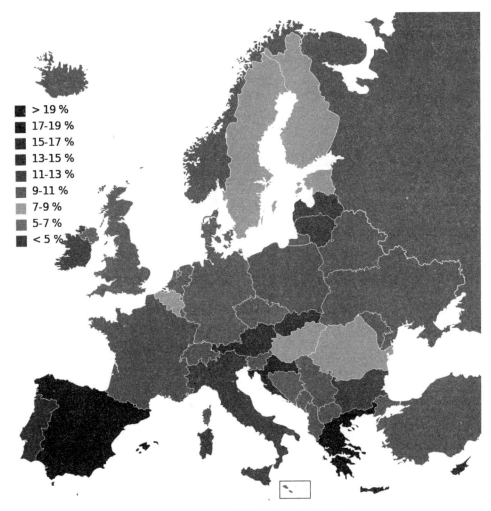

图3-8　2014年欧盟各国失业率分级图

> 19 %
17-19 %
15-17 %
13-15 %
11-13 %
9-11 %
7-9 %
5-7 %
< 5 %

数据来源：欧盟统计局，2016 年 1 月。

　　此外，欧盟内部各国就业形势的差距十分显著，欧洲南部国家的失业问题比中部和北部国家的更为严重。从失业率的变化情况上看，德国和意大利是对比最为明显两个国家，从 2009 年第 2 季度之后，德国失业率一直稳定下降，到 2015 年 6 月降低为 6.2%，达到 1991 年 11 月以来的最低水平。而意大利的失业率从 2011 年以来迅速飙升，2014 年底甚至达到 13.4%，2015 年略有改善，2015 年第 3 季度降低为 12.4%。

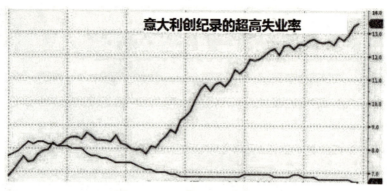

图3-9 意大利和德国失业率变化图

数据来源：欧盟统计局，2016年1月。

二、政策动向

1990年的"开放与竞争环境下的工业政策：共同体行动的指导方针"是欧盟制定的第1个欧盟层面的工业发展政策。自此之后，欧盟出台了大量的工业发展政策和工业发展战略。欧盟在世界工业中的领导地位得益于其工业政策和战略，一方面，这些策略为欧盟各国创造良好工业发展环境，极好地促进了创新、人才流动、行业标准制定等，另一方面，在激烈的国际经济竞争中，降低了各成员国独自建设工业体系的难度和风险，有效提升了整个区域的协同发展能力。近些年，欧盟各国加强了对工业、尤其是制造业的重视程度，进一步制定了一系列促进工业发展的政策和战略。

（一）总体战略

进入21世纪，欧盟制定了三个具有战略意义的中长期工业发展规划。

1. 里斯本战略

2000年，欧盟通过了2000—2010年的经济发展规划，由于会议在葡萄牙首都里斯本举行，所以被称作"里斯本战略"。"里斯本战略"的目的是通过创新和信息通信技术发展，推动创新2.0，让欧盟在2010年成为世界上最有竞争力的经济体。"里斯本战略"总共制定了28个主目标和120个次目标，内容涵盖经济发展、就业、科研、教育、社会福利、社会稳定等多个方面，其中以促进经济增长、提升就业率和提高创新能力为核心目标。为了实现最初制定的"把年经济增长速度提高到3%、争取在2010年实现70%的就业率"的目标。欧盟着力向知识经济时代全面过渡，并积极探索创新 2.0 模式，提高各国的科研投入，力争将科研投入占国内生产总值的比从 2000 年的 1.9% 提高为 2010 年的 3%。2005 年 2 月初，欧盟在其"增长与就业伙伴计划"中对"里斯本战略"的目标进行了一定调整，但依旧保持以促进经济增长、提高就业和提高创新能力为首要目标。同年 3 月，经过调整的"里斯本战略"开始实施，欧盟各国则根据国情设置"里斯本战略"在本国的实施方案。欧盟委员会 2007 年的研究结果显示，"里斯本战略"已经对欧盟的发展产生了一定的积极效果，尤其在创新方面，欧盟和美国的创新能力差距有明显缩小。

2. 欧洲 2020 战略

继"里斯本战略"之后，欧盟加快了统一发展战略的制定。2010 年，欧盟委员会发布了第二份十年经济发展规划，即"欧洲 2020 战略"，提出欧盟未来十年的发展重点和具体目标。将智能型增长、可持续增长和包容性增长作为欧盟发展的重点，提出提高就业比例、提高研发投资、降低碳排放、提高民众教育程度和减少贫困五个方面的具体目标，并制定了一系列的旗舰计划，辅助"欧洲2020 战略"的有效实施，全方位提升欧盟竞争力。此后，欧盟于同年制定了"全球化时代的统一工业政策"，从改善工业发展环境、强化欧盟内部的统一市场、新工业创新政策、加强资本国际化、促进工业现代化等方面，确定了欧盟在全球化时代统一的工业发展框架。

表 3-1　欧洲 2020 战略梗概

核心目标	20—64岁劳动力人口就业比提高到75%
	欧盟GDP的3%投入研发领域
	减少20%二氧化碳排放量，增加20%可再生能源使用，节约20%的能源消费
	未完成基础教育成人比例降低到10%以下，受过高等教育年轻人比例提升到40%
	贫困线以下人口比例减少25%。
配套计划	"创新型联盟"计划
	"流动青年"计划
	"欧洲数字议程"计划
	"欧洲资源能效"计划
	"全球化时代的产业政策"计划
	"新技能和新就业"计划
	"消除欧洲贫困平台"计划

数据来源：赛迪智库整理，2015 年。

3. 一个强大的欧盟工业有利于增长和经济复苏战略

2012 年，在全球金融危机和欧洲债务危机带来的经济萧条面前，欧盟各国重新认识到实体经济的重要性，为了促进欧洲经济复苏和进一步的可持续发展，欧盟重新确定了工业在国民经济中的重要地位，并力求用创新和先进技术带动新型工业革命。

2012 年 10 月，欧盟委员会发布了名为"一个强大的欧盟工业有利于增长和经济复苏"的工业发展政策。提出实现再工业化的具体目标，希望通过推行"先进创新技术带动的新型工业革命"，利用创新和技术优势，将工业在欧盟 GDP 中所占的比重从 16% 增至 2020 年的 20%。并拟定通过促进新技术和创新投资、改善市场准入、完善信贷机制以改善中小企业的商业融资环境、明确人力资本的关键作用 4 个主要方面的措施，促进欧盟经济增长、加快经济复苏速度，稳固欧盟工业的国际竞争力，实现可持续发展。

（二）相关重大政策简析

1. 欧盟 2016—2017 工作方案

2015 年 10 月 13 日，欧盟委员会通过了"2016—2017 工作方案"，计划在 2016 年到 2017 年期间将 160 亿欧元投资到科研和创新领域，以推动欧盟的再工业化进程，增强欧盟工业的整体竞争力。工业中，制造业将成为投资的重点领域，欧盟计划将 10 亿欧元投资于制造业领域，以智能制造带动欧盟制造业的振兴。

事实上，"2016—2017 工作方案"是欧盟"地平线 2020"规划的一部分。"欧洲 2020 战略"包含了 7 个旗舰配套计划，其中第一条即为"创新型联盟"计划。为了推动"创新型联盟"计划的实施，欧盟在 2013 年出台了配套的"地平线 2020"规划，并于 2014 年开始实施。"地平线 2020"规划投资总额达 770 亿欧元，"地平线 2020"规划是欧盟有史以来的第 8 个联合科研框架计划，被欧洲领导人和欧洲议会视为推动经济增长和创造就业机会的手段，是欧盟对未来的投资，智慧型增长、可持续增长、包容性增长以及创造就业机会是欧盟发展蓝图的核心。制造业现代化、自动驾驶技术的研发和标准、物联网、智能和可持续城市是"地平线 2020"投资的核心。

2. 资本市场联盟计划

欧盟委员会在 2015 年 1 月 28 日启动了"资本市场联盟"计划。"资本市场联盟"计划是欧委会为刺激欧盟经济增长和就业制定的多个旗舰计划之一，旨在建设 28 个成员国的资本单一市场，消除企业在欧盟内部跨境投资壁垒，降低企业融资成本，为整个欧洲层面的投资计划服务。

资本市场联盟将帮助欧盟企业获得在成员国投资的多种融资渠道，给投资者提供更多的资本升值机会。当前欧盟投资环境不佳，融资渠道过多依赖银行而非资本市场，这令它们容易受到银行业冲击的影响，同时欧洲地区私人资本投资潜力巨大，欧盟在 2008 年至 2013 年的 5 年间总计有 900 亿欧元投资资本未被激活。资本市场联盟"将成为欧盟商业项目方和投资方的有效对接渠道，通过鼓励高质量的债务证券化等方式，增加股票、债券和其他证券交易，降低企业融资的难度"。

3. 欧洲投资计划

2014 年底，欧盟委员会提出了欧洲投资计划，主要包括三个方面的内容：设立欧洲战略投资基金，从 2015 年到 2017 年，用 210 亿欧元的种子基金带动 3150 亿欧元资金投入到经济发展；优先支持战略性基础设施（数字、能源）、工业中心的交通基础设施教育、创新研发、可再生能源等长期投资等附加值高、经济社会效益好、短期内能产生效益的项目。改善投资环境、优化融资环境、消除存在于能源、电信、数字、交通等基础设施部门的各种管制壁垒，优化市场环境，以真正建立各种产品和要素自由流动的单一市场，促进企业投资。

4. 量化宽松政策

欧洲央行使用了包括降息、长期再融资操作、直接货币交易、定向长期再融资操作等多种宽松货币政策工具，向市场注入流动性，降低成员国的融资成本和债务国的债务压力，促进实体经济的复苏。在欧元区经济难见持续复苏、通货紧缩压力日益增大、多种货币政策工具效果有限的背景下，2015 年 3 月，欧洲央行正式启动总额 1.1 万亿欧元的量化宽松计划。根据该计划，欧洲央行将每月购买 600 亿欧元政府和私人债券，持续至 2016 年 9 月。欧洲央行的量宽政策虽然姗姗来迟，但无疑起到了向实体经济注入流动性以促进投资和消费的作用，是欧盟经济复苏的利好因素。

5. 欧盟工业复兴战略

2014 年 3 月，欧盟宣布将全面部署和落实"欧洲工业复兴战略"。复兴工业将成为下一阶段欧盟经济工作的重点，预计随着多项双边自由贸易投资协议的生效，欧盟单一市场建设将继续完善，力争到2020年使工业占GDP比重达到20%。并将从以下几个方面着手落实：一是加强欧盟科研创新投入激励创新投资；二是鼓励在先进制造、关键技术、生物基产品、清洁交通、可持续建筑及原材料、智能电网等六大战略性、交叉性的优先领域加快技术投资；三是通过欧洲结构和投资基金鼓励成员国在上述六个战略领域，结合本国区域及工业政策，在各自优势领域集中创新投资；四是把云计算、大数据、增材制造、互联网新应用、智能工厂等数字技术作为提升欧洲工业生产力的核心。

此外，欧盟也非常重视商业服务业对于提升工业竞争力的作用。为解决内需不足的现状，充分释放内部市场的活力，欧盟将从以下三方面加速欧洲单一市场建设：一是加强能源、交通、通信等基础设施网络一体化建设。二是加强内部市场开放一体化，继续积极推进无缝化的内部产品及服务市场。三是定期监测欧盟及其成员国的竞争力表现和商业环境，在欧盟层面提高立法质量和监管环境。

6. 欧盟空间工业政策

2013年5月30日，欧盟理事会通过了"欧盟空间工业政策：挖掘空间产业的经济增长潜力"政策。欧盟新空间政策的目标是：建立一体化的稳定的空间工业管理框架；加强中小企业参与，提高空间产业竞争力；开发空间应用和服务市场；确保欧洲空间技术和空间活动的独立性，建立独立、可靠、安全和高效的欧盟空间系统。为实现上述目标，新空间政策提出将完善空间产品制造及服务的立法和管理，建立空间产品和服务单一市场，监督并改进欧盟空间技术的跨境管控，加强标准化建设，推动欧洲空间企业进入全球市场，支持空间领域的研发创新，创新金融机制，加强对空间工业的融资支持，完善政府采购政策，使公共资金更多地流向空间产业。

7. 欧盟新电子产业战略

2013年5月23日，欧盟委员会发表"欧盟新电子产业战略"，提出公共部门与私营机构携手合作加大对电子产业研发创新的投资，大力促进电子产业在研发创新领域的跨国合作，以确保欧盟在世界电子行业的领先地位和扩展欧盟先进的制造基地。"欧盟新电子产业战略"主要包括以下几方面：一是加大协调对电子产业研发创新（R&D&I）的投资，通过加强成员国之间的合作来充分发挥欧盟及其成员国投资的作用；二是加强和完善欧盟现有的三大世界级电子产业集群（分别位于德国的德累斯顿、荷兰和比利时的埃因霍温、鲁汶以及法国的格勒诺布尔）的建设，并且促进这三大产业集群与欧盟其他电子产业集群（如英国的剑桥、爱尔兰的都柏林和意大利的米兰等）的联系合作；三是通过研发创新让芯片的价格更低、速度更快、功能更多。

8. 绿色基础设施战略

2013 年 5 月 6 日，欧盟委员会通过题为《绿色基础设施——提高欧洲的自然资本》的新战略，旨在加强绿色基础设施，以实现环保和经济效益的双赢。根据此战略，欧委会将加强绿色基础设施基本数据的收集工作，加大有关技术研发力度；欧委会与欧洲投资银行 2014 年前将出台措施为绿色基础设施建设提供资金支持。绿色基础设施是近年逐渐流行起来的新概念。相对于人工设施组成的"灰色基础设施"，它将人工设施和自然环境有机结合起来，利用森林、湿地、绿化带等形成一个人工建筑与自然环境的有机整体，在改善生态环境、保护生物多样性的同时，也提供了新的经济增长点。

三、发展趋势

（一）工业有望扩大增长

金融危机后，欧盟制造业企业受到内需减弱和出口放缓的双重压力影响而表现疲弱。但 2015 年 1 月份起，受新订单温和增长以及消化既有订单的影响，欧盟制造业开始缓慢复苏，2015 年，德国、西班牙、荷兰和爱尔兰等国制造业 PMI 都实现了增长，制造业就业人数实现了连续正增长。

未来，随着欧盟振兴制造业的一系列战略和配套政策的落实，将有利于拉动欧盟工业投资、提升各国发展工业的信心，加上在欧洲央行实施的量化宽松计划带来的欧元汇率下跌，欧盟各国工业生产和工业制成品出口竞争优势将有所提升，欧盟工业有望扩大增长势头。

（二）智能制造将引领工业发展

智能制造是以新一代信息技术为基础，配合新能源、新材料、新工艺，贯穿设计、生产、管理、服务等制造活动各个环节，具有信息深度自感知、智慧优化自决策、精准控制自执行等功能的先进制造过程、系统与模式的总称。随着新一代工业革命时代的到来，世界制造业强国都想利用发展智能制造的机会，重新抢占全球制造业之顶。欧盟与其各国也纷纷出台了以发展智能制造为核心的制造业振兴计划。除了欧盟层面的战略外，德国、英国、法国等工业强国都认识到智能制造对本国工业未来成长的重要性，出台相应政策，以在新一轮的全球竞争中继续保持领先地位。

德国政府在 2012 年将"工业 4.0"上升为国家战略，将其纳入"德国高科技行动计划"的十大未来项目之中，由联邦教育及研究部和联邦经济及科技部共同主导，结合传统机械业、电子电气及通信业，建立产官学"工业 4.0 平台"，以西门子、SAP、博世等大企业带小企业的方式向前推动。德国政府对新一代革命性技术的研发与创新给予了极大的财政支持，2012 至 2015 年的短期计划就对包括"工业 4.0"在内的各项目的研发投入 840 亿欧元。

2013 年，为了在 10 年时间内重振法国工业，法国政府推出了"新工业法国"战略，计划在环保和新能源、医疗和健康、前沿技术等三大领域开展行动，优先开发大数据、云计算、新一代高速列车、电动飞机及未来工厂等 34 个支点项目，2014 年到 2015 年期间，法国已推出了无人机、智能仿生腿、增强现实眼镜、搭载氢燃料电池的雷诺 kangoo 电动汽车等多项标志性成果。

2013 年，英国政府出台"未来制造业：一个新时代给英国带来的机遇与挑战"的制造业发展政策，在对未来制造业进行预测的战略研究的基础上，提出英国制造业发展与复苏的对策。此后，英国商业、创新和技能部进一步在 2014 年发布了"工业战略：政府与工业之间的伙伴关系"的工业发展战略报告，明确了为了英国工业发展需要重点扶持的领域和前沿技术，提出通过完善创新平台，加强研发与工业生产衔接、完善技能培训体系、支持小企业技术创新等方式，重点支持大数据、高能效计算，卫星以及航天商业化，机器人与自动化，先进制造业等多个重大前沿产业领域的发展。

欧盟各国的政策导向表明，未来智能制造业将成为支撑欧盟工业竞争力、提高欧盟经济可持续发展能力的核心。

（三）低碳经济推动工业绿色转型

低碳经济是全球经济转型的大趋势，面临日益严重的资源环境挑战，世界各国都意识到可持续发展的重要性，欧盟在推行低碳经济方面，一直走在全球前列。

早在十几年前，欧盟就开展了将低碳经济作为新经济增长点的探索，希望通过加大对低碳经济的发展创造更多的投资机会和就业机会，并促进整个地区社会、经济和环境的可持续发展。2010 年，欧盟在"欧洲 2020"战略中明确提出，要加大在节能减排、发展清洁能源等领域的财政投入，提升科研水平，将低碳产业培育成未来经济发展的支柱产业。在这一政策的激励下，预计到 2020 年欧盟仅再生能源行业的就业人数就可以达到 280 万，比 2005 年翻一番。

2015 年 12 月，全球近 200 个缔约方在巴黎达成了"联合国气候变化框架公约"。在新的全球气候协议的约束下，各国将联手加强气候变化威胁的全球应对，通过产业结构调整、生活方式改版、科技进步等方式，将全球平均气温升幅与前工业化时期相比控制在 2℃以内，并继续努力、争取把温度升幅限定在 1.5℃之内，以大幅减少气候变化的风险和影响。协定指出发达国家应继续带头，努力实现减排目标。欧盟作为全球工业化、城市化和经济发展水平最高的地区，在"联合国气候变化框架公约"的激励和约束下，低碳经济将进一步成为引领工业绿色转型，提高工业和地区可持续发展能力的抓手。

第二节　重点国别

一、德国

（一）发展概况

德国是全球工业化历史最长、工业化水平最高的国家之一，工业在国民经济中的地位十分重要。总体来看，产业结构层次高、创新能力强、产品品质高和外向型是德国工业的核心特点。制造业是德国工业的核心，德国制造业则代表着全球制造业的最高水平，以机械制造业为例，德国机械制造业的 31 个部门有 17 个占据全球领先地位。近些年，工业增加值占经济总量的比重保持在 20% 左右，德国制造业向全球市场提供的产品种类之多，超过世界其他任何国家。

金融危机以来，欧盟经济整体形势持续低迷，德国经济也出现了一定波动。在 2010 和 2011 年，德国经济分别增长 4.2% 和 3%。但是 2012 年德国经济明显放缓，尤其在第四季度出现了 2009 年全球金融危机爆发以来的最大萎缩，环比下降 0.6%。2013 年前 2 个季度，欧元区经济进一步衰退所带来的不确定性，打击了德国的出口和商业投资，阻碍了德国经济增长。受产出和订单水平的提振，2013 年 3 季度起，德国制造业开始缓慢复苏，到 2015 年底保持缓慢增长的态势。但受乌克兰危机和亚洲国家经济增速放缓的影响，2014 年 4 季度以来，德国制造业增加值和相关就业数量的增速有一定程度的放缓。在全球经济增长放缓、大众排放丑闻、欧洲移民危机和巴黎恐袭等重大事件面前，德国经济在2015年的表现相对平稳，表明德国作为欧洲最大经济体，具有较强的抗风险性和恢复能力，伴随欧洲央行进一步放宽货币政策，出台经济刺激措施出台，德国经济还将出现一定反弹。具体而言，2015年德国工业发展情况具有以下几个特征。

1. 工业产品进出口保持增长

德国是全球第二大出口国，出口产品以工业制成品为主。汽车、机械和化工是德国工业出口的主要领域，主要商品有包括：汽车及配件、机械设备、化工产品、电信技术、办公和数据处理设备等产品。德国工业产品的出口量世界排名较高，在有数据统计的32个细分领域中，德国出口商品量在驱动、传动和农业机械等16个领域中为世界第一，9个领域为世界第三。2012年以来，德国出口屡创历史新高，2012年出口10958亿欧元和进口9059亿欧元。2015年，德国进出口及外贸盈余数据均打破历史最高纪录。德国联邦统计局日前公布的数据显示，德国2015年出口总额预计为1.19万亿欧元，同比增长6%，进口总额预计增长5.6%。慕尼黑IFO经济研究所预测，德国将是2015年世界贸易顺差值最高的国家。

2. 制造业智能化步伐加快

"工业4.0"战略已经上升为国家战略，旨在通过充分利用信息通讯技术和网络空间虚拟系统——信息物理系统相结合的手段，将制造业向智能化转型，以便提高德国工业的竞争力，在新一轮的工业革命中占领先机，同时，在全球产业链中占领上游地位。"工业4.0"推动了以智能制造为主导的第四次工业革命，将智能制造的浪潮推动到全球。目前，该战略已经得到德国科研机构和产业界的广泛认同，弗劳恩霍夫协会将在其下属6—7个生产领域的研究所引入工业4.0概念，西门子公司已经开始将这一概念引入其工业软件开发和生产控制系统。德国制造业在全球制造装备领域拥有领头羊的地位，很大程度上源于德国专注于创新工业科技产品的科研和开发，以及对复杂工业过程的管理，未来，伴随德国工业智能化程度的进一步提高，德国制造将在全球占据更重要的地位。

3. 就业人数稳定增长

在国际金融危机期间，欧洲英国、法国等国的制造业部门普遍采取了大量裁员的做法，但与其他欧洲国家以资本为主导的发展模式不同，德国政府对就业的重视程度较高。

近几年，德国政府通过财政扶持和补贴、让各大企业采取酌情减少工作时间等手段，尽量不削减工作岗位，通过政府和企业的共同努力，保证了制造业就业率的稳定和回升。2012年，尽管德国经济增速下降，但就业人数却逆势达到创纪录的4160万，平均失业人数均在290万以下，比2011年减少近8万，就业形势为1991年德国重新统一以来最好状态。2012年以后，欧盟经济形势有所好转，2013年和2014年，德国就业人数实现稳步增长，达4178万和4260万人，同比增长分别达到0.6%和0.9%。2015年，德国就业形势进一步趋好，德国失业人数降低到1992年以来的最低值，平均登记失业人数为279.5万，比2014年减少1.04万人。

4. 科技研发投入大幅增加

根据德国科学基金联合会的调查统计显示，2009年经济危机让德国的科研投入一度停滞，这一状况在2012年得到缓解，近年来，德国政府和经济界的研发投入不断增多。2015年，德国各类研发总投入将达149亿欧元，用于数字经济与社会、可持续经济发展与能源、创新的工作环境、健康生活、智能汽车、公民安全等领域。对研发的重视也使德国成为欧洲最具创新力的国家之一。企业中，大众公司的科研投入排在德国研发投入排行榜的首位，戴姆勒、西门子分居第二、三位。在世界15大研发密集型企业中，大众居第六名，戴姆勒居第十三位。德国企业认为，研发是对未来的投资，即使在危机年代也不应受到影响，因此尽管欧元危机持续，经济前景尚不明朗，仍计划继续加大研发投入。

（二）产业布局

由于历史发展和资源禀赋的原因，德国各地区的工业区域布局情况存在一定差异。相对而言，西部和南部等原西德地区发展水平较高，但总体区域分布基本上处于相对均衡的水平，这主要归功于德国在实施产业布局政策方面所采取的财政补贴政策，促进了德国产业布局的合理化发展。德国既有由上而下的纵向财政转移支付制度，也有如统一税等由原联邦德国的较富裕的州补助原民主德国较贫穷州的横向财政转移的支付制度，纵横两种财政补贴制度对德国产业的区域布局的均衡发展起到了重要作用。

1. 汽车和汽车配件工业

慕尼黑和斯图加特的汽车产业由宝马、奥迪、保时捷、博世和戴姆勒支撑；

沃尔夫斯堡、汉诺威的经济完全取决于大众公司的经营状况；大众公司在卡塞尔的工厂为当地吸引了大量供应商；黑森州的吕塞尔斯海姆市拥有欧宝公司，科隆市则存在着福特公司；福特、博世等国际汽车企业均在萨尔州设有工厂，汽车及配件制造业是该地区经济发展的动力之一，已经成为该州经济发展的最重要支柱。由于大众公司在东部摩泽尔河畔建厂，茨维考地区已经成为汽车及相关产业集聚地。

2. 电子电气工业

电气行业主要集中在德国南部。西门子公司主要集中在慕尼黑地区和纽伦堡—埃尔朗根地区，也是德国电气工业的重点地区。慕尼黑作为西门子公司总部所在地，集中了公司绝大部分通讯设备制造业务；同时也是西门子全资子公司欧司朗（OSRAM）和家电制造商博世—西门子总部所在地。纽伦堡—埃尔朗根地区则集中了西门子的自动化、医疗设备和能源等业务。由于汽车工业对小型发动机和各种调节器需求的持续增长，大批中间产品制造企业聚集在斯图加特和曼海姆所在的莱茵内卡地区，形成了又一个电气行业产业群。

3. 机械设备制造工业

德国机器及装备制造业企业集中分布在斯图加特周边地区，这个区域集中了德国三分之一的机器制造企业。其中，机床业集聚效应明显。巴登—符腾堡州拥有通快、因代克斯、埃马克等行业巨擘，占全国产值超过50%，首府斯图加特及周边地区共有110多家机床企业。斯图加特展览中心每年举办超过60个专业展览会，包括：斯图加特国际金属加工展览会（AMB），斯图加特国际机器视觉展览会（Vision），斯图加特激光材料加工系统解决方案展览会（Lasys），斯图加特表面处理及涂装技术展览会（O&S），斯图加特国际电池与能源储存技术展览会（BATTERY+STORAGE）等。另外两个工业大州巴伐利亚州和北威州分别占全国产值1/6和1/7。

4. 新兴产业

制药业、医疗设备、物流管理、研发和航空航天业在德国许多地区已经呈现良好发展势头。在斯图加特及周边地区汇集了从基础理论研究到应用，从产品生产到物流管理为一体的产业链。法兰克福／达姆斯达特地区是德国制药业的传统地区，图宾根／图特林根地区是德国医疗设备制造业传统地区。传统的法兰克福、汉堡、慕尼黑和柏林等物流中心，主要依靠航空、铁路、水运中心优势，发展起来的。近几年，鲁尔区的多特蒙德市从一个老工业城市发展成为新的物流中心，吸引了众多物流企业，物流业已经成为该市的一个支柱产业。

（三）政策动向

德国采取的是社会市场经济模式，也称为政府引导型市场经济。其主要特点是，自由竞争与政府控制并存、经济杠杆与政府引导并用、经济增长与社会福利并重。德国国家宏观调控政策对其工业的成功有着重要影响。下面是近年来比较重要的德国政府出台的工业相关政策措施。

表 3-2　近年来德国工业相关政策措施

时间	标题	主要内容
2015年4月	新的德国工业4.0平台	在之前三大行业协会组建的工业4.0平台的基础上，将在更为广泛的包括政治及社会领域在内的基础之上建立一个新平台，并且在研究主题和组织结构上都将有新的定位。
2013年4月	德国工业4.0	主要分为两大主题，一是"智能工厂"，重点研究智能化生产系统及过程，以及网络化分布式生产设施的实现；二是"智能生产"，主要涉及整个企业的生产物流管理、人机互动以及3D技术在工业生产过程中的应用等。
2012年7月	生物精炼路线图	加强生物技术研发创新，推进传统化学工业的转型。
2011年8月	第六能源研究计划	第六能源研究计划被命名为"环保、可靠和经济的能源供应研究"，重点资助那些对加快德国能源供应结构调整步伐十分重要的战略优先领域，包括可再生能源、能源效率、能源储存系统、电网技术以及可再生能源在能源供应中的整合。
2010年8月	国家可再生能源行动计划	目标涵盖温室气体排放、可再生能源、能源效率等方面，其行动计划和措施要点则包括可再生能源开发、能效提升、核电和化石燃料电力处置、电网设施扩充、建筑物能源方式和效率、运输机车能源挑战、能源技术研发、国际合作总计七方面内容。
2010年7月	德国高技术战略2020	重点关注气候/能源、健康/营养、交通、安全和通信五大需求领域，并着眼于应对各个需求领域的最重要挑战来确定"未来项目"，以开发和引领世界新的未来市场。
2009年8月	电动汽车国家发展计划	这项计划耗资5亿欧元。德国政府计划投入1.15亿欧元在8个地区试验推广电动汽车，1.7亿欧元研发为电动汽车提供动力的电池并优先研制国内产品。
2009年6月	低碳经济战略	包含6个方面的内容：环保政策要名副其实；各行业能源有效利用战略；扩大可再生能源使用范围；可持续利用生物质能；汽车行业的改革创新以及执行环保教育、资格认证等方面的措施。
2007年9月	德国能源与气候一揽子计划（IECP）	该计划包括29项关键事项；另为配合计划推进，2007年12月，德内阁提出14项法规修订建议。

数据来源：赛迪智库整理，2015年。

（四）企业动态

2015 年，德国保持较强的企业竞争力，2015 年 7 月发布的《财富》世界 500 强企业排行榜显示，2014 年共有 28 家德国的企业入围，所占数量比 2014 年减少了 1 家。

表 3-3　2015 年德国进入全球 500 强企业（单位：百万美元）

公司名称	排名	营业额	利润额	公司名称	排名	营业额	利润额
大众公司	8	268566.6	14571.9	拜耳集团	178	56031.3	4544.7
戴姆勒股份公司	17	172279.1	9235.3	蒂森克虏伯	179	56027.7	284.9
意昂集团	22	151460.5	-4191.8	德国联邦铁路公司	197	52700.4	1281.4
安联保险集团	32	136846.2	8252.3	德国大陆集团	233	45772.8	3150.9
宝马集团	56	106654.3	7691.2	汉莎集团	285	39810.5	73.0
西门子	63	101560.3	7288.3	Talanx公司	292	39289.2	1020.1
巴斯夫公司	76	98595.7	6838.3	中央合作银行	295	38793.0	2294.9
麦德龙	97	85505.2	172.3	艾德卡公司	314	37337.7	329.0
德国电信	102	83117.7	3878.8	费森尤斯集团	387	30816.6	1415.4
慕尼黑再保险公司	103	81685.1	4182.5	PHOENIX PHARMAHANDEL 公司	405	29526.0	291.6
德国邮政	111	77795.7	2747.2	巴登—符腾堡州能源公司	424	27860.4	-597.9
博世公司	150	64961.5	3196.9	途易	469	25385.9	142.0
莱茵集团	154	63912.2	2403.7	采埃孚	488	24428.0	859.6
德意志银行	164	61040.3	2206.0	德国巴登—符腾堡州银行	489	24276.8	575.7

数据来源：赛迪智库整理，2015 年。

大众公司（Volkswagen）成立于 1938 年，总部位于德国沃尔夫斯堡，是欧洲最大的汽车公司，也是世界汽车行业中最具实力的跨国公司之一。集团目前拥有 9 大著名汽车品牌：大众汽车（德国）、奥迪（德国）、兰博基尼（意大利）、宾利（英国）、布加迪（法国）、西雅特（西班牙）、斯柯达（捷克）、大众汽车商用车（德国）、保时捷（德国）。大众汽车集团在全球建有 68 家全资和参股企业，业务领域包括汽车的研发、生产、销售、物流、服务、汽车零部件、汽车租赁、金融服务、汽车保险、银行、IT 服务等。2015 年 9 月，大众在美国被曝采用"作弊"软件通过美国尾气排放检测，成为大众公司成立 78 年来最大的丑闻，大众公司在美国遭到 180 亿美元罚单和刑事犯罪调查，大众汽车首席执行官马丁·温特科恩宣也因此辞职。2015 年实现营业收入 2685.7 亿美元，利润 145.7 亿美元。

戴姆勒股份公司（Daimler AG）的总部位于德国斯图加特，是全球最大的商用车制造商，也是全球第二大豪华车生产商和第二大卡车生产商。1998 年梅赛德斯—奔驰和克莱斯勒汽车公司合并，成为全球第二大汽车生产商。但在 2007 戴姆勒—克莱斯勒集团将美国子公司克莱斯勒集团 80.1% 的股份转让给了 Cerberus 资产管理公司，戴姆勒及克莱斯勒两集团再度分家。目前，公司旗下包括梅赛德斯—奔驰汽车、梅赛德斯—奔驰轻型商用车、戴姆勒载重车和戴姆勒金融服务等四大业务单元。2015 年，戴姆勒股份公司实现营业收入 1722.8 亿美元，利润 92.4 亿美元。

西门子（SIEMENS）成立于 1847 年，总部设在德国慕尼黑，是一间德国的跨国企业，在电机和电子领域是全球业界的先驱。公司的业务主要集中于三大业务单元：医疗，能源和工业服务。在这三大业务单元之下又分为信息和通讯、自动化和控制、电力、交通、医疗系统、水处理和照明等。西门子的全球业务运营分别由 13 个业务集团负责，其中包括西门子财务服务有限公司和西门子房地资产管理集团。此外，西门子还拥有两家合资企业：博世—西门子家用电器集团和富士通—西门子计算机（控股）公司。2015 年实现营业收入 1015.6 亿美元，利润 72.9 亿美元。

巴斯夫公司（BASF）成立于 1865 年，是一家化学公司，总部位于莱茵河畔的路德维希港，是世界上工厂面积最大的化学产品基地，也是世界最大的化工康采恩。巴斯夫集团在欧洲、亚洲、南北美洲的 41 个国家拥有超过 160 家全资子公司或者合资公司。公司业务主要包括化学品及塑料、天然气、植保剂和医药等，保健及营养，染料及整理剂，化学品，塑料及纤维，石油及天然气。2011 年以来，巴斯夫集团经营情况基本稳定，2015 年实现营业收入 985.9 亿美元，利润 68.4 亿美元。

二、法国

（一）发展概况

法国的主要工业部门有汽车制造、电器、造船、机械制造、矿业、冶金、纺织、军工、化工、动力、日常消费品、食品等。近些年，新兴核能、石油化工、海洋开发、航空航天等新兴工业部门开始快速发展，但传统工业部门仍然在工业体系中占主导地位，以钢铁、汽车和建筑为三大支柱。法国的核电设备能力、石油和石油加工技术、航空航天、钢铁、纺织等产业的竞争力都位于世界前六位。近年来，随着第三产业的发展，工业在国民经济中的比重总体呈现下降趋势。

<table>
<tr><td>图3-10　欧盟和法国经济增长率</td><td>图3-11　欧盟和法国失业率</td></tr>
</table>

数据来源：欧盟统计局，2016年1月。

金融危机对法国经济造成了严重影响。2012年法国的国民经济总产值衰退明显，与2011年相比倒退了1.7%，失业率达到10.3%。进入2013年，情况仍没有好转。2013年第一季度，法国国内生产总值环比萎缩0.2%。随着国际和欧洲经济环境改善、国内需求增长和企业竞争力加强，法国经济出现了暂时的好转，国内生产总值第二季度环比增长0.5%。但是第三季度国内生产总值又重新出现了0.1%的萎缩。2015年，法国经济进入复苏的一年，经济增长率不断攀升，据法国经济形势观察所预计，2016年法国经济增长将达到1.8%。但从就业的角度看，2015年，法国的形势依旧不是很乐观，在2014年和2015年欧盟失业率整体下降的背景下，法国的失业率还在不断攀升，企业裁员及失业形势进一步恶化。

1. 制造业稳步回升，未受恐怖袭击影响

自2008年三季度起，法国制造业产能利用率一直低于其历史平均水平。进入2014年后，除3月份受购进价格下跌和新订单大幅增加影响，制造业PMI指数重回增长区间之外，年内其余时间继续徘徊在萎缩区间。2014年，法国制造业产出除第一季度呈现微弱增长态势之外，全年均表现疲弱，产出及就业均出现下滑。进入2015年以后，法国制造业逐步恢复，并开始稳定回升。从Markit公布的数据看，2015年1月，由于制造业产出经历长时间下滑后有所稳定，新订单下滑趋势有所缓和，法国制造业 PMI 指数创下近 8 个月来新高，法国 2015 年 12 月制造业活动加速，以近两年来最快速度扩张；到 12 月，法国制造业 PMI 终值为 51.4，出现了 2014 年 3 月以来的最高值，首次连续四个月高于 50 的荣枯分界线。制造业的发展状况表明，11 月巴黎的恐袭事件对法国制造业发展的影响并不大，法国制造业正在缓慢复苏。

2. 经济增长未能带动就业增加

虽然从 2014 年到 2015 年，法国经济结束了停滞状态，经济形势出现了一定好转，但失业问题依旧十分严重，不仅没有伴随经济形势的好转有所缓解，反而愈演愈烈。法国的失业人口数量在过去四年不断增长，在 2015 年 10 月出现历史最高值，达到 360 万。虽然法国人口增长有可能是失业人口数量增多的一个原因，但失业率的不断攀升还是验证了法国恶劣的就业状况。2015 年第 3 季度，法国失业达到了 18 年来的最高水平。法国失业率居高不下，以及 2015 年 11 月的恐怖袭击事件对法国社会造成潜在的不稳定因素，让法国民众对生活产生一定恐惧和担忧。

3. 新工业战略稍见成效

法国是世界上工业实力最强的国家之一，工业化时间长、工业体系完善。总体而言，法国工业体系中传统工业依旧占主导地位，但自 2000 年以来传统工业中化学、木材加工和造纸、汽车、纺织、焦炭及精炼石油等行业的产出持续减缓，年均增长率降幅达 2%—10%，2008 年的金融危机加剧了这一下滑趋势，焦炭及精炼石油业、纺织业、汽车业、木材加工和造纸业下降幅度尤为明显。而食品加工、医药制造、其他制造产品以及交通设备四大产业构成了制造业增加值的重要比重，且金融危机后产出不降反升或维持增长。

2013 年，法国政府为了振兴法国制造业，加快工业产业结构调整，颁布了《新工业法国》战略，该战略为期十年，主要解决三大问题：能源、数字革命和经济生活，共包含 34 项具体计划，展现了法国在第三次工业革命中实现工业转型的决心和实力。

《新工业法国》战略已经对一些较新技术行业的发展起到了促进作用。例如航空业的发展。根据统计，法国国家空间研究中心（CNES）将其研究与技术（R&T）预算从 2005 年的 0.42 亿欧元增长到 2013 年的 1.31 亿欧元，到 2015 年，这一数字预计超过 1.5 亿欧元。到目前，法国已推出了 10 项标志性成果，包括：无人机、搭载氢燃料电池的雷诺 kangoo 电动汽车、外骨骼机器人、智能仿生腿、联网 T 恤、增强现实眼镜、教育平板电脑、小学生平板电脑、新型电动飞机等。

（二）产业布局

工业在法国国民经济中占重要地位，工业产值占国内生产总值的 1/4，就业人数约占全国总就业人数的 1/5。工业制成品的约 1/4 用于出口。法国工业区主要分布在巴黎盆地、洛林铁矿和里尔煤矿间的钢铁工业区，地中海沿岸的福斯—马赛工业区。有机械、钢铁、有色冶金、石化、电力、核能、航空航天等工业。工业中心有巴黎（汽车，飞机等）、敦刻尔克和福斯（钢铁）、马赛（造船，炼铝）。汽车工业主要集中在巴黎、里昂、斯特拉斯堡、圣艾蒂安；航空航天工业主要分布在巴黎、图卢兹、波尔多、马赛、特尔贝斯等；电力工业主要在布列塔尼、卢瓦尔河流域和罗讷河地区比较集中；化学工业主要有里昂、巴黎、南锡等都是传统化学工业中心。

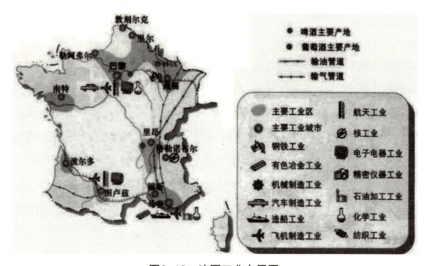

图3-12 法国工业布局图

数据来源：赛迪智库整理，2015年。

（三）政策动向

法国非常重视工业发展，在国家层面出台了多项综合发展战略，针对新能源汽车、风电、光伏发电、潮汐能发电以及生态工业等重点行业颁布了多项政策措施。2010年3月，时任总统萨科齐提出多项旨在振兴法国工业的政策。如将创建由总理领导的"国家工业会议"机制，负责制订和实施更有效的工业政策；投入 5 亿欧元为进行环保改造的企业提供优惠贷款；投入 2 亿欧元鼓励企业在法国境内投资；投入 3 亿欧元调整工业结构；从工业部选派人员担任国家持股企业的职务等。2013 年 9 月，现任总统奥朗德宣布了未来十年振兴工业 34 项行动计划，提出要建设"新的工业法国"，通过工业创新和增长促进就业，推助法国企业竞争力提升，使法国竞争力处于世界的最前列。在法国财政紧张的情况下，奥朗德宣布国家将投入 35 亿欧元支持上述项目，并将鼓励私人投资，保证企业科研工作。政府层面的推动有力地支持了法国工业的再复兴。

表 3-4　近年来法国主要工业政策一览表

时间	标题	主要内容
2013.9	新工业法国	重振计划涵盖了多个重要工业领域，总体可以归为能源转型、医疗健康、数码技术、交通运输四大类。共包括 34 个具体项目。
2012.10	电动汽车补贴政策	将购买一辆电动汽车可享受 7000 欧元（约合 9036 美元）环保津贴的政策延长至 2013 年，同时把优惠对象扩大至企业和公共机构用车。
2012.1	"生态技术目标"行动计划	"生态技术目标"行动计划共提出了 87 项措施，这些措施旨在增强绿色工业的竞争力，该行动计划将从 2012 年开始实施。
2010	光伏系统补贴政策	政策补贴分为两类：普通集成系统和高审美度集成系统，分别给予不同程度的补贴，在某些特定地区，政策补贴额将会大大增加。
2009	电动汽车和可充电混合动力汽车发展计划	显示了法国政府发展低碳汽车的决心。

数据来源：赛迪智库整理，2015 年。

（四）企业动态

2015 年 7 月发布的《财富》世界 500 强企业排行榜显示，法国企业一共有 31 家入围。

表 3-5　2015 年法国进入世界 500 强企业　　　　　（单位：百万美元）

公司名称	排名	营业额	利润额	公司名称	排名	营业额	利润额
道达尔公司	11	212018	4244	Orange 公司	199	52325	1227
安盛	20	161173.4	6664.5	万喜集团	200	51992	3297.8
法国巴黎银行	42	124333	208.3	赛诺菲	241	45246.6	5823.5
法国兴业银行	49	118232.3	3571	法国布伊格集团	244	44100.5	1070.5

（续表）

公司名称	排名	营业额	利润额	公司名称	排名	营业额	利润额
法国农业信贷银行	58	106198	3104.1	迪奥	261	42031	1933.1
家乐福	64	101238.1	1656.8	SNCF Mobilités公司	322	36138.7	802.6
苏伊士集团	73	99073.2	3236.7	法国航空	365	33120.8	-262.7
法国电力公司	78	96669.5	4909.5	施耐德电气	367	33082.3	2574.8
标致	128	71111.3	-936.5	法国威立雅环境集团	376	31831.8	326.5
欧尚集团	129	70908.3	761.4	欧莱雅	395	29889.4	6513.5
法国BPCE银行集团	134	68986.2	3856.2	法国邮政	408	29399.9	680.5
Finatis公司	148	65222.8	-10.6	法国维旺迪集团	413	28923.7	6293.1
法国国家人寿保险公司	166	59648.1	1432.4	达能	422	28048.1	1484.4
雷诺	191	54460.7	2507.1	米其林公司	458	25937.6	1367.7
圣戈班集团	192	54459.4	1264.2	阿尔斯通	482	24564.9	-906.1
				索迪斯	485	24512.4	666.7

数据来源：赛迪智库整理，2015年。

法兰西银行的数据显示，法国企业发展状况并没有根本好转，从2014年6月至2015年6月间，法国依旧有大量企业破产。这期间，法国共计63224家企业破产，比前12个月破产企业数量（63202家）略有增加。2015年7月，法国破产企业数量比6月有所下降，降幅为1.4%，其中，工业领域破产企业数量减少了2.6%。从不同规模的企业看，大企业和中小企业破产数量分别减少了10.3%和8%，而微型企业的破产数量增加0.9%。

在法国，具有代表性的工业企业包括空中客车公司（AIRBUS）、道达尔公司（TOTAL）、苏伊士集团（GDF SUEZ）等。

道达尔公司（TOTAL）是全球四大石油化工公司之一，成立于1920年，总部设在法国巴黎，在全世界120多个国家开展润滑油业务。旗下由道达尔（Total）、菲纳（FINA）、埃尔夫（ELF）三个品牌组成。业务遍及全球130余国家，涵盖整个石油天然气产业链，包括上游业务（石油和天然气勘探、开发与生产，以及液化天然气）和下游业务（炼油与销售，原油及成品油的贸易与运输）。2015年，道达尔公司实现营业额2120.2亿美元，利润为42.4亿美元。

空中客车公司（AIRBUS）成立于1970年，总部设在法国图卢兹，是欧洲一家飞机制造公司，是欧洲最大的军火供应制造商欧洲航空防务航天公司（EADS）

旗下企业。空客的装配厂位于法国的图卢兹、德国的汉堡和中国的天津。截至 2014 年年底，空客的储备订单量攀升至业内最高的 6386 架，以目录价格计算，价值 9193 亿美元。2015 年，空客和美国波音公司基本平分了全球 1582 架飞机订单。

苏伊士环境集团（GDF SUEZ）是世界级能源巨头，是全球最大的能源和公用事业企业之一。由苏伊士集团（Suez）和法国燃气集团 (Gaz de France，GDF) 于 2008 年 7 月 16 日合并而成，其中苏伊士集团是拥有超过 120 年历史的企业。苏伊士环境集团主要业务是电力和天然气开发、传送、分销，工程服务与咨询，以及水务和垃圾处理。2015 年公司实现营业额 990.7 亿美元，利润为 32.4 亿美元。

三、英国

（一）发展概况

英国是欧盟内第 3 大经济体，全球第 6 大经济体。英国工业化历史悠久，基础雄厚，工业体系发育完善。目前，英国的主要工业行业包括：机械、电子、电子仪器、汽车、航空航天、采矿、冶金、化工、轻纺、造纸、印刷、出版、建筑材料、食品、饮料、烟草等。其中，生物制药、航空航天和国防是近些年来英国最具创新力和竞争力的行业，也是英国政府在工业研发投资方面的重点领域。英国发达的工业体系依仗国内丰富的能源，英国是欧盟成员国中能源最丰富的国家。能源产业在英国经济中占有重要地位，近年来英国政府强调提高能源利用效率和发展可再生能源，并确立了建设低碳经济的目标。

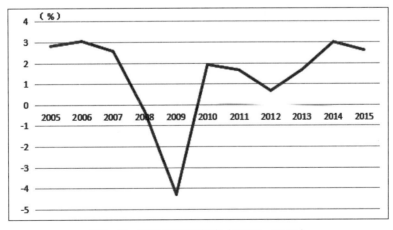

图3-13　英国GDP增长率（2005—2015）

数据来源：欧盟统计局，2016 年 1 月。

2008年的金融危机同样打击了英国的经济发展，在2008年和2009年英国经济经历了最为艰难的发展过程，2011年到2013年间，英国经济动荡不定，但从2013年第3季度以后，英国经济开始出现较为稳定的复苏势头。2014年，英国的经济增长率达到2.99%，增速创下2007年以来的最高水平，失业率也降至6年来的最低水平，薪资水平增速也开始高于通胀水平。但从2014年第4季度起，英国的经济增速明显放缓，2015年，英国的经济增长速度比2014年整体有所放缓。2015年，英国工业发展主要特征如下：

1. 制造业竞争力有所下降

和2014年的整体状况相比，2015年，英国制造业发展出现了一定滑落，制造业竞争力有所下降。从PMI指数上看，Markit的数据显示，从2015年1季度之后，英国的制造业PMI指数就一路下跌，在10月经历一次飙升之后，到12月出现增速下滑，从11月的52.5跌至3个月以来的低点51.9，新订单创五个月最慢增长步伐，新业务指数也下滑至7月以来最低水准，同时，前3个月呈现好转的出口衡量指标在12月也有所回落，工厂出厂价格连续第4个月下滑。虽然2015年全年英国制造业PMI都保持在枯荣线以上，但其年末的表现显示英国制造业可能不会在2016年有大幅度好转。

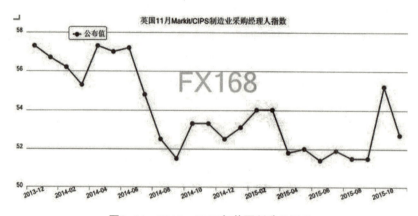

图3-14　2013—2015年英国制造业PMI

数据来源：Markit，2016年1月。

2. 经济发展受欧盟影响较大

欧盟是英国最主要的贸易伙伴和出口市场，2008年全球经济危机之后，英国的进出口贸易随之下滑。在经历了2009年早期的低谷之后，英国自欧盟的进口增长一直持续到 2013 年末，2014 年出现短暂小幅下滑。2014 年全年，英国对欧盟出口额达 1480 亿英镑，较上年 1500 亿英镑下降 2.2 个百分点；自欧盟进口则比 2013 年的 2190 亿英镑小幅增长 0.6% 达 2200 亿英镑，2014 年英国对欧盟贸易逆差达 686 亿英镑，较上年 734 亿英镑有所收敛。

目前，英国经济受全球经济下滑和欧元区经济不景气影响，IMF 对 2015 和 2016 年的全球经济增长预期已经下调为 3.5% 和 3.7%。欧盟经济发展不景气对英国出口的拖累也较大，2015 到 2016 年净出口将拖累英国经济 0.1%。

3. 汽车行业成为增长点

英国汽车业正在向先进制造和高附加值领域转变，豪华车和赛车保持全球领先地位。2015 年上半年，英国制造的新车销售量增长了 7%。近年来推出了低碳汽车创新平台。英国是捷豹路虎、宝马、日产、本田、丰田和通用汽车等汽车制造商的主要制造中心。在政府推动下，无论是高新燃机、新型轻质材料和创新工艺等都有明显进步，并取得不错的市场反响。2015 年 1 月英国汽车生产商与经销商协会 SMMT 公布数据显示，英国 2014 年的汽车产量同比上升了 1%，达到了 153 万辆，创 2007 年以来新高。英国国内消费需求增长促使产量上升，这也将会带动欧洲及其他地区的经济恢复发展。此外，在过去的两年中有超过 70 亿英镑（约人民币 660 亿元）的投资注入英国的新车研发与生产。宏观政策方面，受欧洲央行量化宽松政策影响，英国汽车制造商的竞争力也将进一步增强。

（二）产业布局

1. 英格兰东北区域

该地区是英国最重要的工业区，素以造船、采煤、炼钢等相关产业著称。依靠其丰富的煤、铁矿资源，英格兰东北地区发展了采煤、钢铁制造、造船等传统重工业，并曾在英国经济中占据相当重要的地位。近几个世纪以来该地区上述重工业逐渐衰败，其他产业虽有一定发展，但与其他地区有一定差距，经济发展日益落后于英格兰东南部等地区。

2. 英格兰西北区域

英格兰西北部是英国除伦敦以外最大的经济区。英格兰西北部是全欧洲最大且最具经济多样化发展的地区之一。该地区长久以来一直是从事商务的宝地。该地区的首都曼彻斯特市拥有 250 万人口、120 万劳动大军，是排在伦敦之后的英国最大的城市。曼城坐落在英国工业集聚地的中心，在其 2 小时车程为直径的集聚地内居住着 1200 万人口。

3. 约克郡与亨伯区域

约克郡与亨伯河畔位于奔宁山以东，亨伯河沿岸。该地区是英国第三大制造业基地，以毛纺织、机械制造、采煤、冶金和化工为龙头。主要中心是以利兹（人口 70 多万）和布拉德福德（人口 46 万）为核心的西约克都市区，人口 200 多万。约克的第二个工业中心是本区南端的谢菲尔德（人口 50 多万），它是电炉炼钢、军火和机械制造中心，以产优质钢及其制品而著称。

4. 英格兰西密德兰

在奔宁山脉南端，以伯明翰为中心的西密德兰，煤铁资源皆丰，又位于伦敦和利物浦两大海港之间的铁路线上，水陆交通皆便，为英国最早的重工业区。该地区是英国的交通运输行业的中心，以其汽车、飞行器、摩托车和铁路交通技术而著称。伯明翰曾有"世界车间"美称，工业以冶金、电气设备、飞机、汽车、化工等为重要。伍尔沃汉普敦和沃尔索尔是汽车、机械和电子工业中心。考文垂是汽车、飞机、有色冶金和合成纤维等工业中心。斯托克是英国著名的陶都。

5. 英格兰东密德兰区域

东密德兰是英国第四大行政区，也是英国最适宜居住的地区之一。主要城市有：德比、莱斯特、林肯、北安普敦和诺丁汉。东密德兰富藏煤铁资源，也是英国最早发展的冶金、机械和化学为主的重工业区。诺丁汉和莱斯特为主要中心，以机械工业、化学和纺织为主。英国的赛车工业占据了全球市场份额的 80%，英国著名的"赛车谷"的中心位于东密德兰的北安普敦。

6. 东英格兰区域

东英格兰地区地理位置优越，物流方便。该地区位于伦敦东北部，紧邻伦敦。从伦敦北行的公路、铁路网络经过此地区通往英国腹地；该地区内坐落着四个国际机场；该地区的七个主要海港全都朝向欧洲大陆，处理着全英国近 60% 的集装箱运输量。亚马逊英国公司、阿斯达—沃尔玛公司等均选中此地作为物流运营基地。东英格兰地区是英国传统经济发达地区，拥有信息、生物、环保等领域世界一流的专业技术。其研发费用是英国平均水平的三倍。

7. 伦敦

伦敦一直是全国政治、经济、文化及交通中心。伦敦位于英格兰东南部，泰晤士河从西向东穿过城市中心，面积 1610 平方公里，人口 770 万（2009 年），居英国城市人口之冠。在大伦敦议会下有 32 个市区和世界著名的金融中心伦敦城。伦敦还是英国最大的加工工业中心，尤以通用机械和电机业著称。伦敦拥有 5 个机场和 1 个港口，是英国的最大港口。

8. 英格兰东南区域

东南英格兰是英国经济的发动机，是高科技产业和研发业集聚的地方。围绕一系列中小城市，特别是延着 M4 和 M3 走廊，形成了重要的研发基地。这里有 6540 个跨国公司的分支机构。在南安普顿就有 IBM 和 Phillips 等的科技研发机构。南安普顿郊区的 Chilworth 科技孵化园，就集聚了众多的生物制药公司。研发方面的投入更是位居英国首位。

9. 英格兰西南区域

英格兰西南有着多元化的经济，优势尤为集中在：航空航天、尖端工程—汽车制造、半导体设计、无线通信、光电、数字多媒体、食品与饮料、海洋科技以及生物科技等。目前已有 1200 个国外公司都把欧洲分部或是研发中心设立在英格兰西南，其中不乏世界一流的公司，如空中客车（Airbus），劳斯莱斯（Rolls-Royce），本田（Honda），东芝（Toshiba）等。

图3-15　英国主要工业区分布图

数据来源：赛迪智库整理，2015 年。

（三）政策动向

英国政府在 2003 年首次以政府文件的形式提出低碳经济概念，推出了一系列具有开创性的政策法规和配套措施，将低碳经济视为未来国家竞争力的核心所在，并希望借此重塑国际政治经济地位。尤其在金融危机后，英国希望通过推行一系列政策来实现绿色发展，助推经济复苏。

从 2009 年至今，英国政府连续出台了多个和制造业发展有关的全国性计划。旨在增强英国制造业的竞争性，促使其可持续发展，提高制造业的智能化程度，减少未来的不确定性。通过一系列政府激励政策，明确了重点扶持领域以及前沿技术，提出通过创新平台，加强创新研发与工业的衔接，并且提出完善技能培训体系，支持高成长性的小企业进行技术创新，激励商业合作创新，建立公平、透明的政府采购体系等多项政策措施，重点支持大数据、高能效计算，卫星以及航天商业化，机器人与自动化，先进制造业等多个重大前沿产业领域。

表 3-6　近年来英国推动工业发展的主要政策

时间	标题	主要内容
2014年	工业战略:政府与工业之间的伙伴关系	增强英国制造业的竞争性，促使其可持续发展，并减少未来的不确定性。
2013年10月	未来制造业：一个新时代给英国带来的机遇与挑战	在通信、传感器、发光材料、生物技术、绿色技术、大数据、物联网、机器人、增材制造、移动网络等多个技术领域开展布局，形成智能制造布局。
2012年11月	2012能源法案	支持低碳式发电，计划到2020年将总发电规模提高两倍。
2011年12月	先进制造业产业链倡议	支持汽车、飞机、可再生能源和低碳技术等领域，政府计划投资1.25亿英镑，打造先进制造业产业链，从而带动制造业竞争力的恢复。
2011年8月	绿色经济转型计划	以政府投资为主导，大力促进商用技术的研发推广。
2010年10月	国家基础设施规划	加大资金投入，支持低碳经济的科技基础设施建设。
2010年4月	绿色产业振兴计划	发展和普及电动车，建设更多风力电场。
2009年7月	低碳工业战略	将核能发展作为向低碳能源经济过渡的主要部分。
2009年7月	可再生能源战略	加强对可再生能源电力、热力和交通运输燃料的利用，确保到2020年英国能源供应的15%来自可再生能源。
2009年7月	英国低碳转换计划	这项计划是英国到2020年的行动路线图,它要求所有方面都向低碳化发展。

数据来源：赛迪智库整理，2015 年。

（四）企业动态

2015 年 7 月发布的《财富》世界 500 强企业排行榜显示，来自英国的企业一共有 29 家。

表 3-7　2015 年英国进入世界 500 强企业　　　　　　（单位：百万美元）

公司名称	排名	营业额	利润额	公司名称	排名	营业额	利润额
英国石油公司	6	358678	3780	英国葛兰素史克公司	309	37871.5	4536.8
乐购	62	101580.3	-9321.1	英国标准人寿保险公司	335	35107.6	828
英国保诚集团	74	98976.7	3647.9	英国电信集团	411	28928.8	3435.3
汇丰银行控股公司	81	94431	13688	金巴斯集团	418	28247.7	1432.4
英国法通保险公司	98	84805	1621.5	威廉莫里森超市连锁公司	431	27483.5	-1243.8
英杰华集团	123	71602.8	2582.8	英美资源集团	440	27073	-2513
沃达丰集团	136	67944.6	9269.6	国际航空集团	443	26756.1	1302.7
英国劳埃德银行集团	145	65591.1	2324.4	阿斯利康	455	26095	1233
联合利华	153	64251.8	6859.5	英国耆卫保险公司	466	25479.2	958.1
巴克莱	195	53850.7	-286.4	BAE系统公司	468	25400.2	1218.2
南苏格兰电力	205	50932.9	873.9	Greenergy Fuels Holdings公司	474	25116	17.4
英国森特理克集团	217	48410.1	-1665.9	渣打银行	479	24787	2613
力拓集团	222	47664	6527	英国国家电网	486	24458.9	3248.6
森宝利	301	38254.7	-267.1	罗尔斯·罗伊斯公司	498	23785.3	113.6
苏格兰皇家银行集团	303	38054.2	-4561.5				

数据来源：赛迪智库整理，2015 年。

制造业中具有代表性的公司有英国石油公司（BP）、力拓集团（RIO TINTO GROUP）、南苏格兰电力（SSE）等。

英国石油公司（BP）成立于 1909 年，总部设在英国伦敦，是世界最大私营石油公司之一,也是世界前十大私营企业集团之一。经营范围涉及油气勘探、开采、炼制、运输、销售、石油化工及煤炭等多方面。BP国际化工公司在乙烯、聚乙烯和醋酸的工艺技术和生产方面有专长。乙烯、聚乙烯生产能力居欧洲第二位。拥有用气相法生产高密度聚乙烯和低密度线型聚乙烯的新工艺。醋酸生产能力占整个欧洲的三成。BP国际石油公司在润滑油加氢精制、馏分油加氢精制、加氢裂化、石蜡加氢精制、催化脱蜡等方面拥有专利技术。2015年公司实现营业额3586.8亿美元、利润37.8亿美元。

南苏格兰电力(SSE)是英国第四大能源公司,总部位于珀斯市,由多个电力和电信公司于1998年合并组成。SSE为工业、商业和家庭客户提供发电、传输、配电和供电服务。该公司还从事能源贸易、天然气销售以及电气和公共设施承包业务。2015年公司实现营业额509.3亿美元、利润8.7亿美元。

力拓集团(RIO TINTO GROUP)1873年成立于西班牙,集团总部在英国,澳洲总部在墨尔本。1954年,出售大部分西班牙业务。1962年至1997年,兼并了全球数家有影响力的矿业公司,在2000年成功收购了澳大利亚北方矿业公司,成为在勘探、开采和加工矿产资源方面的全球佼佼者,被称为铁矿石三巨头之一。主要产品包括铝、铜、钻石、能源产品(煤和铀)、金、工业矿物和铁矿等。2015年公司实现营业额476.6亿美元、利润65.3亿美元。

第四章　日本

第一节　发展概况

日本作为亚洲最大的发达经济体，经过战后快速发展，在电子制造和汽车工业等领域具备了较强的竞争实力。随着东日本大地震后恢复工业生产、量化宽松政策的影响，日本产业结构在保持传统优势的同时，逐渐向产业服务化和绿色化方向发展。近年日本企业在研发创新和管理上停步不前，已经被欧美以及新兴市场国家企业逐步赶超，转型发展迫切需要找到突破点。

2015 年，由于全球经济增长放缓，外部需求减少，日本贸易出口增速大幅下滑，由此带来企业投资支出也有所减少。据日本政府 2015 年末预计，由于出口增速下滑及企业投资增长乏力等因素，2015 财年（从 2015 年 4 月 1 日开始）日本的经济增长率仅为 1.2%，比 7 月份预期的 1.5% 还低。除此之外，日本国内个人消费增长幅度也较低，拖累了总体经济增长率。从全年来看，第一季度日本实际 GDP 增长率为 2.4%，比前期数据有较大提升，其中个人消费成为拉动增长的主要原因。内需对实际 GDP 的贡献率为 0.8%，从构成内需的项目来看，个人消费、设备投资、住宅投资、公共投资增长分别了 0.4%、0.4%、18% 和 -1.4%。第二季度经济则出现明显下滑，实际 GDP 增长仅为 -1.2%，个人消费设备投资明显下降。进入第三季度，数据显示 GDP 环比增长为 0.4%，贡献主要来自公共投资。进入下半年以来，日本制造业景气判断指数一直不高。2015 年 10—12 月制造业景气判断指数分别为 7，-3 和 9，远低于之前 10 以上的水平。据企业短期经济观测调查显示，2015 年末，日本大型制造业企业信心与第三季度基本持平，企业对经营状况乐观者居多，其中化工和食品制造企业信心指数上涨，而机械制造和汽车以及电子机械商信心指数有所下降。尽管因全球油价大幅下跌，新兴经济体国家经济增长放缓以及欧洲等国经济社会不稳定因素增加等不利形势，将对日本经济增长前景造成不利影响，全球资本市场大幅波动，避险情绪严重，但目前日本政府对2016年的经济增长仍给出了实际GDP增长1.7%的预测。

日本制造业PMI指数在2015年全年都处在较高水平，除4、6两月位于50的荣枯线下方以外，其他月份均高于50，第四季度三个月甚至出现整体高于52，最高值出现在2015年11月，为52.6。前6个月PMI呈现下降和上升交替出现的波动状态，自6月开始呈现稳中有升的趋势，12月为52.5，2016年1月持续这一水平。日本经济产业省数据显示，2015年11月工业生产较前月下降0.9%，为三个月以来的首次下降，日本经济从衰退中的复苏仍显脆弱。

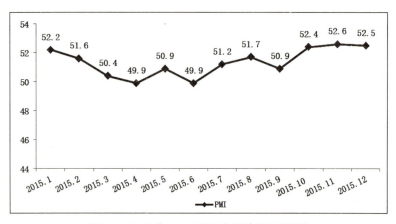

图4-1　2015年1—12月日本制造业PMI指数

数据来源：汇丰银行，2016年1月。

一、工业生产数据呈现明显波动

2015年，除4、6两月外，日本制造业采购经理人指数均在50以上的扩张阶段。2015年日本经济产业省公布的工业生产指数数据中，制造业生产指数最高值出现在3月，为108.1，8月跌落至88.9，后两月小幅上涨后11月回落至97.6。2015年工业生产指数整体低于2014年各月的平均水平，但波动幅度较大。产能指数也处于小幅波动中，从1月的95.3起经历了一系列的波动，10月回到95.3。2015年日本在制造业中出台新的政策，旨在鼓励制造业创新和机器人等高端制造业，但目前来看政策效力仍有待时间考验。加之日本国内债务高企、人口老龄化、制造业空洞化等问题依然未得到实质性解决，也会为日本经济的增长带来不确定性。2015年以来，日本工业生产数据整体不高，增长动力不足，日本经济复苏依然面临困境。预计2016年一季度钢铁等原材料需求量都会有所下降，日本工业经济增长前景仍然不容乐观。

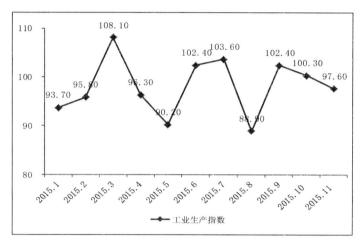

图4-2　2015年1—11月日本工业生产指数

数据来源：日本经济产业省，2016年1月。

二、消费者信心有所增长

2015年，日本消费者信心指数，较去年平均水平有所增长，前11个月平均值为41.29，而2014年的平均值仅为39.32。由于2014年消费税提高等效应逐渐消退，2015年的数据表明日本国内消费者对于未来预期信心有所提高，未来消费支出有望增长。2015上半年，日本私人消费、实际总收入及消费者信心均有所上升。同时，2015年多个月份家庭支出水平波动较大，日本总务省公布8月实际家庭支出增长2.5%，但9月为274309日元，减少0.4%，家庭支出水平仍然不稳定。

三、投资支出整体有所下降

从2015年上半年的数据看，日本商业投资和公共投资分别呈现上升和下降的趋势，整体来看投资支出变化幅度不大。在商业投资中，2015年第一季度制造业企业资本支出同比上升6.4%达到4.38万亿日元（约353亿美元），实现连续第三季度上升，日本非金融部门企业在对厂房建设及引进新机器等方面的资金投入总额增至 13.13 万亿日元（约合 1056 亿美元），预计全行业企业设备投资计划比上财年增加 6.1%。而公共投资方面下降明显，5 月市政工程量同比下降 14%，短期内公共投资大幅回升的可能性较小。同时，反映日本企业投资状况的另一重要指数——核心机械订单指数显示，日本 11 月机械订单比上季度降低了 14.4%，其中制造业订单额减少 10.2%，为 3383 亿日元，显示生产活动需求下降，投资支出整体有所下降。

四、企业积极进行研发投入

2015 年 11 月，汤森路透旗下的知识产权与科技事业部发布的 2015 年全球百强创新机构排行中，日本和美国仍然是全球最具创新实力的两个国家。日本共有 40 家机构，其中 15 家在以往五次评选中连续上榜，主要集中在汽车、化学、半导体和电子元件等最具创新力的行业。日本的爱信精机、普利司通、佳能、卡西欧、大金工业和日本科学技术振兴机构等企业和机构均有上榜，而日本出光兴产株式会社以天然气水力压裂方面的创新首次进入排行榜。2015 年，亚洲本土企业研发支出达到 790 亿美元，媒体、网络搜索和导航成为新兴的创新领域。

五、产品贸易均呈现下降趋势

据日本海关统计，2015 年 1—11 月，日本货物进出口额为 11705.5 亿美元，比上年同期（下同）下降 15.3%。其中，出口 5729.3 亿美元，下降 9.5%；进口 5976.1 亿美元，下降 20.3%。贸易逆差 246.8 亿美元，下降 78.8%。从产品来看，农林水产品出口额比上年同期增长 22.0% 为 6690 亿日元，比 2014 年 6117 亿日元有所增加。而钢材出口环境日益恶化，从 9 月数据来看，普通钢和特殊钢出口量都有所下降，特别是特殊钢产品，同比下降 30.8%。当前，日元出现升值压力，将进一步影响日本贸易，特别是对产品出口造成一定负面影响。

六、失业率稳中有所下降 新增岗位小幅增加

据日本总务省统计，2015 年 11 月，日本完全失业人数达到 217 万人，比 10 月增加 11 万人；就业人数共计 6358 万人，比 10 月减少 38 万人。而日本的失业率仍维持在 3% 左右的较低水平，而且未来就业形势将有所改善。与 2014 年同期相比，日本 11 月的新增加岗位数大幅增长了 9.3%，比上月增幅扩大了 4.9%。

其中，医疗福利行业同比增长 9.9%，已连续 69 个月呈现同比增长态势，而且增幅比上月又扩大了 3.2%；住宿餐饮业同比增长 19.6%，比上月增幅扩大 4.9%；批发零售业增长 11.5%，比上月增幅扩大 3.3%；制造业新增岗位数同比增长 9.7%。

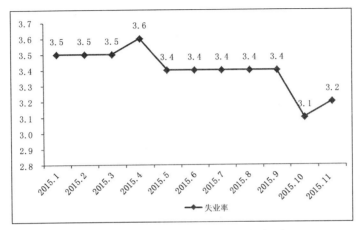

图4-3　2015年1—11月日本失业率（%）

数据来源：日本总务省，2016 年 1 月。

第二节　产业布局

日本的工业结构已超越重工业时代，以附加值高、消耗资源少的技术密集型产业为主导。随着 IT 技术的世界性变革，日本产业结构逐渐向技术信息化和产业服务化方向发展。汽车、电子、机械、化工等产业是日本的传统强势产业，一直在全球范围内处在重要地位。但近年来，受国内经济衰退、经营目标失误以及创新缓慢等原因影响，日本制造业相继减产，传统行业竞争力优势有所下降、发展相对缓慢。尽管如此，日本的汽车、航天、机器人、电子信息、新材料等行业领域仍在全球产业分工体系中居于重要地位。

一、总体情况

从地理分布来看，日本的工业主要集中于太平洋带状工业区，包括该地区沿岸的东京湾、骏河湾、伊势湾、大阪湾和濑户内海等海域狭长地带。该地带占全国总面积的 20%，集中全国了 60% 的人口和 9 个百万人口以上的大城市，产生全国 70% 的工业产值，其中钢铁工业产值和化学工业产值的 80% 左右来自该工业带。在战后日本经济起飞过程中，形成了9个主要中小工业区，即北海道、八户、常磐、鹿岛、东海、关东内陆、北陆、大分和有明海沿岸工业区。沿海地区分布成为日本工业区的分布的一个明显特点。在全国大小14个工业区中，除关东地区属于内陆工业区外，其余13个都处沿海地区，在这13个工业区中，除北海道、北陆和有明海沿岸工业区外，其余10个都在太平洋一侧，形成了沿太平洋的带状工业地带。这种工业布局与日本的地理条件、区位优势、自然禀赋情况以及对外贸易在日本经济中的地位有关。太平洋沿岸工业带为日本节省了大量能源和资源物流成本，经济效益十分明显。

（一）京滨工业区

京滨工业区地处东京湾沿岸，其核心区为东京都和横滨市，扩展至关东平原。战后，在原有的工业基础上，京滨工业快速发展，工业区域范围明显扩大。京滨工业区主要向海上填海造地，同时在陆地上向东京都郡部、神奈川县、千叶县、埼玉县、茨城县、栃木县和山梨县等地区扩展。京滨工业区的辐射半径超过50公里，目前还在向半径为100公里的周围地区扩大，形成日本最大的工业区。

（二）阪神工业区

阪神工业区以大阪湾为中心，后与广阔的近畿为冲积平原相连接。二次大战后，该工业区扩展很快，同时向西、南两个方向扩展。即顺着尼崎、西宫、神户、明石等沿海城市向兵库县的西面方向发展，同时顺着堺、岸和田、阪南等沿海城市向和歌山县等南部方向扩大。从战后50年代到1975年，在堺、泉北地区填海形成的工业用地达到1705公顷。

（三）中京工业区

中京工业区南北部分别与伊势湾、三河湾及浓尾平原相接，面对太平洋。上世纪50年代末和60年代初期，与日本政府投资治理伊势湾台风灾害相伴，该地区进行了填海造地、整顿工业用水、用地、港口、道路等工程，为工业发展特别是当时重化工业的发展提供了较好条件。据统计，在1967年至1970年期间，中京工业区形成的沿海工业用地大大超过同期京滨工业区（2445公顷）和阪神工业区（1096公顷），达到4207公顷。借助伊势湾的港湾优势，通过大量原油、铁矿石等原材料的进口，中京工业区的钢铁、化学和机械工业等快速发展，机械工业的发展成为该工业区最为引人注目的部分。

（四）北九州工业区

北九州工业区地理位置处于日本九州岛的北部，是日本历史最为久远的重工业基地之一，其核心位于福冈县。从战后 40 年代到 50 年代中期，以八幡制铁公司（现在的新日本制铁公司）为首的大工厂在洞海湾的狭长海岸边分布。受到工业圈扩大对土地的需求限制，因此，战后北九州工业区对原有的产业区域进行合理分工与布局，使八幡公司发展为加工工业基地；发挥老工业基地人力资源优势和技术基础优势，向高附加价值生产领域发展。由于各大工业区的快速发展，北九州工业区的地位相对下降，但是在钢铁工业产品的品种、质量上仍占有比较重要的地位。

（五）濑户内海工业区

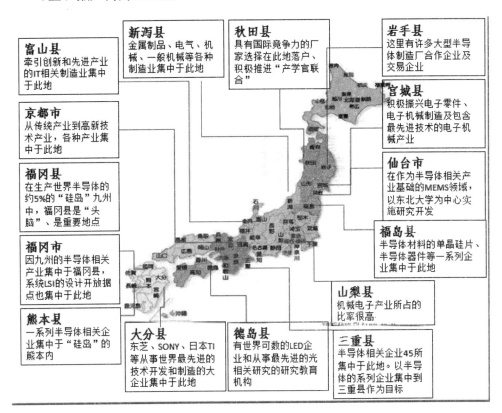

图4-4　日本核心产业布局图

数据来源：赛迪智库整理，2015 年 2 月。

四国岛与本州岛西南部之间的内湾海域被称为濑户内海，向来有"日本地中海"的称号。战后大规模的工业投资，让该地区经济迅速发展，原有的4大工业区容量日趋饱和。在这样的背景之下，濑户内海成为于50年代末开始崛起的新兴工业区。该工业区域由环濑户内海的冈山县、广岛县、山口县、香川县和爱媛县构成。50年代末到70年代初期，该工业区利用价格和资源方面的进口优势，主要发展钢铁、化学和机械工业，在濑户内海沿岸兴建大型港口和工厂。现在，濑户内海已然变成了一条"产业运河"，在日本工业经济中的地位甚至已经超越北九州工业区。

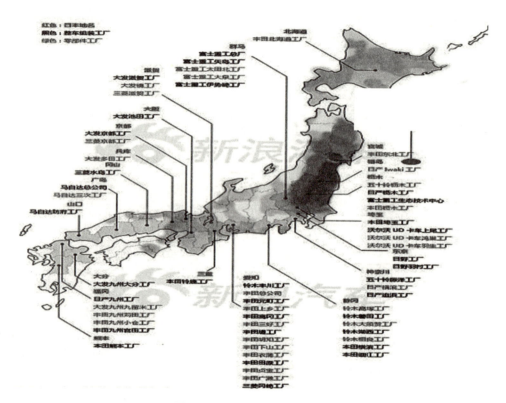

图4-5 日本汽车产业布局图

数据来源：新浪汽车，2016年2月。

二、产业布局变化趋势

（一）传统工业向电子信息工业转变

20世纪70年代之前，日本的产业结构主要是传统工业。自70年代开始，为配合工业污染的治理，同时随着经济的发展和科学技术的进步，日本提出了调整产业结构的设想，将产业结构从劳动、资本密集型向技术和知识密集型调整。进入 20 世纪 80 年代，日本加快了以电子技术、生物技术和新材料技术为重点的高技术产业的发展，特别是以个人用电子计算机为核心的电子信息产业迅速发展，轻工、纺织、钢铁、造船和普通机械等传统产业在经济中的地位逐步被电子和信息行业所取代。20 世纪 90 年代以后，日本将传统产业逐步转移到亚洲其他国家和地区，利用这些地区劳动力价格相对便宜的优势，进一步加大了本国产业结构调整的力度。

近年来日本产业调整又出现了由资本密集型向知识密集型转变，产业结构日益向软件化方向发展、工业布局出现了分散化、产业经营组合化等趋势。这是日本利用新科技对产业进行调整的结果，钢铁、机械等"重厚长大"型产品产量比重下降，而"轻薄短小"的电子及相关产品产量增长迅速，在节约资源和能源方面取得重大突破。日本的工业布局逐渐出现由沿海转向内地、由中心城市转向地方城市的特征，产业经营相互依存度提高，电子产业与通讯、信息产业相结合，形成新的高尖端产业群，新兴尖端产业之间相互渗透、相互依存的趋势正在不断发展。

（二）推动主导产业集群发展

日本通商省每隔 10 年就提出一个中长期的促进产业结构高端化的总体规划，即产业结构长期构想。在发展临港产业、振兴沿海工业带等经济发展思想的引导下，日本政府集中选择了某些具有临港优势的产业进行重点扶植，起到了导向的作用，引导企业向这一产业领域进行大量投资，使这些临港产业迅速成长。日本在不同时期出台了不同的重点产业扶持政策，并进行相应的产业配套。20 世纪 60 年代、70 年代日本产业结构设想主要是推行重化工业和以知识密集型产业为中心转变产业结构重心的设想。这些产业构想直接促进了日本临港产业发展中主导产业类型的选择和产业结构调整。根据日本产业发展要求，2001 年日本政府推行了以新的产业与区域发展政策为核心的产业集群政策。其目标是通过营造企业创新环境，提高创新能力，推动全国各区域利用本区域产业资源，发展新产业和创建新企业。为此，日本集群政策包括营建企业的网络环境，增强企业间的横向和纵向网络联系，形成跨产业合作的网络关系，以产业、学术、政府、企业环境的"新融合"，促进区域创新，促进企业合作，从而形成产业集群。

第三节 政策动向

一、总体政策

2015 年，日本工业方面先后发布了机器人新战略、网络安全新战略和日本制造业白皮书等主要政策。主要强调了从科技创新角度入手，结合全球工业 4.0、美国工业互联网等概念，推动制造业与互联网和 IT 产业的结合，实现日本工业领域的再次振兴发展，巩固其在全球技术的领先地位。

表 4-1 近年来日本主要扶持工业发展的政策措施

时间	标题	主要内容	对制造业重要影响
2015年6月	2015年日本制造业白皮书	报告介绍了日本制造业的现状、问题及未来的发展方向，并提出了振兴日本制造业应采取的措施。	日本制造业在积极发挥IT作用
2015年5月	网络安全新战略	制定了新的《网络安全战略》，提出了"信息自由流通"、"对使用者的开放性"等 5 项原则。	对制造业中应用物联网等IT技术提高网络安全规则
2015年1月	机器人新战略	该战略制定了5年计划，旨在确保日本机器人领域的世界领先地位。	发展先进制造业重点领域
2014年12月	新版量化宽松政策	进一步扩大正在实施的量化和质化宽松政策。	为制造业复苏提供货币政策刺激
2014年11月	290亿美元经济刺激计划	刺激计划将于2014年12月27日定案，主要是向地方政府提供资金，将作为家庭购买燃料等其他商品的补贴费用。	重振日本地方经济
2014年4月	日本上调消费税	从2014年4月1日起将消费税率从目前的5%提高至8%。	影响企业投资积极性
2013年4月	日本新经济增长战略2013	日本政府提出了新经济增长战略，将医疗和健康产业作为未来日本新经济增长战略的重心。	从医疗产业促进日本经济的发展
2013年1月	日本央行实施量化宽松政策	发表"关于摆脱通货紧缩、实现经济可持续增长"的共同声明，力争实现物价上涨2%的目标，取代此前1%的通胀率目标，维持基准利率在0—0.1%区间不变。	提供货币政策刺激制造业复苏

（续表）

时间	标题	主要内容	对制造业重要影响
2012年7月	日本再生战略	提出今后将重点投资节能环保、健康医疗和农林渔业三个领域。	提高日本制造业全球竞争力
2010年6月	新经济增长战略	战略指出要着重拓展有望带来额外增长的六大领域：环境及能源、医疗及护理、旅游、科学技术、促进就业及人才培养。	确定日本保持制造业全球竞争力的领域
2009年5月	工业复兴与创新战略法案	主要包括生产力提高支持计划和业务重振公共组织两部分，旨在企业重建，承接新企业和提高生产力。	推动日本制造业的重振
2006年1月	IT新改革战略	推进IT结构的改革里，以真正有效地利用为目标。	在日本IT领域实现突破

资料来源：赛迪智库整理，2016年2月。

二、相关重大政策简析

（一）2015年日本制造业白皮书

根据日本《制造业基础技术振兴基本法（1999年法律第2号）》第8款的要求，日本政府自2002年以来每年以报告书的形式向国会报告振兴制造业的相关对策措施。2015年6月，日本经济产业省、厚生劳动省和文部科学省共同合作发布了年度报告《日本制造业白皮书》。该报告介绍了日本制造业的现状、问题及未来的发展方向，并提出了振兴日本制造业应采取的措施。报告指出，物联网和大数据的融合、机器人应用范围的拓展是日本制造业未来发展的方向，要振兴日本制造业，就要采取加大科技研发投入和保护力度、推进节能和新能源产业的发展等措施。

（二）日本网络安全新战略

2015年5月，日本政府举行"网络安全战略本部"会议，制定了新的《网络安全战略》，提出了"信息自由流通"、"法治"、"对使用者的开放性"、"主动遏制恶意行为的自律性"、"政府和民间合作"5项原则。日本曾在2013年制定过《网络安全战略》，2014年得到通过。此次新战略对于物联网技术在汽车、家电、健康医疗、机械等产品领域的应用提出应对措施，重点强调在策划和设计阶段要对物联网进行安全措施的普及，确保未来网络技术的应用不出现重大的安全问题。

（三）日本机器人新战略

2015 年 1 月，日本经济振兴总部发布了《机器人新战略》。目前全球机器人产业规模快速扩大，多个国家已将机器人产业作为促进经济增长的重要抓手，纷纷进行战略部署。该报告分析了日本机器人产业面临的形势，制定了实现机器人革命的战略目标和拟实施的举措，明确了未来五年的战略行动计划。报告指出，日本在机器人产业拥有巨大优势，但也面临着国内和国际上的挑战，为巩固优势，需要实现日本成为世界机器人产业创新基地等三大目标，并提出推进创新环境建设等方面的六大措施，还明确了未来五年行动计划中的八项重点任务及应用领域。

第四节　发展趋势

一、工业生产实现稳定增长依然艰难

日本工业生产在 2015 年出现一定的波动，商品库存得到一定的调整与消化，出口方面也出现复苏，但国内需求仍然较为衰弱，工业生产步入稳定增长轨道仍然艰难，但部分专家认为目前工业发展衰退已经触底。2015 年 11 月工业生产数据 3 个月以来首次出现下降，可见企稳增长仍存在不确定性。

二、国际油价下跌给对外贸易带来转机

2015 年，日本经常项目连续数月出现顺差，反映出日本在商品、服务和投资等方面出口贸易情况有所好转。由于全球油价持续暴跌，各国资本市场大幅波动，日元汇率贬值等因素影响，未来日本对外贸易有可能进一步保持顺差。受到美国经济复苏影响，日本汽车产业对美出口一直保持良好态势，连续 5 个月保持增长。虽然整体出口数据在近期有所波动，但从 2016 年来看，日本对外贸易有可能继续保持顺差。

三、企业对外投资意愿有所增加

日本企业依靠全球化的发展战略和持之以恒的创新精神，一直在全球市场保持领先状态。特别是日本的汽车产业，已经成为全球汽车市场的榜样。在德国大众汽车 2015 年遭遇"排放门"等丑闻的困扰下，丰田汽车继续保持全球销量冠军的位置，成为日本企业全球化发展的成功案例。未来日本企业投资意愿将有所增强，2016 年丰田公司计划在北美扩大 SUV 车辆的生产，并建立新的人工智能

技术研发公司开发自动驾驶。本田汽车也计划在海外建立合资工厂，进行燃料电池汽车的研发和生产。

四、智能硬件制造将成为电子制造发展重点

智能硬件的研发与生产已经成为未来发达国家制造业与电子信息技术结合的重点。日本的智能硬件开发主要集中于可穿戴设备领域，目前日本已经开发了一批在医疗、运动等领域应用的可穿戴产品。松下公司的可穿戴骨骼，通过分析穿戴者的运动信息，通过辅助支撑等功能，完成攀爬等高难度动作，避免造成对肢体和腰部的损伤，目前该产品已进入预售阶段。索尼公司开发的头部可穿戴设备，通过头部跟踪传感器和头部显示器这两个重要部件，佩戴者可呈现全方位的视图，以及运动型摄像机的影片捕捉。转动头部便可以多角度来观看视频影片。此外如可穿戴网球运动传感器、可穿戴防水摄像机、智能头盔等多种可穿戴设备都是日本智能硬件研发的重要成果，未来该领域发展势头还将有所增加。

五、全球经济不确定性因素会造成阻碍

日本与全球经济关系紧密，当前全球经济各种不确定因素增加，也会为日本经济和工业发展造成一定的困难。中国第四季度经济虽然仍保持 6.8% 的增速，但为实现预期目标，在外汇管理、资本市场和供给产能等方面尚存在着政策调整的变数。目前，虽然以美欧为首的发达经济体有复苏企稳之势，但欧洲受到难民、军事争端等问题影响，在经济决策和经济发展中也势必会受到牵连。此外，金砖国家中的俄罗斯和巴西等两大经济体也面临经济制裁、通货膨胀等重要问题。这些外部因素无疑将对日本经济与工业的发展造成影响，因此，能否解决和处理好外部关系，对于日本的未来发展至关重要。

第五节　企业动态

在最新的全球 500 强企业中，日本拥有的世界 500 强企业数量小幅下降，从 2014 年的 57 家降至 2015 年的 54 家。排名前 50 位的日本工业企业有丰田汽车、日本邮政控股公司和本田汽车三家企业，且排名变化不大。丰田汽车在排行榜被大众公司超越一位，排在第 9 位。在前 100 名中，日本仅有 7 家企业，除日产汽

车和本田汽车略有上升外，其他 5 家企业的排名均有一定程度下滑。

一、主要跨国公司近期动态

（一）丰田汽车

2015 年日本丰田汽车公司在全球销量排名中位列第一，再次成为全球销量冠军。销量达到了 1009.8 万辆，比上年增长了约 2.8%。上半年，由于北美市场表现较好，大众公司一度超过丰田，而下半年受到"排放门"事件的影响，丰田汽车销量最终还是超过大众。丰田在中国市场表现也不俗，2015 年中国市场销量为 112.25 万辆，比去年上升 10%。2016 年，丰田汽车在中国市场的目标为 115 万辆，增长 2.45%。未来丰田计划在美国市场扩大 SUV 汽车生产，并成立新的人工智能技术研发公司开发自动驾驶。据报道，丰田将于 2016 年 4 月实行内部公司制，将汽车业务分为 4 个小公司，试图通过细分组织，提高决策速度，加强产品竞争力。

（二）日产汽车

日本另一汽车制造厂商——日产汽车 1999 年与法国雷诺公司结盟，雷诺购得 36.8% 的股份。本田汽车公布数据显示，2015 年全年，本田在华汽车销量超过 100 万辆，高于预定的 950,000 辆目标值，创中国市场年销量新高。其中，两家在华合资公司广汽本田汽车有限公司和东风本田汽车有限公司的销量分别超过 60 万辆和 40 万辆。2016 年，本田将与美国通用汽车合作建造燃料电池汽车工厂，共同开发燃料电池汽车，为未来的大规模生产做好前期准备。

（三）爱信精机

日本爱信公司建立于 1969 年，主要生产自动变速箱以及汽车保修设备、五金设备、电动工具等产品，公司同时也生产制造冷藏设备和切割设备。现在的爱信基金是爱信公司和美国博格华纳合资建立而成的公司。丰田公司也拥有爱信基金 22% 的股份。该公司在美国、欧洲、亚洲和大洋洲都设有子公司。爱信精机在 2015 年对旗下 180 个子公司进行了全球化的整合与重组。受丰田等客户淘汰传统内燃机的影响，爱信基金未来将会做出业务领域和发展方向的调整，扩大汽车导航、泊车辅助系统等自动驾驶方面的业务，同时适当缩小传统变速箱和发动机等零部件业务，或进行技术转型。

（四）小松制造所

株式会社小松制作所（即小松集团，以下简称"小松"）是全球最大的工程机械及矿山机械制造企业之一，成立于1921年，迄今已有90多年历史。小松集团总部位于日本东京，在中国、美国、欧洲、亚洲和日本设有5个地区总部，集团子公司143家，员工3万多人，2014年第一季度小松制作所在全球的销售业务有所增长，利润达到377亿日元，实现盈利1.1%。其中欧洲地区的建筑、采矿及公用设备销售增长幅度最大，达到31%。然而由于受到中国经济增长减缓的影响，小松预计将在2015年裁员10%。

二、中小企业发展情况

目前，日本中小企业对促进大企业提高生产效率和提高整个国家的经济效率都从多层次、多方面起到了直接或间接的作用。主要表现为吸收大量劳动力，社会稳定器；发挥生产的辅助作用，支持重化工业化；有利于生产力的平衡布局，缓和地区发展的不平衡；满足人们多方面消费需求等。可以说，日本中小企业已成为日本经济发展的基础。

相比世界其他主要发达国家，日本中小企业的比例相对较高，在国民经济中的作用也比较突出。根据日本总务省的"事业所、企业统计调查"，日本国内企业（公司数＋个人事业者数）以中小企业规模为主，数量超过400万家，在企业总量中占比超过99%；国内从业人员（公司常用雇员数＋个人事业所从业人员数）3000多万人，其中中小企业员工数量占从业人员总量超过70%。中小企业是日本整个国民经济的基石，其健康稳定发展对日本经济具有十分重要的意义。

第五章　金砖国家

　　2002—2012 年，金砖国家经济平均增速超过 10%，被视为世界经济发展的新希望。金融危机以后，金砖国家经济增速整体放缓，工业发展受到一定挑战。2015 年，受全球经济复苏放缓、国际大宗商品价格下滑及美国加息等因素影响，金砖国家经济增速进一步放缓，尤其是巴西和俄罗斯两国经济形势异常严峻。受乌克兰危机、叙利亚反恐及国际油价下跌等因素影响，2015 年俄罗斯国内生产总值下跌 3.8%；世界银行于 2016 年 1 月 6 日发布的《全球经济展望》报告预测，2015 年巴西经济增长实际可能萎缩 3.7%；2015 年中国经济增速下滑到 6.9%；印度经济进入增长快车道，2015 年经济增速约为 7.3%。随着各国经济增速的放缓，工业增速明显下滑。2015 年，巴西制造业持续保持低迷状态，11 月制造业 PMI 指

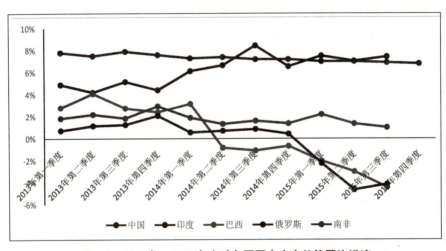

图5-1　2013年—2015年金砖各国国内生产总值同比增速

数据来源：各国统计局，2016 年 1 月。

数为48.7，连续3个月位于50以下；印度制造业表现突出，为近两年来最佳；中国制造业PMI整体呈现先升后降的态势，下降趋势明显。面对危机，金砖国家采取了积极的经济政策，加速推动结构改革，积极扩大内需，加大政府投资，广泛开展经贸合作，助力经济复苏。

第一节　巴西

一、发展概况

巴西位于南美洲东部，幅员辽阔，是拉美第一大国，世界第五大国。巴西拥有拉丁美洲最为完善的产业体系，经济实力居拉美首位。自2011年以来，巴西经济增长明显放缓，2015年，受国际大宗商品价格大跌、通货膨胀居高不下、失业率高企及国内消费萎靡等因素影响，巴西出现严重的经济衰退。2015年三季度，巴西GDP同比下滑4.5%，其中，2015年10月，失业率高达7.9%，创下2009年8月以来的最高点。据巴西统计局的数据显示，2015年1—10月，巴西工业生产总值同比下降7.8%，其中，2015年10月，巴西工业生产总值同比下降11.2%，环比下降0.7%。金融行业预测显示，2015年巴西经济将萎缩3.1%，2016年将继续萎缩1.9%。世界银行发布的《营商环境报告2015》显示，在全球189个国家和地区中，巴西排名第120位。

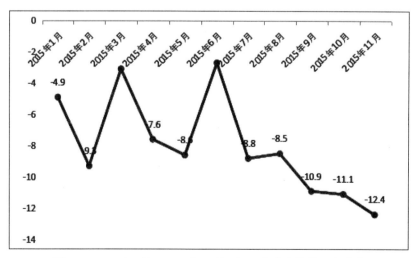

图5-2　2015年1月—2015年11月巴西工业生产指数同比增速

数据来源：巴西国家地理统计局，2016年1月。

（一）工业领域就业率持续下滑

受经济衰退等因素影响，2015年巴西工业生产持续萎缩，就业形势严峻。巴西劳动和就业部数据显示，2015年1—10月，巴西共失去81.89万个正规就业岗位，其中工业、民用建筑和商业领域的情况最差。据巴西国家地理与统计局（IBGE）统计数据显示，2015年1—8月，巴西工业就业率下降5.6%，其中，电子及通信设备就业率下降13.1%，金属制品下降10.5%，交通运输下降10.4%；巴西工人工资累计下降6.5%。截止到2015年8月，巴西工业领域的就业率已经连续47个月下降。其中，2015年8月，巴西工业就业率环比下降0.8%，同比下降6.9%，创14年新低。

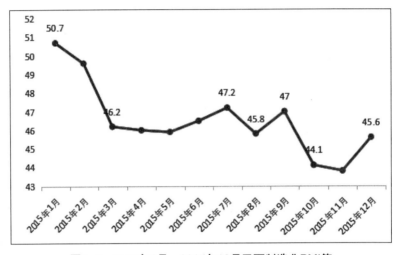

图5-3　2015年1月—2015年12月巴西制造业PMI值

数据来源：汇丰银行，2016年1月。

（二）传统制造业生产低迷

因受到价格调整、信贷紧缩、收入低增长和民众信心不足的影响，2015年巴西传统产业发展不景气。在汽车行业，受2014年7月巴西政府将工业产品税（IPI）由3%提高至7%政策的影响，汽车生产量不断下滑。据巴西汽车生产商协会(Anfavea)公布的数据显示，2015年巴西汽车产量为242.94万辆，同比下降22.8%，为2006年以来最低水平。其中，轿车和轻型车产量为233.39万辆，同比下降21.5%；卡车产量为7.4万辆，同比下降47.1%；大客车产量为2.14万辆，同比下降34.7%。与此同时，巴西汽车销售量也大幅下滑。2015年，巴西汽车销量为 256.9 万辆，同比下降 26.55%。在造船业，随着全球石油工业的衰退及巴西国油陷于腐败丑闻等因素的叠加，巴西造船业正经受前所未有的挑战，整个造船行业订单以及钢铁需求量相对低迷。据巴西船舶工业统计，截止到 2015 年 10 月，巴西造船厂的订单量仅为 274 艘，而 2014 年订单量为 367 艘。巴西最大的造船厂 Estaleiro Maua 的订单量仅为 8 艘，其中 5 艘订单被撤销。

（三）进出口增长均呈现大幅下滑态势

国际大宗商品价格持续下跌严重打击以大宗商品出口为主的巴西经济的发展，巴西外贸形势严峻。据巴西工贸部统计数据显示，2015 年，巴西对外贸易总额为 3625.87 亿美元。其中，出口额为 1911.34 亿美元，同比下降 14.1%；进口额为 1714.53 亿美元，同比下跌了 24.3%。铁矿石是巴西最主要的出口商品之一，由于全球外需不足，铁矿石需求减少，巴西的铁矿石出口量不断减少，出口价格降低。2015 年 5 月，巴西铁矿石出口量为 2770 万吨，较去年同期下降 9.7%。

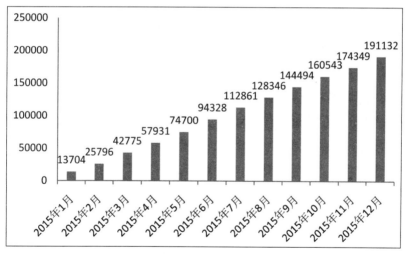

图5-4　2015年1月—2015年12月巴西出口金额（单位：百万美元）

数据来源：巴西工贸发展部，2016 年 1 月。

（四）中小企业融资压力加剧

由于失业率不断攀升以及工业产出大幅下滑，近年来，巴西的通胀水平一直居高不下。巴西国家地理与统计局发布数据显示，2015 年通胀率为 10.67%，大大超过巴西政府设定的 6.5% 的上限，创 2002 年以来最高水平。其中，与住房相关的支出上涨 18.31%，食品价格上涨了 12.03%，交通成本上升了 10.16%。较高的通胀率导致巴西货币贬值，影响投资者对巴西的投资热情。同时，巴西一直居高不下的通货膨胀率也会对需求产生一定的抑制作用，企业订单受到影响，居民各类所需的各类消费品价格都有所增长，抑制居民消费水平的增长。由于政策不断的收紧，中小企业融资难问题一直难以解决，中小企业获得资金支持的难度将进一步提高，其面临的生存和发展环境恶劣。

二、产业布局

二战后，巴西吸引外资水平增加，重工业比重得到大幅提升，工业结构趋向多元化发展。东南部沿海是殖民者最早入侵的地方，工业基础好，巴西工业主要集中在东南沿海地带。里约热内卢和圣保罗位于巴西东南部沿海地区，气候条件适宜，对外交通便利，是巴西人口分布最密集的地区，经济发展速度快。因此，圣保罗、里约热内卢等地区是巴西的重工业主要集中地。其中，圣保罗邻近的米纳斯吉纳斯州水资源较为丰富，且拥有铁、锰、镍等资源，农产品主要以咖啡、棉花、甘蔗为主，其优越的资源条件为其工业发展提供了有利条件。在近海地区的库巴唐建有大型炼油厂和钢铁企业，其周围集聚了一些新的工业区。巴西钢铁业主要集中在东南部，粗钢产量占生产总量的 93.5%；在此之外，南部占 3.9%，北部占 2.6%。钢铁生产主要分布在巴西 27 个州中的 9 个州。

三、政策动向

为有效抑制通胀，实现高就业率，促进工业发展，2015 年以来巴西政府出台了一系列政策措施，确保经济恢复增长。在工业领域，自 2014 年 12 月起，巴西政府通过基础设施投资计划、提高燃油税、进口税、个人贷款税和化妆品税等措施来刺激工业发展。2015 年 6 月 9 日，巴西政府正式宣布实施新一轮改善交通基础设施投资计划。这是巴西总统罗塞夫执政以来第二次推出改善交通基础设施的投资计划，也是巴西近几十年来最大的投资计划。按照计划，将发放一批公路、机场、铁路、港口等大型项目的特许经营权，投资总额预计高达 980.7 亿美元，该计划将直接惠及巴西 20 个州 130 多个城市。目前已发放的特许经营权包括 7000 公里的公路、40 个港口以及一些地区的机场改造项目。2015 年 12 月，巴西政府推出了以光伏为焦点的分布式发电的国家级激励计划。这项名为 ProGD 的激励计划涵盖了税收激励和设立信用额度等一系列措施。政府还计划为分布式清洁能源电站设计补贴项目。另外，发展银行 BNDES 也在为学校和医院的光伏电站项目以特别费率进行融资。

在贸易领域，为不断推动巴西对外贸易的发展，刺激并创造更多就业机会，2015 年 6 月 24 日，巴西发展、工业和外贸部正式宣布启动国家出口计划，旨在鼓励小微企业及中型企业出口更加多样化，生产更高技术含量的产品，提高企业的出口量等。该计划将围绕市场准入、商业促销、贸易便利化、融资和担保出口、改进机制和税收制度对出口的支持等五个方面展开，预计将持续到 2018 年。

四、发展趋势

（一）工业生产形势仍不容乐观

受国内外经济环境的影响，2015 年巴西国内通货膨胀高企，就业形势严峻，建立在内需基础上的经济增长显得难以为继。同时，巴西工业受国际市场波动影响较大，制造业多以初级加工品为主，不利于本国工业竞争力的提升。再加上巴西央行不断加息，增加了企业的融资成本，降低了企业的投资意愿。在全球经济复苏乏力、内部缺乏资源的条件下，工业增长前景不容乐观。巴西经济总的来说在 2016 年仍将处于微弱的发展阶段，工业发展十分缓慢，发展前景仍然不容乐观。

（二）对外贸易形势严峻

在全球新兴经济体经济复苏缓慢、美元走强、国际大宗商品价格不断下跌的背景下，全球能源、原材料新增需求放缓。外部需求的减少对巴西出口产生了全方位影响，即便是最具竞争力的出口产品，如铁矿、蔗糖、大豆等，也遭遇了国际市场价格的下跌。以资源出口为主的巴西经济受到严重冲击，出口前景难以乐观。随着各大经济体经济增速放缓，全球贸易保护主义势头不断抬头，巴西贸易前景十分严峻。

（三）绿色产业发展势头迅猛

为了降低过度开采给自然带来的灾难，巴西政府也在积极采取措施，发展低碳经济。近年来，巴西在新能源和新兴产业的投资逐年增加。目前，巴西政府正在抓紧研究出台光伏发电产业鼓励政策，为 2017 年规划运营的 61 座太阳能电站所需的 2GW 太阳能设备提供支持。2015 年 1 月，波音与巴西飞机制造公司 EMBRAER 开展合作，共建新能源研发中心，将对可持续性航空生物能源及生物

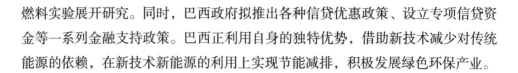

燃料实验展开研究。同时，巴西政府拟推出各种信贷优惠政策、设立专项信贷资金等一系列金融支持政策。巴西正利用自身的独特优势，借助新技术减少对传统能源的依赖，在新技术新能源的利用上实现节能减排，积极发展绿色环保产业。

五、企业动态

进入2015年以来，巴西制造企业发展艰难，跨国企业也不断缩减在海外市场的投资。2015年，美国《财富》世界500强排行榜中，巴西上榜企业共七家，分别为巴西国家石油公司、伊塔乌联合银行控股公司、巴西银行、巴西布拉德斯科银行、巴西JBS公司、巴西淡水河谷公司和Ultrapar控股公司。受国际油价暴跌、巴西国家石油公司行贿丑闻曝光等多因素叠加影响，2015年三季度，巴西国家石油公司亏损约合10.1亿美元，这是该公司5个季度以来第三次出现亏损。在能源领域，作为能源出口大国，2015年受国际油价持续下跌的深刻影响，巴西能源公司经营惨淡。世界第一大铁矿石生产和出口商巴西淡水河谷公司，2015年一季度营业收入为63.58亿美元，环比下降31.1%。其中，冶金煤产量为126.8万吨，同比增长3.7%，环比减少29.2%；动力煤产量为42.7万吨，同比下滑23.9%，环比下降17.9%；铁矿石（粉矿）销量为6230万吨，环比减少15.4%，但同比增长7.7%。在航空领域，作为南美航空工业的"领头羊"巴西航空工业公司瞄准巴西空军的作战需求，2015年4月研制的新型运输机KC-390成功完成首飞,标志着巴西航空工业史上的一项重大技术突破。即将到来的2016年奥运会，对通讯企业和通讯设备的需求将不断增加，这将为巴西跨国企业提供很多投资机会。

第二节　印度

一、发展概况

印度位于亚洲南部，是南亚次大陆最大的国家，也是世界上经济发展最快的国家之一。因其拥有充裕的廉价劳动力，在全球经济形势复杂多变、大部分金砖国家的经济都在放缓的背景下，印度却是个明显的例外。2015年，印度经济增速领衔全球，经济增长势头稳健，企业商业运营环境明显改善，经济增速超过7%。印财政部预测，2015—2016财年，印度经济增速为7%—7.5%。世界银行于 2016 年 1 月 6 日发布的《全球经济展望报告》预测，印度 2016 年经济增长预期为 7.8%，将是全球经济增长最快的主要经济体。在印度政府大力发展制造业的政策环境下，2015 年 7—9 月，印度制造业增速达到 9.3%，实现了较快的增长。

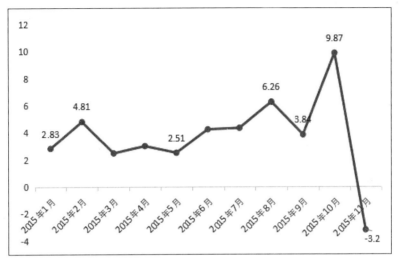

图5-5　2015年1月—2015年11月印度工业生产指数同比增速

数据来源：印度统计局，2016 年 1 月。

（一）制造业扩张动能不足

受内部需求放缓和外部竞争压力增大等因素影响，2015 年印度制造业虽处于扩张态势，但扩张动能不足。汇丰银行数据显示，2015 年 1—11 月，印度制造业 PMI 值一直处于 50 荣枯线以上，2015 年前三季度一直在 51 以上，显示制造业呈现扩张态势，但 2015 第四季度印度制造业 PMI 一路下跌，其中，2015 年 12 月，印度制造业 PMI 由 11 月的 50.3 降至 49.1，是 25 个月以来印度制造业的首次收缩，收缩幅度为将近 7 年来最大，体现出制造业整体经营形势恶化。受卢比对美元不断贬值等因素影响，2015 年 12 月，印度 CPI 徘徊在 3.66%—5.4%，无论是投入成本还是产出费用，通胀率都是 7 个月来最高，增加了企业以美元计价的债务和进口成本的压力，工业企业生产经营比较困难。

（二）传统产业增长稳定

延续去年产业发展的态势，2015 年印度传统制造产业发展稳定。钢铁产业，在全球钢铁去产能的大背景下，印度的钢铁产能却逆势增长。据国际钢铁协会统计，2015 年 1—10 月，印度钢铁产量累计达到 7508 万吨，同比增长 3.3%。其中，2015 年 10 月份，印度粗钢产量为 750 万吨，同比增 4.9%。在汽车行业，随着印度经济的不断恢复、庞大的人口基数及廉价的劳动力成本，2015 年上半年，印度汽车产业需求明显改善，汽车产销量增长显著。2015 年 1—5 月，印度汽车销量达到 110 万辆的销售额，同比增长 5.0%。其中，2015 年 5 月，印度汽车市场同比增长 7%，达到 21.4 万辆。其中，马鲁蒂品牌销量达到 10.2 万辆，占据市场份额高达 47.90%，同比增长 13.0%。

（三）制造业吸引外资能力增强

由于政府放宽了投资限制，跨国企业在印度经商的环境不断得到改善，印度吸引外资能力增强。据印度工业政策和促进部门数据显示，2014—2015 财年，印度吸引外商直接投资总额为 309.3 亿美元，较上一财年 242.9 亿美元增加了27%。2015 年上半年，印度共吸收外资是 254.94 亿美元，外商在印度的直接投资达到 194 亿美元，同比增长 30%。会计师事务所安永发布的调查报告显示，在接受其访问的近 500 多家跨国企业中，接近 30% 的跨国企业认为印度是 2015 年最受欢迎投资目的国，60% 企业把印度作为投资目的国排在前三位，印度成为全球最具吸引外资的国家。仅 2014 年外国对印度制造业直接投资项目 192 个，总额达 114 亿美元，直接创造了超过 7 万个就业岗位。2015 年 1—6 月，印度制造业吸引外商直接投资的速度开始加快，同比增长达 221%，是近七年最快增速，在所有外国直接投资中占比达 46%。

二、产业布局

印度独立之初，工业高度集中在少数沿海大城市，仅孟买、加尔各答和阿默达巴德三个邦的工业产值占全国工业总产值的 70% 以上。近年来，印度工业过分集中的状况已有改善。目前，印度有五个比较重要的工业区：一是以加尔各答为中心的工业区。该工业区以纺织服装行业和机械制造业为主，也是全国最早形成的工业区，其纺织服装产值占全国纺织服装总产值的 40%，机械制造产值占全国机械制造总产值的 30%。二是以孟买—浦那为中心的工业区。该工业区主要以棉纺织工业为主，机械、化工、炼油等产业近来也发展较快。该工业区棉纺织工业占全国棉纺织工业总量的 30%。三是以阿默达巴德为中心的工业区。该工业区主要以纺织、钢铁、机械制造等传统工业为主，规模相当于加尔各答的一半。四是以马德拉斯—班加罗尔为中心的工业区。该工业区是发展最快的工业区，规模接近于加尔各答区。该工业区大力发展电力、飞机制造、造船、炼油等工业部门，轻工业和重工业并举推进。五是以那格浦尔为中心的工业区。该工业区有印度的"鲁尔区"之称，为 50 年代发展起来的重工业区。

三、政策动向

印度总理莫迪自 2014 年 5 月上台后，推出一系列改革措施，包括放宽外国直接投资限制、进行税收改革、重新修订劳工和土地征收方面的法规，大力发展制造业、铁路和智慧城市等，在排除政治阻力推进改革方面显示出大刀阔斧的决心。在制造业领域，印度政府启动"印度制造"升级版 2.0，以进一步促进印度制造业发展。印度政府通过技术印度、数字印度、创业印度等一系列计划来实现经济增长。具体来讲，2014 年 11 月 22 日，印度政府宣布实施提高工业品出口退税率，包括纺织品的出口退税率，进一步扩大纺织品服装出口退税率的纺织品种，提高棉纺织品出口退税率的上限等政策。2015 年 11 月，印度政府宣布，将放宽 15 个主要行业的外商直接投资标准，包括矿业、国防、民用航空和广播，以鼓励外商投资并刺激经济增长。2015 年 11 月 10 日，印度工业政策和促进部宣布对跨国零售商放松了本地采购要求，取消对部分行业的外商投资限制，涉及从建筑到棕榈油生产等行业。同时，将允许外资完全控股咖啡、橡胶、棕榈油和橄榄油等生产领域。外商投资包机公司和信贷信息公司的限额也从 74% 提高到100%。新规还放宽了对外资零售商在印度运营的条件。在印度经营的外资零售商需要向印度国内供应商采购至少价值 30% 的商品。单一品牌的零售商还获准在线上线下同时销售商品。鉴于移动技术和 App 在创造就业方面的作用，2015年 12 月，印度政府宣布了 1.6 亿美元的自主就业和人才利用培养计划，支持该技术领域的初创公司。在新能源领域，2015 年 8 月，印度新能源与可再生能源部已批准一个提议的总体规划，即发展 50 个太阳能城市，包括新德里、阿格拉、昌迪加尔、古尔冈、法里达巴德、阿姆利则、加尔各答、豪拉、马迪亚姆格拉姆、科钦、博帕尔等。目前其中 46 个城市的总体规划已准备就绪。此外，政府还优先将 15 座城市发展成"试点太阳能城市"，其中已确定的 13 座城市分别是阿加尔塔拉、哥印拜陀、拉杰科德、西拉姆、法里达巴德、塔那、赖普尔、舍地、列城、艾扎尔、庞迪切里、维杰亚瓦达和阿姆利则。

为了进一步促进印度民众创业，用政策优惠推动技术创新，印度政府发起一项开创性举措。2016 年 1 月 16 日，印度推出"创业印度 崛起印度"计划，将对创新与创业进行严格定义以保障政策执行，引入"创新企业"概念，这类企业将可享受包括政府扶持基金在内的相关优惠政策。印度商工部工业与政策促进局将起草负面清单，详细列出何种企业不符合"创新企业"标准。此外，向符合条件的"创新企业"投资的投资商将在享受程序性宽松之外，将获得额外的投资收益豁免。根据该项计划，印度政府将在未来 4 年内设立一项总额达 1000 亿卢比的基金，用于支持制造业、农业、卫生和教育等领域的创业项目，同时还将设立一个信贷保障机制，协助创业公司从金融机构获得信贷。该项计划将激励印度全民族的创业精神，助力印度经济较快发展。

四、发展趋势

（一）制造业发展前景广阔

制造业是印度经济发展的短板，短期内该国落后的道路、港口等基础设施，将拖累本国工业的发展，也对吸引外资带来不利影响。2014 年 9 月莫迪政府宣布的"在印度制造"系列新政致力于增强在印度投资兴业的吸引力，给计划投资的国内外企业提供一站式服务，并改革劳动法律和税收，简化审批程序，吸引各界在印度投资设厂，扩大当地就业。2015 年 8 月，富士康与印度马哈拉施特拉邦政府签署协议，将在未来 5 年投资 50 亿美元新建一座电子产品制造工厂。随着莫迪政府在制造业和外国直接投资领域改革措施的生效，各国企业前往印度投资基础设施和制造业，未来印度制造业将有很大的增长空间。

（二）电子信息制造业领域投资潜力大

印度人口众多，印度政府试图通过大规模投资技术基础设施缩小贫富差距，电子信息制造领域的发展潜力正在吸引着越来越多的世界目光。印度政府的"数字印度"计划要求建造光纤网络并使印度能在电子产品制造上自给自足以及在印度农村推广宽带等。按照当前情况，国内生产严重满足不了国内需求。据德勤印度经济公司的报告，印度电子硬件产品的需求量激增，预计到 2020 年达到 4000 亿美元。据估算，印度国内生产量将会达到 1040 亿美元，生产量和需求之间的差距将会达到 2960 亿美元。印度政府也在尝试让私人制造商加入国防电子行业来推动国内制造业的发展。2015 年 9 月，谷歌证实计划在 500 个印度火车站推出免费 WiFi，微软承诺帮助为 50 万个印度村庄提供低成本宽带。随着国内需求的不断增加，未来印度电子信息制造领域的投资将不断增强。

（三）吸引外资能力有望进一步增强

随着需求日益上扬，印度经济进入快速发展阶段。印度总理莫迪近年来开展的外交之旅，为印度带来接近 360 亿美元的外国直接投资。联合国发布的"全球投资趋势监测"报告显示，2014 年印度外国直接投资流入同比增长 26%，达到 350 亿美元。其中，电力、燃气、水、信息通讯等服务业吸引外资增长最快。基于工业发展的迫切需求，莫迪政府希望在基础设施建设等重点领域吸引更多投资。随着印度政府宣布放宽建筑领域的 FDI 政策，其中重点强调印度政府将于 2020 年前建设完成 100 个智能城市的计划，未来印度吸引外资能力将会进一步增强。

五、企业动态

随着印度经济的快速发展及其本身具有的人力资本优势，2015 年印度企业表现活跃，不断扩大产能合作，开拓国际市场，跨国企业经营绩效不断攀升。2015 年《财富》世界 500 强企业中，印度入选 7 家。其中，印度钢铁巨头塔塔汽车榜上有名。2015 年 5 月，塔塔汽车乘用车与商用车销量总计达约 4 万辆，较去年同期的 3.75 万辆同比增长 5%，其中，本土销量为 3.48 万辆，与去年同期基本持平。在钢铁领域，印度几家大钢企均表示计划 2016 年进行产能扩张。印度京德勒钢公司称，在位于印度东部奥里萨邦的直接还原铁厂升级改造完成后，该公司计划将成品钢材年产能提高 50%，达到 500 万吨以上，在本财年将粗钢产量提高 6.3% 至 1340 万吨，将炼钢年产能从目前的 1400 万吨提高至 1800 万吨。2015 年 11 月，印度钢铁管理局宣布，其位于东部恰蒂斯加尔邦的比莱钢厂（Bhilai）一座 4060 立方米的高炉将在本财年投产。在汽车工业领域，2015 年 12 月，印度本土品牌马鲁蒂铃木在其紧凑型汽车、城市紧凑型汽车和 SUV 三款车型的强劲助力下，国内销量同比增长 13.5%；印度市场第二大汽车制造商现代在 Grand i10, Elite i20 和 Creta 三款新车型助推下，汽车销量同比增长 28.8%。渣打银行对中国、印度、印尼和马来西亚四个国家，年营业额介于 3000 万至 1 亿美元的中型企业首席执行官和首席财务官展开的调查显示，印度受访企业最为乐观，其中 97% 相信公司将在未来五年实现增长。此外，71% 的印度企业计划拓展新的国际市场。

第三节 俄罗斯

一、发展概况

俄罗斯位于欧洲东部和亚洲大陆的北部，是全球国土面积最大的国家。俄罗斯一向重视工业发展，特别是重工业中的能源与采矿业。近年来，俄罗斯逐步由单一重视重工业发展转向轻工业和通信等行业多元化发展。国际金融危机后，俄罗斯经济增速明显放缓。受全球能源价格持续走低影响，俄罗斯经济从2013年下半年开始一路下滑，陷入零增长局面。在同时遭受西方经济制裁、国际石油价格持续下跌的影响下，2015年俄罗斯经济陷入严重衰退。2015年1—11月，俄罗斯国内生产总值大幅萎缩4%，通胀率高达15%。随着经济的疲弱，俄罗斯工业发展也出现萎缩。据俄罗斯工业部预测，2015年，俄罗斯工业产出同比下降约3.3%，去年该工业生产指数同比下降0.1%，俄罗斯工业处于深度衰退之中。

（一）工业生产呈现大幅回落

2015年，俄罗斯工业领域生产呈现大幅下滑。据俄罗斯工贸部估算，2015年，俄罗斯工业生产降幅约3.3%。其中，制造业降幅约5%，农机制造业、制药业、化工业等领域实现了微弱增长。2015年11月，俄罗斯工业生产出现7月份以来首次下降。其中，汽车制造业、建筑材料制造业、轻工业均出现较大幅度下降，采矿业出现半年来首次下降。由于原料供应不足及进口替代效应逐渐消失，食品加工业增速也有所放缓。在汽车领域，2015年1—7月，俄罗斯汽车生产下降26.1%。其中，载重汽车同比下降21.1%；客车同比下降13.4%，其中，2015年7月，轿车生产下降36.6%，载重车生产下降12.2%，客车生产下降3.5%。

（二）企业利润大幅下滑

受国内经济形势不断恶化、欧美国家经济制裁、国际大宗商品价格不断下跌及卢布大幅贬值等多因素影响，2015年俄罗斯企业生产经营异常困难，企业利润大幅下滑。根据俄罗斯央行统计，2015年1—5月，俄罗斯亏损企业占比为32%。俄罗斯排名前30位的大型银行亏损共计约合6.3亿美元，而去年同期则为盈利约合7.6亿美元。在建筑业，亏损企业占比为32.5%，与去年同期相比上升0.5

个百分点，而在不动产领域，亏损企业占比为 35.5%，与去年同期相比上升 1 个百分点。据俄联邦国家统计局数据显示，2015 年 1—10 月，俄罗斯亏损企业比例达到 30%。预计，2015 年全年组成俄罗斯交易系统指数的 50 家大公司卢布收入下降 17%，外汇收入下降 25%。

（三）对外贸易形势严峻

受乌克兰危机及卢布汇率大跌等多重挑战，2015 年俄罗斯贸易量下滑严重。根据俄罗斯海关统计，2015 年 1—11 月，俄罗斯对外贸易总额 4844 亿美元，下降 33.8%。其中，进口总额为 1678 亿美元，同比下降 37.5%；出口总额为 3166 亿美元，同比下降 31.6%。分地区看，2015 年，俄罗斯与欧盟进出口贸易额为 2300 亿美元，同比下降 40%。其中，俄罗斯对欧盟出口同比下降 37.7%，进口下降 41.5%；俄罗斯与日本进出口贸易额下降近 30%；中国和俄罗斯进出口贸易总值为 680.7 亿美元，同比下降 28.6%。其中，中国向俄罗斯出口总额为 348.0 亿美元，同比下降 35.2%；自俄罗斯进口总额为 332.6 亿美元，同比下降 20.0%。

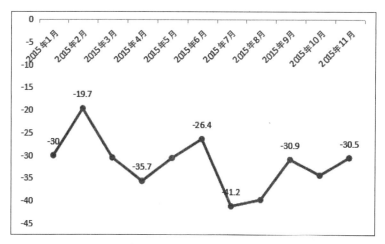

图5-6　2015年1月—2015年11月俄罗斯出口增长率

数据来源：俄罗斯央行，2016 年 1 月。

（四）资金外流现象严重

在美欧等西方国家的经济制裁与国际油价下跌的双重打击下，2015 年俄罗斯经济出现严重的资金外逃现象。根据俄罗斯央行的统计数据显示，2015 年上半年，俄罗斯银行及企业资本净流出总额达 525 亿美元，其中，2015 年第二季度资本净流出额为 200 亿美元，较一季度下降 38.5%。俄罗斯外资直接流入额为

43 亿美元，同比下降 88%，外资流出额为 102 亿美元，同比下滑 64%。其中，提炼与冶金行业的海外投资流失最为严重，进口替代相关行业海外投资有所增加。2015 年上半年，在发达国家中仅有德国对俄罗斯直接投资较去年同期有所增长。

二、产业布局

俄罗斯工业建立在丰富矿产资源的基础上，工业主要是大型重工业、森林工业、军事工业。主要分布在欧洲部分，有莫斯科和圣彼得堡工业中心。俄罗斯的主要工业区包括西伯利亚工业区、圣彼得堡工业区、莫斯科工业区和乌拉尔工业区。其中，西伯利亚工业区以石油、机械、森林工业和军事工业为主。圣彼得堡工业区以石油化工、造纸造船、航空航天、电子为主。莫斯科工业区以汽车、飞机、火箭、钢铁、电子为主。乌拉尔工业区以石油、钢铁、机械为主。

俄罗斯的欧洲部分集聚着俄罗斯重要的工业部门——国防工业。中央联邦区、伏尔加河沿岸联邦区和西北联邦区等三个联邦区是俄罗斯国防工业企业的集聚地，企业数量占整个联邦国防工业企业数量的 80%、工业产值占整个联邦国防工业产值的 64%、职工人数占整个联邦国防工业职工数量的 76%，其中仅中央联邦区就拥有约一半的俄罗斯国防企业。与此同时，国防工业在各联邦区内的分布极不均衡。如西伯利亚联邦区 80% 以上的国防企业都集中在西西伯利亚，而新西伯利亚州、鄂木斯克州和阿尔泰边疆区的国防企业数量竟然占到全区的70%。

三、政策动向

为了应对西方国家制裁，扶持本土生产商，保护本国消费者利益，促进工业复苏，2015 年俄罗斯政府采取了大力扶持中小企业发展、实施进口替代政策及刺激汽车产业发展等一系列应对举措，促进国内投资，对遏制危机的蔓延取得了一定的效果。但由于俄罗斯经济结构比较单一，行业垄断现象普遍、外资投资领域限制多、政策法规不健全等因素使得投资政策成效甚微。

在西方制裁不断叠加的情况下，为尽快走出困境，2015 年 1 月，俄罗斯经济发展部确定了信息业、制造业、农业等 18 个进口替代优先领域。2015 年 2 月，俄罗斯经济发展部遴选出具体的促进进口替代和出口的投资项目，其中包括食品工业、重型机械制造、动力机械制造、电气化工和电缆工业、油气设备制造、车床制造以及造船业等领域。俄罗斯将在 2015—2017 年向这些领域拨付 5.4 亿美元的资金扶持。2015年3月31日，俄罗斯工业和贸易部签署了2020年前民用航空工业进口替代计划。根据该计划，到2021年前SSJ-100型民用客机起落架应从2014年的100%进口降到30%—50%，制动器和轮子应从目前的100%进口降到0—50%；到2019年前机舱内部装饰应从目前的90%进口降到0—50%，救生艇梯应从目前的100%进口降到0—40%。该计划中共有408项进口替代要求，其中一半计划把进口降低到零。2015年4月，俄内阁宣布建立茹科夫斯基研究院国家研究中心。该中心将主要从事航空领域开发工作，组织完成航空技术发展优先领域新技术研究，加快引进科研投入生产，在航空制造领域利用科技成果以发展经济。中心的建立将促进《俄罗斯2013—2025年航空工业发展》国家规划的实施。

在工业领域，2015年3月，俄罗斯经济发展部、工贸部、财政部等部门制定有关对俄零售业中小企业信贷、税收等鼓励、扶持政策和措施，修订俄破产法关于对中小企业破产程序监督，债务清理和资产整顿等规定，并将部分业内中小企业列入俄骨干企业名录，予以专向扶持。2015年4月，俄政府总理梅德韦杰夫签署命令，批准向俄各地方政府拨款2.93亿美元，支持地方中小企业发展。2015年7月，俄政府拟推出对工业企业减税方案，并修改税法。据悉，减税后俄联邦财政应征收工业企业利润税全免，地方减免60%。此方案拟在向俄工业企业让利，稳定工业生产局面，逐步恢复并增强工业竞争力，改变俄工业停滞发展局面。为进一步支持俄出口产业发展，扩大俄产品国际市场空间，2015年7月，俄罗斯俄政府更改支持出口路线图，新增15项条款，特别增加了对中小微贸易、生产企业的资金和政策支持，如简化报关程序、推动出口零增值税、简化出口许可文件办理程序等。2015年11月，俄罗斯政府拨付9000万美元支持俄汽车工业发展。该政府令规定将补偿汽车工业的生产损失以及租赁优惠政策，取消对每位租赁者的补贴金额限制等。该政策的实施将为俄汽车企业扩大产能和维持该行业就业规模提供保障，同时还可在租赁优惠政策框架内促进约6400辆汽车的销售。2015年将共有19家汽车生产商和29家汽车零配件生产商获得上述补贴。

四、发展趋势

（一）工业生产仍将持续低迷

受制于美欧对俄的一系列制裁措施、国际油价暴跌导致的外需不振、潜在产出量限制、叙利亚危机等因素持续影响，过度倚重能源经济的俄罗斯工业生产不断萎缩。同时，俄罗斯卢布成为新兴市场中贬值最严重的货币，导致产品价格上涨，竞争力下降。从2015年1月份开始，卢布兑美元汇率继续走低，到2016年1月18日，俄罗斯卢布兑美元汇率冲向79∶1。俄罗斯国内的投资环境和市场氛围日益趋紧，加之预算收入的减少给俄罗斯投资增长和工业发展带来了不利影响。为了促进工业增长，俄政府已制定了包括增加基础设施建设投资、扶持中小企业发展等一系列经济刺激措施，但是由于产业结构不合理的问题由来已久，俄罗斯工业生产恶化的局面短期内难以改观。

（二）绿色工业发展前景良好

近年来，为了实现工业的绿色可持续发展，创造新的就业机会，俄罗斯政府开始积极发展应用先进清洁能源技术，优化提升本国传统能源消费结构，通过制定一系列发展绿色经济的国家政策，大力发展绿色低碳经济。2015年俄罗斯工业和贸易部提出刺激工业的税收优惠新措施，计划总值将达1590亿卢布支持企业投资开发，对现有产能进行现代化改造，加快俄罗斯高科技设备的折旧速度，利用技术进步促进节能减排，增强工业生产活动的发展动力。此外，俄罗斯的大型矿产开发企业不断增加对环保研发领域的投入。俄罗斯政府已经批准"2012年—2020年国家环境保护计划"，旨在发展绿色经济，减少企业对环境的污染。

（三）汽车产业将有望实现快速增长

汽车产业作为俄罗斯重要支柱产业，对俄罗斯经济发展一直起着重要的作用。但近两年来，受俄罗斯经济低迷及2013年底汽车贷款优惠结束等不利因素影响，俄罗斯汽车市场不景气。针对当前俄罗斯汽车产量下降和进口车需求下降的现状，俄政府2015年加大对汽车产业的扶持力度，政府预算将继续支持汽车消费市场，包括提振市场需求、提供以旧换新补贴等。同时，俄政府希望汽车制造企业推出适度保守的价格政策，竭力为消费者创造方便的购车条件。在俄罗斯政府大力支持下，汽车产业有望进入全新发展阶段。

五、企业动态

受欧盟和美国对俄罗斯严厉经济制裁、卢布的大幅贬值及国际能源价格大幅下跌的影响，大部分俄罗斯企业无法从国际市场融资，企业经营压力增大，2015年俄罗斯企业亏损较多。2015年2月，大型国际信用评级机构穆迪将14家俄罗斯大型企业及其子公司的评级由 Baa3 级下调为 Ba1 级，其中包括俄罗斯能源、铁路运输等领域的巨头。2015 年《财富》世界 500 强企业中，俄罗斯仅入选 5 家。其中，俄罗斯天然气工业股份公司和俄罗斯石油公司榜上有名。由于欧盟国家和乌克兰需求下降，2014 年，俄天然气工业公司对非独联体国家天然气出口下降 9%，从 2013 年的 1627 亿立方米降至 1470 亿立方米，为近 10 年来最低点。2015 年，俄天然气工业公司天然气开采量拟增至 4854 亿立方米，同比增长 9.3%，公司还计划开采 1500 万吨凝析气，同比增长 0.7%，石油 3510 万吨，同比下降 0.5%。2015 年 9 月，俄罗斯铝业公司削减 20 万吨铝产量。过去两年中，俄罗斯铝业已经削减了 65 万吨铝产量。

第四节 南非

一、发展概况

南非属于中等收入的发展中国家，也是非洲经济最为发达的国家，其国内生产总值约占非洲国内生产总值的 1/5。南非以矿产资源丰富闻名，是世界五大矿产资源国之一。受全球经济增长放缓、国际大宗商品价格持续下跌及美国加息等因素的影响，2015 年南非经济持续低迷，增长乏力。2015 年，南非 GDP 增速约为 1.3%，低于 2014 年的 1.5%。受国内经济增长放缓，电力短缺和需求不旺等因素影响，2015 年南非工业发展缓慢。2015 年四季度，南非巴克莱制造业采购经理人指数跌至 45.6，环比下降 9%。在瑞士洛桑国际管理发展学院发布的 2015 年全球竞争力排名中，共有 61 个国家上榜，南非排名从 2014 年的 52 位下滑至 53 位。

（一）制造业生产不容乐观

由于南非 2014 年上半年经历了史上时间最长的铂矿罢工，给南非工业发展带来严重影响。2015 年第一季度，南非国内生产总值增长 1.3%，远低于去年第四季度的 4.1%。2015 年第三季度，南非国内生产总值仅增长 0.7%。受电力短缺和进口零部件成本上升制约，南非制造业生产衰退迹象明显。2015 年二季度，南非制造业产出环比下降 1.2%。其中，2015 年 6 月，制造业生产同比下降 0.4%，石油、化工产品、橡胶和塑料制品降幅达 4.9%；2015 年 11 月，南非制造业产出同比下降 1%，降幅较 10 月有所收窄。

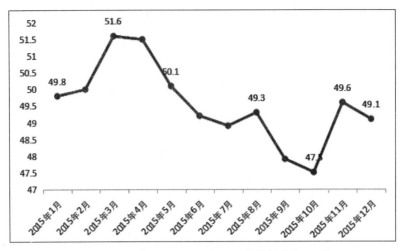

图5-7　2015年1月—2015年12月南非制造业PMI值

数据来源：汇丰银行，2016年1月。

（二）贸易逆差不断扩大

受国外市场需求不足、兰特贬值、主权信用状况和消费者财务状况恶化等国内外因素的共同影响，南非贸易困境加剧。据南非国税局统计，2015年4月，南非进口下降4.8%，出口下降7.5%，贸易逆差为1.5亿美元，较3月有所扩大。其中，汽车和运输设备、机械和电子产品等进口不振，汽车和运输设备、矿产品、纺织品等出口表现不佳。2015年1—11月，南非累计贸易逆差为3.5亿美元，同比下降42.1%。2015年12月，南非贸易活动指数降至39，为近六年以来最低。

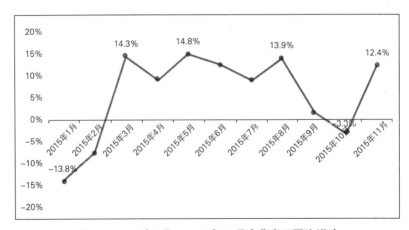

图5-8　2015年1月—2015年11月南非出口同比增速

数据来源：南非纳税服务部，2016年1月。

（三）就业形势严峻

南非是失业率较高的国家，其失业率长期保持在约 25% 的高位，增加就业人数一直是南非政府经济政策的核心目标。但南非经济走势低迷，劳动力增长快于就业岗位增加，致使 2015 年南非失业率不断上升。据南非统计局统计，2015 年第一季度，南非失业率攀升至 26.4%，达到 12 年以来的最高值。2015 年二季度，南非非农部门正式就业人口为 894.4 万人，同比减少 16.1 万人。

（四）汽车工业发展后劲足

汽车工业是南非最大的支柱产业，约占南非制造业产出的 29%。目前，大众、宝马、丰田等许多国际知名品牌都在南非建有工厂。受南非经济增速放缓及成品油价格上调导致的国内购车者趋于谨慎等因素影响，2015 年南非汽车行业销量大幅下滑。据南非汽车制造商协会发布数据显示，2015 年 5 月，南非国内新车销售同比下降 3.2%。2015 年 6 月，南非国内新车销售 50251 台，同比下降 4.8%，为近一年以来最大降幅。2015 年 12 月，南非汽车销量 49250 辆，同比下降 4.2%。为促进汽车工业发展，2015 年南非政府开始施行国家奖励措施，吸引全球重要汽车制造商在南非投资建厂。2015 年 8 月，大众集团计划在南非投资 3.4 亿美元生产新产品，并进行基础设施建设。2015 年 11 月，日产汽车集团宣布计划 2018年在南非投产一款全新皮卡，以实现该地区工厂产能翻倍；宝马宣布将在南非投资 4.17 亿美元投产 X3 型 SUV，宝马 X3 将落户南非 Rosslyn 工厂。随着全球各大跨国企业的投资带动，南非汽车工业发展后劲充足。

二、产业布局

南非产业集中于几个大城市及周围地区，而广大黑人居住地及城镇则没有稍有规模的工业。长期以来，南非工业集中于四个地区，它们是比列陀利亚地区—维特瓦特斯兰德—弗里尼欣三角地区、德班—派思城地区、伊丽莎白港—尤膝哈格地区和开普半岛。这些地区只占全国面积的 3%，却拥有全国 73% 的工厂，生产全国 80% 的工业品，雇佣 76% 的工人。这四个工业区，除威瓦斯兰工业区是因为当地矿业兴起应需要而建立的工业区外，其他三区均为海港，是利用海港运输上的便利，辅以当地较廉价的劳工及市场而兴起的工业区。其中，威瓦斯兰工业区西起兰德芳坦，东至斯普令，长约 100 公里，为南非共和国最大的工业区，产品约占全国工业成品的 40%，主要有机械工业（以制造矿用机械为主）、服装工业、钻石工业及日用品工业等。开普敦工业区是为利用港口输入原料便利而兴起的工业区，有纺织工业、服装工业、汽车装配业及炼油工业，工业产品约占全国的15.5%。德班工业区是以造船工业、化学工业、炼油工业为主，占全国产品的15%。伊丽莎白港工业区主要是轮胎工业、制鞋工业及汽车装配业等。

三、政策动向

为应对经济增速下滑，稳增长和增加就业成为南非政府2015年经济政策调整的主旋律。南非政府相继推出了扩大基础设施建设领域投入、为中小企业减税等多项措施，加快调整本国产业结构，试图寻找新的经济增长点。2015年2月，南非总统祖马在2015年度国情咨文中提出刺激经济增长和增加就业的九大领域主要包括：解决电力短缺问题；重振农业和农产品加工产业；提振选矿和增加矿产资源附加值；更有效执行工业发展规划；鼓励私人投资；缓解劳资冲突；挖掘中小微企业和乡镇企业发展潜力；改革国有企业；发展海洋经济等。

2015年3月，南非贸工部表示，南非各省共计3384家私人企业已从南非贸工部2013/2014财年推出的136亿兰特刺激计划中获益。贸工部此举对促进南非经济转型、创造就业、拉动出口做出了积极贡献。此外，786个特定行业扶持计划进一步扩大了企业受益面，支持1012家新兴出口商参加海外知名展会也为南非企业提供了宣传展示产品的机会。2015年6月，南非内阁通过了《投资促进与保护法案》修正案，该法案旨在将外资和内资纳入同一管理框架，并最终取代《双边投资条约草案》。为有效保障外国投资者的合法权益，梳理整合当前碎片化的出口促进政策，2015年7月，贸工部对《投资促进和保护法案》仲裁条款进行修订，并考虑以双边仲裁安排取代此前草案中规定外国投资者仅可以在南非当地法律机构提请诉讼的条款。2015年7月，南非政府投入1万亿兰特支持基础设施建设，并将为中小型企业经营创造良好环境。从南非出台的一系列产业政策可以看出，南非政府不断拓宽产业道路，推进工业生产向内陆转移，鼓励投资和制造业深加工的发展，提高就业率和中小企业数量。

四、发展趋势

（一）制造业有望实现微弱增长

由于南非频发罢工、电力短缺发展瓶颈、劳动力市场问题、疲软的国内市场需求和国际能源资源价格大幅下跌等因素的存在，南非经济形势不断恶化。目前，国内经济金融风险有所上升，制约经济增长的短期因素和中长期因素复杂交织，经济低速缓慢增长态势已成定局。随着短期内南非劳资纠纷或电力故障问题进一步恶化，基础建设部分放缓，南非制造业发展后劲不足。为促进制造业发展，提升制造业竞争力，南非贸工部推出金额达 57.5 亿兰特的制造业竞争力提升计划，随着一批外资企业纷纷投资南非制造业，南非正在积极承接全球产业转移，将会有助于南非制造业实现微弱增长。

（二）出口将保持在低速增长水平

出口对南非经济具有举足轻重的影响，约占南非 GDP 的 30%。其中，欧盟是南非最大的制成品市场，目前南非对欧洲的出口约占南非总出口的 20%。东南非共同市场早在 2000 年就启动成员国 90% 的产品互免关税，现在扩大到东非共同体、南部非洲发展共同体，这对南非来讲，将面临一个扩大两倍的市场。南非政府近年来出台的一系列保增长、促就业的经济调整政策，以及新兴经济体对南非投资和贸易的不断增长，将在一定程度上促进南非贸易的发展，使南非出口保持在低速增长的水平上。

（三）工业绿色转型步伐不断加快

南非的工业发展正由传统模式向绿色工业经济转型，南非政府已经出台一系列鼓励措施包括对环保和绿色经济企业的政策倾斜和税收优惠，鼓励私营企业投资绿色经济，着力解决能源短缺问题。在南非政府推出的"可再生能源保护价格"、"可再生能源财政补贴计划"、"可再生能源市场转化工程"、"可再生能源凭证交易"以及"南非风能工程"等一系列财政措施支持下，南非绿色工业将得到快速发展。在新能源领域，南非政府鼓励吸引私人投资进入可再生能源领域，截止到 2015 年 8 月南非已有 40 个可再生能源项目投入使用，50 个项目在建。据南非能源部统计，2011 年以来南非可再生能源领域吸纳 1930 亿兰特私人投资，累计生产了 632.7 万千瓦清洁能源。绿色清洁能源将成为南非未来能源发展的主要趋势。

五、企业动态

受国际大宗商品大幅下跌、南非国内电力供应不足、商业信心不振、劳工关系紧张等国内外因素影响，2015 年南非企业经营处境困难。据联合国贸易和发展会议《2015 世界投资报告》，2014 年南非吸引外商直接投资 58 亿美元，同比下降 31.2%。在制药领域，2014 年，南非最大药企 Aspen 本地业务收入仅占企业总收入的不到 1/4。由于南非本地营业收入大幅萎缩，Aspen 于 2015 年 5 月出售部分南非本地业务给美国制药商 Endo 在南分公司。在有色金属领域，2014 年，南非新兴钻石公司 DiamondCorp 亏损 6000 万兰特。2015 年上半年，南非铝业生产商和出口商 Hulamin 公司销售额下降 16%，营业利润缩水 34%。但由于受去年同期该公司遭遇大规模罢工拉低同比基数的原因，2015 年一季度，南非第二大铂金生产商英帕拉公司铂产量为 30.1 万盎司，同比大增 47%。在消费品领域，武装抢劫事件频发和拉闸限电等因素导致南非零售集团 Shoprite 公司运营成本增加 30 亿兰特，占营业额和利润的比重分别为 2.5% 和 13%。在交通运输领域，2015 年 7 月，南非航空公司表示将在未来 3 年内削减 22 亿兰特成本，其中将通过裁员减少 9 亿兰特支出。南非航空计划在 2015/2016 财年实现扣除利息费用、应纳税额、折旧和摊销前收入 13 亿兰特。但并不是所有行业都一片惨淡，2015 年，南非纺织服装、鞋类、皮具制造企业生产形势良好。连锁超市沃尔沃思 (Woolworths) 和南非时装零售商楚沃斯 (Truworths) 发布财务数据显示，两家公司营业额同比分别增长 17.1% 和 36%，沃尔沃思服装销售额同比增长 11.7%，大大超出市场预期。

第六章　拉美

第一节　发展概况

一、现状特点

2015 年，拉美地区经济表现整体不如上一年，多数国家经济发展状况不佳。根据拉美及加勒比地区经济委员会年中预测，2015 年拉美和加勒比地区经济平均增长速度将仅为 0.5%，其中，中美洲地区和墨西哥增长 2.8%，加勒比地区增长 1.7%，而南美洲经济最困难将有 0.4% 的下降。2016 年 1 月世界银行发布的《全球经济展望》表明，巴西、委内瑞拉等国经济萎缩态势明显，阿根廷政府出台的经济政策短期内无法起到作用，因此世界银行对于阿根廷未来的经济增长做出了较低的预期。

从次区域数据看，将拉美和加勒比地区分为南美、中美洲、墨西哥和英语及荷语加勒比，经济增长分别为 0.7%、3.7%、2.1% 和 1.9%；与去年相比，南美洲和中美洲分别放缓 2.1 和 0.3 个百分点，墨西哥和英荷加勒比分别有小幅加快。从 2014 全年的经济增长来看，第一季度和第二季度的经济增速明显减慢，下半年三、四季度增速有所回升，第二季度的放缓最为严重，当时达到连续第四个季度放缓。

美洲开发银行 2015 年 12 月 14 日公布的《2015 年拉美及加勒比地区贸易趋势预测》中显示，拉美及加勒比地区预期 2015 年货物出口贸易将达到约 9150 亿美元，同比降低 14%，已经是该地区连续三年下降。

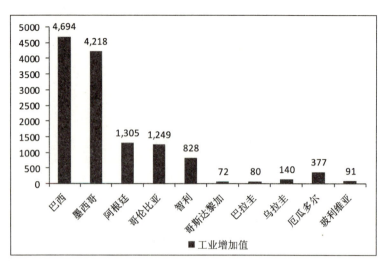

图6-1 2014年拉美主要国家工业增加值(单位：亿美元)

数据来源：世界银行，2016 年 1 月。

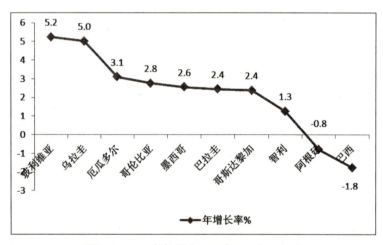

图6-2 2014年拉美主要国家工业年增长率

数据来源：世界银行，2016 年 2 月。

数据上，拉美工业增速较快的国家为玻利维亚、乌拉圭和厄瓜多尔，智利、阿根廷、巴西工业增加值虽然较高，但是增速缓慢，甚至出现负增长。总体而言，拉美工业发展主要呈现以下特点：

（一）拉美地区工业发展水平整体不高

2014 年，拉美区域工业增长依然呈现不平衡和内部区域差异加大的趋势，整体发展水平不高。就国别而言，玻利维亚和乌拉圭工业增加值增速较高，但两国经济体量不大，因此对整个拉美地区工业影响力有限。而巴西和阿根廷工业增长表现较差，工业产值分别同比下降1.8%和0.8%。2014年拉美各国制造业在GDP中占比也出现一定程度的变化。其中巴西、墨西哥、哥伦比亚、玻利维亚和阿根廷与去年相比均出现下降，而乌拉圭、厄瓜多尔小幅上升。

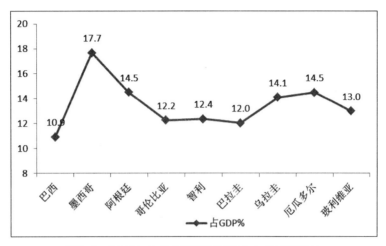

图6-3　2014年拉美主要国家制造业占GDP百分比

数据来源：世界银行，2016年2月。

（二）主要国家出口表现较差

受到国际油价和大宗商品价格大幅下滑，以及新兴市场国家经济增速放缓需求不足影响，2015年拉美地区国家出口总体表现较差。其中，墨西哥预计降低4%，中美洲地区国家预计降低7%，加勒比国家出口整体下降23%。拉美地区为矿产品出口主要地区，全球矿产品需求萎缩导致出口严重下降。在拉美24个国家中，仅有萨尔瓦多和危地马拉两国出口继续保持增长势头，增长分别达6%和2%，而委内瑞拉、特立尼达和多巴哥、哥伦比亚、厄瓜多尔以及玻利维亚的出口降幅明显，分别下降了49%、27%、35%、28%和32%。全球对于矿石、原油、金属、农产品等需求减弱是造成拉美下半年出口下降的重要因素，中国、美国、欧盟自拉美进口分别下降14%、7%和18%。与此同时，拉美产品出口价格也有大幅下降。

（三）吸引外资有所下降

拉美和加勒比地区经济委员会的近期数据显示，2015年上半年拉美和加勒比地区吸引外资额为887.17亿美元，同比下降21%，出现较大的下降。其主要原因仍为全球大宗商品价格下跌，矿石和石油投资减少。与此同时，拉美地区对外投资也同比减少7%，墨西哥在吸引外资方面减少8%。2014年全年，拉美和加勒比地区吸引外资1588.03亿美元，下降16%，巴西、墨西哥、智利是该地区吸引外资排名前三位的国家，分别吸引外资1929.33亿美元、227.95亿美元和220.02亿美元。

二、发展趋势

（一）总体经济形势不容乐观

2015年，拉美地区经济总体发展情况不及上一年，加上全球经济发展依然面临重大困境，拉美地区对于大宗商品和美国等发达国家的依赖，2016年拉美经济形势想要彻底摆脱不利局面依然不容乐观。委内瑞拉国内经济对于石油产品需求依赖程度较大，而智利对于铜矿等产品依赖程度较高，阿根廷国内金融改革等任务尚未实现。据预测，受政治、经济、资源等多项因素的制约，除乌拉圭、哥伦比亚等少数国家经济形势向好外，拉美地区未来仍然无法走出经济衰退。

（二）工业实现快速发展存在较大困难

拉美各国工业领域面临各自问题，如巴西面临经济衰退、通胀高企加之政治矛盾和社会环境问题，委内瑞拉、智利等国面临原材料价格走低等问题，工业实现快速发展面临很大困难。而墨西哥有望依靠美国经济表现良好的带动作用，成为拉美地区工业发展表现较好的国家。国际油价持续低迷且有可能出现进一步下跌趋势，对拉美地区众多以能源出口或大宗商品出口为主的国家来说，都会对工业快速发展形成阻碍。

（三）工业领域国际合作日益活跃

近年来，拉美地区工业主要以传统产业为主，电子信息和通信业、新能源新材料等新兴产业发展不尽如人意。未来拉美地区在工业领域会进一步深化与美国、日本、中国、欧盟等国家的合作。在汽车领域，拉美各国已经同全球主要汽车品牌展开深入合作，日本的本田汽车将在墨西哥建厂，中国的奇瑞、江淮等自主品牌也已在巴西设立工厂开展整车生产。在新能源领域，从智利到巴西，从秘鲁到洪都拉斯，拉美发展可再生能源的自然条件和产业发展条件都已具备。智利已经批准了 76 个太阳能和风电项目，巴西在 2014 年柴油燃料中混合生物燃油的比例提高至 7%。

第二节　重点国别

一、墨西哥

（一）发展概况

工业是墨西哥国民经济中最重要的部门之一，墨西哥拥有比较完整且多样化的工业体系，基础设施完备，主要分为轻工业和重工业两大部门，其中轻工业包括食品、纺织、制革、服装、造纸等行业，重工业以钢铁、化工、汽车、机器制造等为主。其中，据世界银行最新统计数据，2014 年墨西哥制造业年增长率达到 3.93%。墨西哥统计局数据显示，2015 年 10 月份，墨西哥产业活动同比增长 1.0%，11 月份同比没有变化。分行业看，制造业 2015 年 10 月增长 2.5%，11 月为 1.4%；矿业在 10 月和 11 月均呈现下滑趋势，连续下降 4.3%。11 月墨西哥水电气行业同比增长 5%。墨西哥是非欧佩克产油国，石油工业为墨西哥财政做出了重要贡献。目前墨西哥在石油生产方面排名全球第六，受国际油价持续低迷影响，2015 年墨西哥日均生产原油量降至 2306 万桶，日均生产天然气量也有所下降，墨西哥国家石油公司天然气生产部门表示该公司天然气生产减少，国家天然气供给紧缺。2014 年，墨西哥工业增加值增长 2.56%。墨西哥作为拉美地区制造业的代表，工业发展水平较高，受到北美自由贸易协定签署的影响，贸易壁垒消除，墨西哥制造业在北美以及南美地区面临着良好机遇。然而近年来，墨西哥制造业非但没有迎来飞速发展，反而呈现萎靡之势。制造业在 GDP 中占比从 20 世纪 80 年代的 23% 下降到了如今的 17.6%。对美国经济的高度依赖，让墨西哥制造业在对外贸易中的比重达到 70%，然而对于国内经济和就业率影响却十分有限。2015 年，墨西哥水电天然气、建筑业和制造业增长水平有限，采矿业甚至出现下降。其中汽车产业发展表现较为突出，2015 年，墨西哥汽车出口 275.6 万辆，其中对美国汽车出口 199 万辆，同比增长 6.3%。2015 年第一季度，墨西哥钢产量同比降 6.6%，钢铁进口则增了 15.2%。

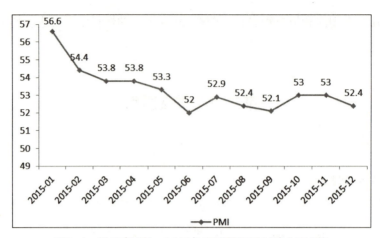

图6-4 2015年1月—2015年12月墨西哥制造业PMI值

数据来源：汇丰银行，2016年1月。

1. 工业生产整体稳中有升

2015年，墨西哥工业生产指数全年水平呈现上升趋势，1月工业生产指数为104.5,2到4月略有波动，此后一直呈现上升状态，10月为全年工业生产指数最高点，达到113.3。制造业生产指数比工业生产指数略高，变化趋势相似。自北美自贸协定签署以来，墨西哥制造业经历了结构调整和产业集中化发展，部分产业发展良好，如汽车产业和零部件产业，而纺织、玩具等制造业正在逐渐被淘汰，甚至完全消失。然而，随着中国劳动力成本不断上升，墨西哥制造业继而成为全球投资热点，也成为中国制造企业投资的热点地区，两国制造业工人平均工资从2013年显现出较大差异，到2015年进一步加大。

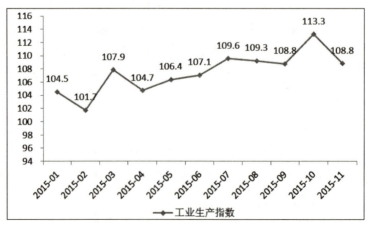

图6-5 2015年1月—2015年11月墨西哥工业生产指数

数据来源：汇丰银行，2016年1月。

2. 汽车产业产能继续提升, 持续成为工业发展热点

2015 年, 墨西哥汽车产业在拉美地区继续保持领先地位, 成为拉动工业发展的重要动力。2015 年, 墨西哥共生产汽车 340 万辆, 同比增长 5.6%, 出口 276 万辆, 同比增长 4.4%, 其中对美国汽车出口 199 万辆, 同比增长 6.3%。墨西哥的汽车出口市场主要是美国、加拿大和德国, 此外拉美的秘鲁和智利也是重要的出口目的地。2015 年, 墨西哥在以上区域的出口均有所增长, 但在巴西和中国的出口却呈现下降的趋势。2015 年, 墨西哥产量处于前十位的品牌包括, 尼桑、通用、大众、福特、马自达、本田、丰田等。墨西哥汽车市场在品牌集中度上程度较高, 其中产量排名前三位的汽车品牌产量占总产量的比重达 59.3%, 产量居前五位的产量占总量则高达 85.6%。尼桑产量达到 82.3 万辆, 同比增长 2.1%, 占总产量比例为 24.2%。出口量位于前三位的品牌为通用、尼桑和克莱斯勒的 FCA México。2015 年, 墨西哥国内汽车市场销量为 135.16 万辆, 同比增长 19%。国内市场上的主要汽车品牌包括尼桑、通用和大众, 其中尼桑市场占有率为 25.7%, 通用为 19%, 大众为 16.2%, 马自达汽车的销量增加最多。

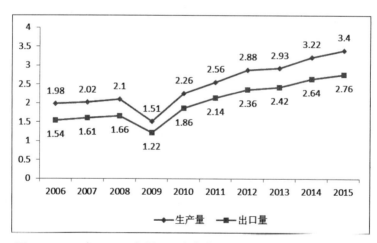

图6-6 2006年—2015年墨西哥汽车产量和出口量（单位：百万辆）

数据来源：墨西哥汽车行业协会，2016 年 1 月。

3. 受国际油价影响墨西哥能源部门继续严重亏损

墨西哥矿产资源储备丰富, 主要的能源矿产资源包括石油、天然气、铀和煤等。据美国地质调查局（USGS）2000 年对全球待发现油气资源所作的评估, 墨西哥待发现的石油资源量为 31 亿吨, 天然气为 1.39 万亿立方米。墨西哥丰富的

自然资源为工业增长提供了重要支撑。2013年底，为推动本国产业结构调整和升级，墨西哥启动了石油改革法案，能源改革将允许私人和外国企业进入墨能源市场，将打破垄断，大幅降低发电成本。同时也将推动其他相关服务业和新兴产业的发展，例如海底铺设管道、深海钻探、造船、化肥生产等。受国际油价大幅下跌和墨西哥比索大幅下跌的影响，据墨西哥财政部统计，截至2015年底，墨西哥石油收入为6600.79亿比索（约合400亿美元），创近12年来新低。据墨西哥国家石油公司统计数据，2015年1—10月，墨西哥石油出口收入为164.85亿美元，比上年同期下降47%，预计2015年墨国家石油公司亏损额将创历史最高纪录。

4. 充裕的廉价劳动力推动墨西哥制造业吸引外商投资

墨西哥就业环境改善，劳动力市场活跃，失业人口减少。2015年第三季度，墨西哥失业率为4.2%，已经成为近7年来的最低值，失业人口为240万，就业人口5070万人，比2014年增长130万人。目前墨西哥制造业个人收入比中国低11%，显示出劳动力成本大幅下降。未来，廉价充裕的劳动力市场将进一步吸引全球制造业企业赴墨开展投资建厂等经济活动。

（二）产业布局

20世纪80年代以来的贸易自由化促进了墨西哥产业布局改变，工业开始向靠近美国市场的北部州转移，北部和西北部的墨—美边境地区成为墨西哥新的制造业中心，并以此为中心向周边地区辐射。墨西哥中部和南部地区出现了非工业化和第三产业化的趋势。中部地区服务业增长迅速，成为全国服务业最发达的地区，外国跨国公司拥有的金融服务业、民航和商业机构主要集中在墨西哥城及周围城市。由于经济的开放和宏观经济政策的调整，中部地区的传统工业部门面临国外进口产品的激烈竞争，处境困难。除了纺织业和电子产品、汽车业仍然具有一定竞争力外，中部地区的其他传统产业都逐渐萎缩。南部地区主要从事农业、农产品的加工以及石油化工。近年来，随着中部和北部劳动力价格的上涨，北部、中部的一些劳动密集型产业开始向南部地区转移，但目前内部地区经济仍然以农业为主。

分行业看，墨西哥纺织行业主要集中在墨西哥州及周围地区，墨西哥州占31.5%；墨西哥联邦区占17.5%；普埃布拉州占11.7%；依达尔戈州占7.0%；

哈利科州占 4.5%；阿瓜斯卡连特斯州占 3.5%；其他州占 24.3%。瓜达拉哈拉是美国在墨西哥电子产品的生产基地。美国著名的电子产品连锁店"电子城"出售的索尼网络电视顶置盒、3corn 的掌上电脑、惠普新的打印机和强生血糖测试仪，都是美国的费雷克电子公司在墨西哥瓜达拉哈拉的工厂产品。墨西哥汽车生产企业主要在以下各州进行生产，包括阿瓜斯卡连特斯、下加利福尼亚、奇瓦瓦、联邦区、哈利斯科、墨西哥州、新莱昂、普埃布拉、克雷塔罗、圣路易斯波托西、索诺拉、瓜纳华托等。通用、奔驰和尼桑汽车公司在阿瓜斯卡利埃特洲、瓜纳华多洲建有汽车厂。

（三）政策动向

2015 年 11 月，墨西哥经济部在墨西哥工业年会中，提出了墨西哥工业政策的五大核心内容，其中强调了制造业创新、加强对外贸易和优化经商环境等促进工业发展的重心和要点。具体内容如下：一是以创新为基础的促进政策，是 21 世纪制造业和生产链形成的关键要素；二是加强外贸和投资政策，填补价值链空隙；三是推动形成创业文化、扶持中小微企业发展，将中小微企业融入全球生产链；四是优化营商环境，简化公司手续，行政审批网络化；五是致力于完善服务企业和消费者的高效市场职能。

2015 年 7 月，墨西哥国会提出要求，希望墨西哥政府保护和支持钢铁工业发展，以此来改善钢铁贸易的不公平进口对国内经济和就业的负面影响。国会要求墨西哥政府，加强调整钢铁生产和销售链政策的落实，限制来自其他国家的非法进口，以此防止价格与实际不符而对当地市场造成严重的冲击。墨西哥当地的钢铁企业也认为不公平的进口贸易逐渐削弱了当地钢厂的生产。此外，自行车生产企业、纺织企业和鞋类企业也纷纷要求政府出台保护政策，保护国内企业免受来自于国际厂商的竞争。

（四）企业动态

在 2015 年世界 500 强排名中，墨西哥依旧有 3 家企业入选。其中，墨西哥国家石油公司位列第 47 位，比去年排名有所降低，墨西哥国家石油公司（Petroleos Mexicanos，PEMEX）是墨西哥最大的石油和化工公司、全球第三大原油生产企业和第八大石油和天然气公司，是墨西哥唯一的石油公司。美洲电信公司位列155 位，比去年上升 1 位。墨西哥国家电力公司（CFE）位列 378 位，2014 年名列 380 位，上升 2 位，该企业是墨西哥电力工业中的主导力量，占墨西哥发电容量的 92% 并且拥有全部的输配电系统，此外还拥有所有地热发电和核电容量。CFE 是墨西哥国家电网的所有者，提供发电、输电和配电一体化服务。2015 年 10 月，墨西哥宣布将与中国交通建设公司合作在墨西哥建立工业园，未来将对工业园的可行性和入驻企业进行评估分析。墨西哥钢铁企业 ArcelorMittal 也于 2015 年进行了大规模裁员，裁员规模约 4000 人。

二、阿根廷

（一）发展概况

自 20 世纪 30 年代起，阿根廷逐步进入进口替代的工业发展阶段，由农牧业国发展成为以农业为基础、工业占主导地位的国家，工业占国民生产总值的比例大约为 1/3。阿根廷是拉美国家中发达程度最高和最富裕的国家。阿根廷经济在 2012 年—2014 年增长持续较低，其中 2012 和 2013 年 GDP 增长率为 0.8% 和 2.9%。阿根廷 2014 年 GDP 构成中，农业、工业和服务业的占比分别为 10.4%、29.6% 和 60.1%，投资、消费和出口在 GDP 中占比分别为 17.3%、83.3% 和 16%。阿根廷工业门类较齐全，主要有钢铁、电力、汽车、石油、化工、纺织、机械、食品等。钢产量居拉美前列。机器制造业具有相当水平，其生产的飞机已打入国际市场。食品加工业较为先进，主要有肉类加工、乳制品、粮食加工、水

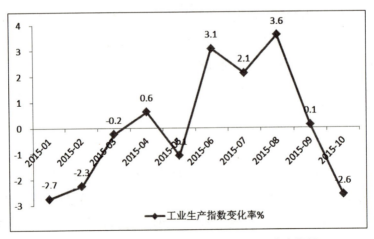

图6-7 2015年1月—2015年10月阿根廷工业生产指数(%)

数据来源：阿根廷统计局，2016 年 1 月。

果加工和酿酒等行业。2014 年阿根廷 GDP 增长率为 0.5%。GDP 总量为 5402 亿美元，人均 GDP 为 12922 美元。通胀率高达 23.9%，为近十二年来最高水平。阿根廷工业体系主要以进口装配为主，在生产过程中涉及的生产设备、零部件等多依赖进口，外汇储备短缺成为制约阿根廷经济发展的瓶颈。2014—2015 年，阿根廷工业发展状况陷入不利状态。据阿根廷工业季度统计数据显示，2015 年 4 月，阿根廷工业产值下降 1.5%，已呈现连续 21 个月下降状态。根据拉美经济调查基金会统计数据显示，2014 年 7 月阿根廷工业产值同比下降 5.5%，其中 1—7 月累计下降 4.2%。

1. 工业生产指数严重下降

阿根廷国家统计局的数据显示，2015 年全年阿根廷工业指数波动较大，其中 2015 年 1 月降幅高达 2.7%，2015 年 10 月，同比下降 2.6%，5 个月生产指数呈现下降。由于阿根廷国内经济不振，消费能力减弱，2015 年阿根廷汽车出口量显著下降，出口 24.57 万辆，同比下降 31%。2015 年全年数据显示，阿根廷消费者信心指数比 2014 年上升 8.1%，增幅较大。同时，受拉美地区巴西、墨西哥等国经济不振影响，阿根廷多种制造业产品出口出现下降。阿根廷政府希望通过政策能够在短期内缓解汽车行业发展困境，包括降低汽车消费税、放松汽车进口限制和提高国内购车信贷优惠等措施。

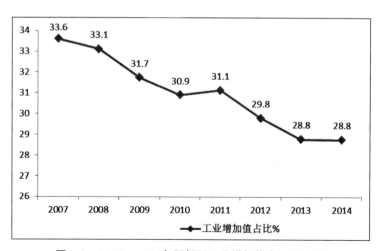

图6-8　2007—2014年阿根廷工业增加值占GDP比重

数据来源：世界银行，2016 年 1 月。

2. 贸易顺差大幅下滑

由于出口产品竞争力不足、外汇管制、通货膨胀、出口商品结构、本地生产不足导致进口增长、公共和私营部门投资率低、贸易管制严格和贸易融资困难等多项原因，阿根廷贸易顺差显著下降。据阿根廷统计局数据显示，2015 年 1—10月阿根廷货物进出口额为 1031.3 亿美元，其中出口 524.68 亿美元，下降 16%；进口 506.62 亿美元，下降 10%。贸易顺差 18.06 亿美元，同比下降 70%。阿根廷目前面临着比索贬值问题，美元需求持续增强，未来阿根廷比索贬值压力短期内难以缓解，阿根廷对其主要贸易伙伴巴西、中国、美国等出口额也大幅下降。目前，阿根廷政府正面临着能源贸易逆差扩大、外汇储备减少和外汇市场重组等挑战，贸易顺差的大幅下滑无疑对阿根廷工业发展继续造成冲击。

3. 汽车工业产量下降严重

阿根廷生产商协会数据显示，2015 年阿根廷汽车产量为 54.35 万辆，比2014 年下降 12%，销售汽车 64.36 辆。2015 年阿根廷汽车产、销量以及出口量均出现严重下降。2015 年，阿根廷出口汽车 24.57 辆，同比下降 31%，其中 1—7 月出口量为 15.4125 万辆，同比下降了 21.1%。影响汽车出口的主要原因来自于主要出口国巴西市场的经济不振引发需求萎缩。

（二）产业布局

阿根廷工业空间分布不均衡，主要集中在布宜诺斯艾利斯省和科尔多瓦省，内地省份工业基础薄弱。阿根廷的核工业发展水平居拉美前列，现拥有三座运行中的核电站。罗萨里奥市经济十分发达，已成为阿根廷最重要的工业港口城市。该市拥有先进的食品加工、制革、造纸、机械工业，有发达的公路及铁路网与阿根廷各地相连。从罗萨里奥到拉普拉塔河道沿海地带是阿根廷的工业中心。阿根廷工业技术水平在拉美国家中属前列，从事工业的劳动力人口占全国人口的23%。其中，阿根廷钢铁产量居拉美第三位，全国共有 6 家大型钢铁厂，钢铁工业集中在罗萨里奥到圣尼古拉斯一带。阿根廷的汽车工业也是重要的工业部门之一。美国、法国、德国和意大利汽车制造厂家在哥多华、布宜诺斯艾利斯等设立了许多工厂。

（三）政策动向

2014 年 12 月，阿根廷通过了"数字阿根廷"法替代了自 1972 年以来沿用的电信法规。按照法律规定的职责，阿根廷新设立的电信监管机构 AFTIC 将负责监管牌照拍卖和网络开放，为网络中立给出指导方针，并对企业是否拥有"显著市场力量"给出明确定义。"数字阿根廷"法给电信运营商提供的网络连接速率划定了下限，并且这个最低网速每两年将被修改一次。阿根廷的电信服务有很大的改进空间。根据泛美开发银行的一份报告，阿根廷的宽带互联网普及率在拉丁美洲被纳入统计的 26 个国家和地区中排名第 8，前 7 位依次是智利、巴巴多斯岛、巴西、巴拿马、乌拉圭、哥伦比亚和墨西哥。阿根廷的有线电视和互联网服务的费用也较高，每月为 800 比索（约合 555.6 元人民币）。

2014 年 1 月，阿根廷出台了应对货币贬值的相关措施。受自身经济状况恶化和新兴市场投资环境变动等不利因素影响，阿根廷比索近日大幅贬值近 14%，创 12 年来单日贬值最高纪录。阿根廷政府随后采取了诸如放松外汇管制、提高基准利率、减少商业银行外汇资本总量和敦促谷物大豆出口商结汇等干预性措施。

（四）企业动态

阿根廷企业在海外的投资主要集中在钢铁、食品和制药等领域，在电子产品和其他高技术产业领域的投资不多。2015 年阿根廷尚未有进入全球 500 强企业排名行列的企业。2012 年，阿根廷私人咨询公司和西班牙分析与调查研究机构共同调研并公布了阿根廷声誉百佳企业排行榜。在该排行榜中，阿根廷食品企业雅可集团（Arcor）连续第三年排名第一位，排在第 2—9 名的企业分别为阿冶金钢铁企业德兴集团（Techint）、联合利华（Unilever）、可口可乐（Coca-cola）、阿啤酒公司基尔梅斯（Quilmes）、谷歌（Google）、大众（Volkswagen）、阿乳业巨头 Mastellone Hnos.、阿制药企业霸科（Bagó）和雀巢（Nestlé）。在阿根廷研究机构的调查中，阿根廷 58% 的大企业对于未来的经济形势缺乏信心，认为经济会继续恶化，企业面临收益降低，人员冗余等问题。2014 年上半年，阿根廷 44% 的企业收益下降，降幅 5%—10%。阿国内设备利用率不足 85%，企业缺乏进行再投资和创新的动力。在对外合作方面，2015 年 6 月 29 日，山东润丰化工与阿根廷 Green Crop 公司签订投资控股协议，根据该协议于近日完成相关款项的支付及股份股权的转移，润丰成为 Green Crop 的控股股东。本次投资完成后，润丰会将其农化制剂研发、制剂加工生产过程管理、品质管控等体系导入 Green Crop。2016 年初，阿根廷国有石油公司与美国能源合伙企业签署了 5 亿美元的油气开发协议，未来将合作开发阿根廷境内的页岩油气田。

三、乌拉圭

（一）发展概况

乌拉圭地处南美洲的东南部，是一个典型的农牧业国家，工业主要以农牧产品加工为主，经济主要依赖出口。农业、畜牧业、服务业、IT 和软件业是乌拉圭的四大优势产业。受国际农牧产品价格持续走低等因素影响，近两年乌拉圭经济增速不断放缓。2014 年，乌拉圭国内生产总值 575.69 亿美元，同比增长 3.5%，人均生产总值 16734 美元，全年通货膨胀率约为 8%，失业率 6.7%。其中，工业产值占 GDP 比重为 23.4%。在拉美地区，2014 年乌拉圭经济增长形势较好，虽不及 2013 年的 5.1%，但与拉美地区周边国家形成鲜明对比。工业增速也较快，工业年增长率达到 5%。乌拉圭虽然对国际农牧产品出口有较大的依赖性，但是也保持了一定的经济独立性。中乌双方已经在汽车制造、电信、金融、化工等领域开展了产业项目合作，未来将进一步推动在科技和基础设施建设上的合作。

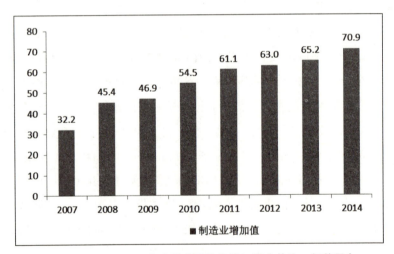

图6-9　2007—2014年乌拉圭制造业增加值（单位：亿美元）

数据来源：世界银行，2015 年 3 月。

（二）产业布局

乌拉圭工业主要以农牧产品加工为主，近年来，服务业和软件行业、新能源等产业也成为乌拉圭工业发展的主要方向，但目前这些行业发展尚属起步阶段，无法形成自身规模与优势。

农牧产品加工业。乌拉圭是畜牧业发达国家,农牧加工业主要包括肉类加工、榨油、酿酒、制糖等食品加工业和羊毛加工、棉纺生产和化纤生产等纺织业。近年来,乌拉圭政府提出继续保持传统农牧业发展优势、改善农牧业产品结构,提升农牧业产品附加值的发展目标。乌拉圭政府对畜产品品质的注重及农牧产品加工优先发展的政策定位,为中乌畜牧业领域的投资合作提供了契机。截至目前,乌已有17家乳制品企业开展对华出口,乌拉圭奶粉大批量进入中国市场。因此,未来双方应继续将扩大畜产品贸易合作和投资合作作为深化畜牧领域合作的重点方向。

农药化工行业。乌拉圭可耕地面积占全国面积的90%,主要的农作物有小麦、水稻、高粱和玉米。为保证农产品产量和质量,乌拉圭农药化肥的需求量很大。2011年乌拉圭农药进口量为41634吨,同比增长9.1%;进口农药产品主要包括除草剂、杀菌剂和杀虫剂等。进口国主要为中国、阿根廷、巴西、美国等。2011年从中国进口相关产品达到2452吨,价值1613万美元。乌拉圭拥有巨大的农药化工需求市场,中乌双方应不断加强在农药化工领域的合作。

风电产业。乌拉圭政府注重可再生能源发展,2008年出台了第一个国家层面的能源政策,并制定了到2015年要完成300MW风电装机量及90%的电力来自可再生能源的具体目标。2013年,乌拉圭国家电力公司(UTE)投资约20亿美元用于发展风电产业,并批准了20个风电场的项目。2014年,乌拉圭可再生能源发电占全部发电量的84%。预计到2015年底,乌拉圭风力发电将占总发电量的30%,形成以水电、火电、风电、生物质能发电四部分组成的综合供电网。目前,乌拉圭风电产业在整个美洲地区已处于领先地位。

乌拉圭近年来开始发展软件服务行业,产品以出口为主,为乌拉圭经济领域注入了新的活力。2014年,在全球信息技术和通讯业发展指数排名中,乌拉圭是拉丁美洲最先进的国家之一。全国有超过250家软件开发企业,80家互联网和数据供应商,2012年软件出口到全球50多个国家,出口额接近300万美元。近10年来,乌拉圭软件出口保持了年均12%的增长速度。目前,乌拉圭的软件人均出口量居南美第一位,软件出口额居南美第三位,主要出口国家为阿根廷、墨西哥和西班牙等。

(三)政策动向

乌拉圭重视可再生能源发展,在可再生能源使用上出台了一些政策。2012年,乌拉圭政府推出一项能源替代措施，即"太阳能计划"。该计划旨在普通住宅中推广太阳能热水器，以减少居民住宅的电力消耗。目前乌拉圭居民住宅使用电热水器加热的比例占到20%，如使用太阳能热水器能大大减少居民电消耗。统计显示，耗电400—700千瓦时的住宅使用太阳能热水器每年可节约电费205—570美元，而太阳能热水器的成本约2200美元，设备使用寿命15年。同时，政府对使用太阳能设备的住宅提供优惠政策，第一年以电费折扣的方式每月补贴350比索，全年共4200比索（约210多美元）。此外，国家抵押银行为购置和安装设备提供贷款和保险。政府还组织培训技术人员为设备安装提供保障。

此外，在乌拉圭二十五年能源全面政策的推动下，目前乌拉圭电力的95%均来自于可再生能源，其中包括风能、太阳能、水能和生物质能。该政策主要推动国有企业与私营部门的合作，跨党派协同的支持也是至关重要。

第七章　韩国

第一节　发展概况

韩国位于朝鲜半岛南部，是亚洲第四大经济体。作为亚洲新兴的发达国家之一，制造业是韩国经济持续增长的重要支柱，其中，汽车、半导体、造船、石油化学、钢铁等产业长期位居世界前列，产品品牌享誉全球。受全球需求低迷、MERS 疫情等负面因素的影响，韩国经济增速放缓，据韩国央行预测，2015 年韩国经济增速为 2.7%，而 2014 年韩国经济增速为 3.3%。受全球经济增速放缓，国际油价等原材料价格下滑等因素影响，2015 年韩国工业增长下滑幅度较大。2015 年韩国工业生产者价格指数为 100.95，同比下滑 4.0%，为韩国央行 1990 年开始进行相关统计以来的最大降幅。面对错综复杂的国内外经济形势，韩国政府出台了一系列的政策，力促民生消费，促进经济增长。

一、制造业呈现持续萎缩态势

受国际大宗商品持续暴跌、内需不振等不利因素影响，2015 年以来，韩国制造业增长动力不足，萎缩态势明显。2015 年 1 月，韩国制造业 PMI 值为 51.1，之后一路下滑，2015 年 6 月制造业 PMI 值下滑至 46.1，达到全年最低点，之后一直到 12 月份才从停滞状态走出。其中，2015 年 12 月，汇丰制造业 PMI 升至 50.7，九个月来首次上升至 50 枯荣线以上。2015 年 12 月，韩国制造业企业景气指数（BSI）为 67，环比下降 1 个基点，为 6 月以来最低水平。具体来看，2015 年 12 月，韩国大企业 BSI 指数为 71，环比分别下降 1 个基点，中小企业为 60，环比下降 3 个基点；产品销售价格 BSI 环比下降 3 个基点，销售、生产、新收订单、效益、原材料购买价格等指数均有下降；木材、纸浆造纸、非金属矿物、造船及其他运输等制造业领域跌幅较大，表明韩国制造业发展形势不容乐观。

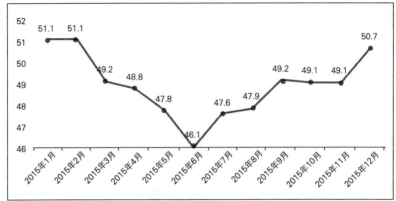

图7-1　2015年1月—2015年12月韩国制造业PMI值

数据来源：汇丰银行，2016年1月。

二、出口增速大幅下滑

全球经济增速放缓、美国加息、国际油价下跌以及人民币、日元汇率持续走低等因素对韩出口造成了不利影响。2015年，韩国出口额为5272亿美元，同比减少7.9%，出口形势依然严峻。根据韩国银行公布的"2015年12月进出口物价指数"显示，受国际油价持续下跌等因素影响，2015年韩国出口物价指数降至83.52，

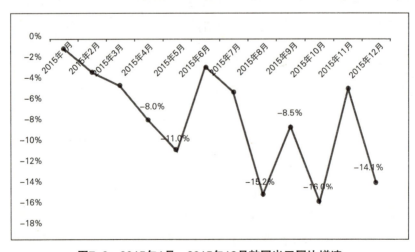

图7-2　2015年1月—2015年12月韩国出口同比增速

数据来源：韩国贸易协会，2016年1月。

环比下降 5.2%，这是该指标自 2012 年起连续 4 年出现下滑。根据韩国产业通商资源部数据显示，2015 年 5 月，韩国出口额降幅达到 10.9%，6 月下降幅度为 1.8%，7 月下降幅度上升至 3.3%。2015 年 8 月，韩国出口额同比下滑 14.7%，进口额同比下滑 18.3%，呈现连续 8 个月双双下滑。其中，出口额同比降幅为自 2009 年 8 月以来的最大值。

三、汽车产业发展迅速

受 2015 年 8 月末政府下调个税、进口车人气攀升等因素影响，2015 年韩国汽车登记数量为 2098.99 万辆，同比增加 4.3%，增幅创 12 年来最高。现代、起亚、韩国通用、雷诺三星、双龙五大整车厂商全球销量达 901.12 万辆，同比增加 0.7%。其中，国内销量达 157.97 万辆，同比增加 8.7%；国外销量为 743.15 万辆，同比减少 0.8%。现代和起亚汽车的销量最多，约达 801.5 万辆，韩国通用汽车销量约为 62 万辆、雷诺三星汽车销量约为 22.9 万辆，双龙汽车销量约为 14.4 万辆。

四、电子信息制造业市场竞争力强

2015 年，韩国电子信息制造业发展迅速。根据市场调查机构 HIS 最新公布的报告显示，2015 年韩国半导体销售额预计达 602 亿美元，占全球半导体市场份额的 17.1%。韩国半导体企业销售额增长近 200 亿美元，对全球半导体销售增长的贡献度达到 55%。其中，2015 年，三星电子在国际半导体市场的销售额将达到 407 亿美元，市场占有率达 11.6%；SK 海力士销售额预计达 169 亿美元，市场份额达 4.8%。美国半导体市场调研机构 IC Insights 的最新报告显示，在 2015 年整合元件制造商销售排名中，三星电子和 SK 海力士分列第二和第三名。2015 年，韩国 LG 显示器电视面板出货量同比增 6.4%，为 5530 万片，排名全球第一。

第二节 产业布局

首尔、釜山目前已经成为了韩国经济发展的两大区域，经过 20 世纪 50 年代韩国城市规划中重视基本消费品以恢复经济发展的阶段，这两大经济区域快速发展。20 世纪 60 年代，韩国又再次将轻纺产业作为出口战略导向产业，形成以首尔和釜山两大区域的纺织产业为核心的经济轴。到 1975 年，首尔、大邱、仁川、釜山等大中城市的工业产值占比达到了66.2%。20世纪70年代开始，从浦项到光阳形成了东西走向的另一条沿海经济轴，该地区主要发展钢铁、石化、造船、机械等一系列重化工业，该地区具备经济基础条件好、工业资源充沛、交通区位条件优越而又避开军事对峙的东南沿海地区等各种优势。韩国的西海岸及东部太白山区明显落后。20世纪80年代以后，韩国开始大力发展技术密集型产业。1981—1986年间，家用电子产品和电器产品的产值，每年分别递增16.2%和31.5%。韩国电子信息产业主要分布在科研中心和科技力量雄厚的大城市附近，三星把半导体工厂布局在利川，集成电路生产布局在龙仁，这些城市都以首尔为中心呈环状分布。

韩国重化工业是其产业主体。其布局有两大特点。首先是沿海地区。韩国矿产资源匮乏，工业原材料主要依赖进口，因此沿海地区成为重工业的首选地带。如，东南沿海在京仁地区的仁川，东海岸的束草、三陆等地有机械、玻璃、水泥等工业。其次是工业团地模式。是指为一些工业企业提供同一场所和公用设施而开辟的特定工业区。韩国从70年代开始采取限制城市发展的政策，形成以中心城市为主体的经济、人口圈。限制措施主要包括在中心城区增加居民人数和固定资产投资，鼓励企业进行外迁，并给予外迁企业优惠政策。

第三节　政策动向

为实现经济发展的实质飞跃，2015年韩国政府采取一系列措施，包括实施经济改革三年规划、制造业创新3.0战略实施方案、下调消费税税率及签署中韩、韩加、韩澳等自贸协定等，进一步刺激内需，扩大出口，增加就业，提升制造业竞争力，为经济增长注入活力。

2015年2月，韩国政府确定并公布了《为了实现经济大腾飞的经济改革三年规划》，力争用未来三年的时间使韩国经济潜在增长率提升至4%，就业率达到70%，国民人均收入增加至4万美元，不断促进经济结构优化，为开辟"国民幸福经济时代"奠定基础。

2015年3月，韩国政府公布了《制造业创新3.0战略实施方案》，该方案是对2014年6月推出的《制造业创新3.0战略》的进一步补充和完善。根据该行动方案，韩国将积极发动民间资本的参与，计划通过对智能工厂、融合新兴产业等的投资，总计投入约 24 万亿韩元资金，其中韩国政府的直接投入不到 10%，其余均拟通过吸引民间资本投入解决。并且，韩国将扶持和培育相对处于弱势地位的中小企业作为重点方向之一。韩国政府计划，通过对中小制造企业的"智能化改造"，截至 2017 年培育 10 万家中小型出口企业和 400 家出口额达 1 亿美元的中坚企业。提出到 2017 年前，投资 1 万亿韩元研发 3D 打印、大数据、物联网等 8 项核心智能制造技术，尽快缩小与相关技术领先国家的差距。

2015 年 6 月，韩国企划财政部公布了一项超过 15 万亿韩元的经济刺激计划，侧重支持受 MERS 疫情冲击的企业，当地出口融资，以及创造更多就业机会，以缓和中东呼吸综合征 (MERS) 和旱情对经济造成的负面影响。

2015 年 11 月，韩国产业通商资源部公布了韩中长期能源规划"2030 新能源产业发展战略"。根据该规划，韩政府计划到 2030 年将韩国纯电动车的累计销量增加到 100 万辆。该规划称，到 2030 年将 3.3 万余辆市内公交车更换为电动车，此外，韩还将扩大储能系统（ESS）在电力系统中的覆盖范围，计划到 2030 年将 ESS 的市场规模提高至 10GWh。未来 5 年，韩企将向新能源产业领域投资 19 万亿韩元。韩国的新能源产业项目包括电力"产销合一"市场、零能耗建筑、智能工厂、济州岛二氧化碳零排放项目等。如该规划顺利落实，到 2030 年韩新能源相关产业规模将有望达 100 万亿韩元，创造 50 万个工作岗位。

2015 年 12 月，韩政府公布"产业别结构调整推进现况及今后计划"，将推出一期资金达 1.4 万亿韩元的船舶基金以支援处于危机的海运产业。韩政府计划以"光船租船"方式支援企业，以解决其因资金短缺而无法造新船的问题。基金构成方案为基金的 50% 从一般金融机构筹集，资金回收对其采取优先顺序原则以保障其收益；产业银行、进出口银行、资产管理公社、产业银行资本等政策金融机构承担 40% 的投资，回收时适用于"后优先"原则；拟申请该基金支持的海运公司承担剩下 10% 的资金。此外，韩政府还为石化和钢铁企业提供支援以助其实现设备调整，解决供给过剩问题。

第四节　发展趋势

一、工业生产将有望实现小幅上升

受全球经济放缓、国际大宗商品价格暴跌、美国加息等因素的影响，韩国国内消费萎靡，经济低迷，就业形势严峻，工业持续低迷。2014年5月，经合组织（OECD）曾预测2015年韩国经济增速为4.2%，2014年11月下调至3.8%，2015年11月，经合组织把2015年韩国经济增长预期从6月份的3%下调到2.7%。由于韩国IT、汽车产业等主力产业出口和投资增长趋势也都有不断复苏的迹象，加之韩国消费税下调、制造业政策不断加强等因素的影响，韩国工业增长后劲充足，工业发展将有望实现小幅上升。

二、汽车行业前景乐观

自2005年起，韩国已经连续10年蝉联了全球第五大汽车制造国。2014年，日元贬值导致韩国汽车出口减少，但在新款车型上市等内需市场扩大的推动下，韩国汽车总产量同比小幅增长。2015年，随着现代汽车推出的多功能运动车(SUV)的销量继续增长，在所有车型中所占比重预计将提高。受高档车价格居高不下的影响，高档车价格也呈下跌趋势，该领域的销量有望出现增长。但随着消费意识的复苏和原油价格下跌构成利好，预计2016年韩国汽车销量将继续增长。

三、出口增速有望实现缓慢回升

近两年，受发达国家经济低迷、中国经济增速放缓及国内市场购买力下降等因素影响，韩国进口市场急剧萎缩，出现进出口贸易极不平衡的现象。但在2015年年初欧洲央行宣布实施量化宽松政策使得欧元进一步贬值，日元持续贬值等利好因素的影响下，韩国企业在欧洲和日本市场的产品竞争力将会不断加强。另外美元走强导致韩币贬值也将在某种程度上减少韩国企业的负担，提高产品出口竞争力。未来韩国出口市场有望回暖，出口增速将出现缓慢回升的迹象。

第五节　企业动态

一、总体情况

作为后起工业化国家的韩国，大企业集团数量众多，韩国大型企业在全球影响力不断提升。2015年，在全球500强企业中，韩国入围企业数量为17家，比2014年的14家增加3家。其中，三星电子排名第13名，与上年保持一致；SK集团排名第57位，比上年上升7位；现代汽车排名第99位，比上年上升1位。2015年韩国中小企业经营非常困难，资金状况正在变得越来越差。据经济研究所《2015 年 8 月中小制造业动向》调查显示，韩国中小制造业开工率为 70.2%，同比下降 1.2%，是自 2009 年以来最低开工水平。

二、主要跨国企业动态

（一）三星电子

三星电子在 2015 年世界 500 强排名第 13 名，品牌价值稳步上升，成为苹果公司最大的竞争对手之一。根据三星电子官方消息，2015 年第三季度，三星电子营业收入达 413.6 亿美元，同比增长 8.9%；净利润 43.6 亿美元，同比增长 29.3%，两年来第一次实现利润同比增长；运营利润为 59.12 亿美元，同比增长 82%。三星电子第三季度的良好业绩与韩元的持续走低及半导体部门的出色表现相关。三星电子半导体业务部门的运营利润达到 29.28 亿美元，创下自 2010 年第三季度以来的单季最高纪录，销售额达到 102.56 亿美元，创下单季最高纪录。信息移动（IM）业务部门运营利润为 19.2 亿美元，同比增长 37%，销售额达到 212.88 亿美元。2015 年 11 月，三星宣布投资 6.8 亿美元计划建设全球最大规模的生物药品制造工厂。该厂建成后，三星生物制剂公司有望成为全球最大的生物制药合同生产 (CMO) 企业。2016 年 1 月 18 日，三星集团宣布，旗下研发的第一款生物仿制药获得了欧洲药品管理局 (EMA) 的批准，而这也是欧盟通过的第二款生物仿制药，三星将成为最大生物制药代工厂。

（二）浦项制铁

受投资股份的评价额下降影响，浦项的净利润大幅下挫。2014 年，浦项制铁及其子公司营业销售额约为 528 亿美元，同比增长 5.2%；营业利润为 25.6 亿美元，同比增长 7.3%；净利润为 4.45 亿美元，同比下降 58.9%。韩国大型钢铁企业浦项制铁 (POSCO) 发布的数据显示，2015 年 7—9 月，公司营业利润为 5.2 亿美元，同比减少 26%；销售额约为 112 亿美元，同比下滑 14%。钢铁部门销售额减少 11%，设备部门减少 0.6%。近年来，韩国浦项制铁不断强化开拓中国市场，2015 年 6 月，韩国大型钢铁企业浦项制铁 (POSCO) 与中国重庆钢铁集团计划合资建设采用低成本炼铁技术"熔融还原炼铁 (FINEX)"技术的一条龙炼铁厂，该计划已获得中国政府批准。合资工厂的年产能在 300 万吨，两家公司将围绕工厂建设启动具体磋商。浦项制铁已经在韩国的浦项制铁厂运用该技术，如果在合资工厂采用，将是浦项制铁首次将该技术出口到海外。

（三）现代汽车集团

作为全球的知名汽车品牌之一，现代汽车在 2015 年世界 500 强的排名从第 100 名上升至第 99 名。2015 年，现代起亚汽车环保汽车销量达到 7.37 万辆，创下历史新高，力压福特汽车位居全球第四位。鉴于现代起亚旗下新款环保汽车"IONIQ EV"和韩国第一款混动动力 SUV"Niro"将于 2016 年相继上市，预计 2016 年现代汽车在环保汽车市场上的占有率有望跻身全球第三。 在开拓国际市场方面，因采取以当地生产的车型为主积极开展经营促销活动，现代起亚汽车在俄罗斯市场上保持了领先地位。欧洲商业协会（AEB）公布数据显示，2015 年 10 月，现代起亚汽车在俄罗斯汽车市场的份额高达 22%，市场领先地位得到巩固。在中国市场上，受市场竞争不断加剧的影响，韩国现代汽车销量出现罕见年度性下跌。2015 年，现代汽车集团在中国市场总计销售了 167.89 万辆汽车，其中现代汽车公司为 106.28 万辆，同比下降 5.1%；起亚汽车公司为 61.6 万辆，同比下滑 4.6%，这是 2007 年以来，现代汽车集团在华年销量首次同比跌落。

第八章　中国台湾

第一节　发展概况

近年来，受外需不足的影响，以外向型经济为主的我国台湾地区经济陷入低迷状态，产业转型面临着诸多困境。2015年，台湾经济进入"外冷内凉"的经济寒冬，在外部经济环境持续不佳、外贸出口显著下降与内部消费、投资动能不足的双重压力下，经济增长有所放缓，工业生产持续萎缩。虽然台湾地区当局采取了一些积极举措来推动产业转型，但是由于缺乏稳定增长的长期动力，工业生产面临着新一轮调整，主要有以下特点：

一、经济增长有所放缓，工业生产持续萎缩

2015年，台湾地区经济增长动能有所减缓，经济增长由年初预计的3%以上一路走低到1%左右，第1季度增长4.04%，第2季度增长0.57%，第3季度则出现0.63%的负增长，全年经济增长预期也不断下调。据台湾"中央研究院"2015年底预测，2015年全年台湾地区经济成长率预测是0.75%。受经济低迷的影响，台湾工业生产持续萎缩，特别是以电子信息、汽车、化工等为代表的主导产业发展陷入困境。截止到2015年11月，台湾工业生产指数较上年同期跌4.94%，这已是工业生产指数连续第七个月出现较上年同期衰退。在外贸出口形势不佳、外销订单减少的情况下，制造业受到明显冲击。2015年第1季度，台湾制造业出现短暂增长后，自4月开始一路下滑，1—10月，制造业生产较上年同期衰退0.56%。其中10月份，制造业出现6.35%的负增长。

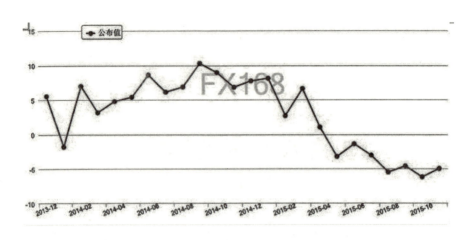

图8-1　2013—2015年台湾地区工业生产年率增长走势图

数据来源：台湾地区"经济部"，2016年1月。

二、外贸呈现负增长态势，对大陆出口跌幅明显

受外部大环境影响，2015年以来，台湾地区外销订单一直呈负增长，尽管10月份外销订单金额达到425亿美元，但仍较上年下跌了5.3%；11月继续下跌6.3%，预计全年衰退5%。外销订单的减少，就预示着外贸出口的下降。1—11月，台湾外贸出口金额为2584.3亿美元，进口金额2110.4亿美元，分别较上年同期衰退10.3%与16.5%，预计全年外贸将出现两位数衰退，外贸总额只有5200亿美元左右，较上年减少约600亿美元。由于受外部需求不振与内部产业结构调整影响，需求不足，进口下降，直接影响到台湾地区对大陆的出口与整个出口形势。其中台湾地区对大陆出口的主力产品跌幅巨大，资讯及通信产品出口下跌42.3%、光学器材出口衰退37.3%，塑胶橡胶及其制品出口衰退25.9%。

三、半导体产业衰退明显，结构性问题日益凸显

半导体行业是台湾的最大支柱型产业，但是受全球需求下滑和市场竞争日趋激烈的影响，2015年1—10月，台湾地区在全球最具竞争优势的半导体产业衰退幅度最大，达到11.58%。从最新公布的数据来看，受全球智能手机市况不佳影响，2015年台湾地区IC设计业产值约4971亿新台币，年减6%左右。IC封测产业2015估计产值约4065亿新台币，年衰退约5%。而DRAM产业受到价格快速下滑与20纳米制程转换不顺影响，年衰退幅度更高达两位数。台湾地区半

导体产业目前面临着来自全球的激烈竞争，特别是大陆地区集成电路产能的不断提升，对台湾地区晶圆代工造成了明显冲击。台湾地区集成电路仍然具有一定的产能和技术优势，需要积极应对全球市场衰退的影响，加快在大陆的布局与合作。

四、对外投资合作稳步推进，对大陆投资持续增长

2015 年 1—11 月，台湾地区对外投资金额达 96 亿美元，年增长高达 41.1%。其中，7 月台积电公司以 20 亿美元增资维京群岛台积电全球有限公司，是拉高对外投资金额的重要原因之一。为鼓励外商对台投资，台湾地区当局一直积极对外招商，但由于投资环境不佳，效果并不明显，外商对台投资仍呈现下滑态势。1—7 月，台湾地区当局批准的外商对台投资金额为 23.1 亿美元，同比减少 6.4%。另外，大陆企业对台投资也非常有限，2015 年 1—10 月，大陆共批准台商投资项目 2288 个，同比上升 20.9%，实际使用台资金额 12.7 亿美元，同比下降 27.7%。

第二节　产业布局

一、总体情况

经历了多年的发展过后，台湾地区已经形成了以电子信息产业为支柱，部门比较齐全的工业体系，工业地域分布格局主要分为北、中、南三大地区，各区域根据自身资源和发展特点重点发展不同产业。台湾地区北部地区是台湾地区最重要的工业区域之一，工业发展规模最大且产业门类最齐全，产业囊括了纺织、食品、造纸、机械、电子、化工、金属制品、半导体等。80 年代以后，台湾地区中部工业开始快速发展，目前台湾地区中部地区企业数量较多的行业主要集中在金属制造业、机械设备制造业和塑胶制品制造业。南部工业历史发展以传统产业为主，随着高科技产业不断发展，台湾地区南部工业整体向着高科技产业方向发展。南部地区过去是台湾地区的重化工业中心，主要产业囊括石油冶炼、化工、钢铁、制造、纺织等。20 世纪 70 年代台湾地区工业建设中的炼铁、石化及造船都集中在（高雄市），目前高雄已成为台湾地区最大的石化工业中心。目前，台湾地区南部产业结构已朝高科技化转型，科技产业与传统产业的比重日趋平衡，并且极具发展潜力。

二、重点园区分布

工业园区的设立对台湾地区工业发展和产业集群的形成发挥了重要作用。新竹科学园是台湾地区最大的半导体与电脑及周边设备制造业中心。新竹科学工业园成立至今约有 396 家高科技厂商进驻，主要产业包括有半导体业、电脑业、通讯业、光电业、精密机械产业与生物技术产业。在该园区进驻的企业主要包括台积电、联华电子、华邦电子、纬创资通、佳世达等。新竹科学园区逐渐成为北台湾的科技中心，并且按照发展计划，园区正在逐步扩大，扩充计划包括苗栗铜锣园区、桃园龙潭园区、竹北生物医学园区以及宜兰园区。台湾地区当局陆续设立的南部科学工业园区及中部科学工业园区也是在新竹科技工业园区的成功经验推动下完成的。

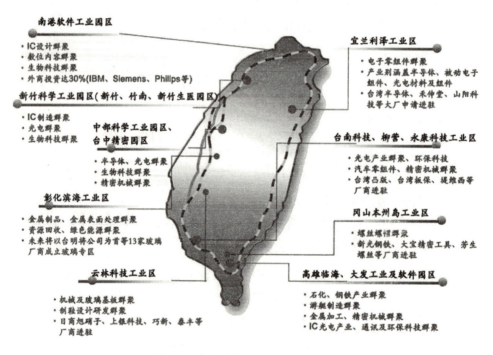

图8-2　台湾重点工业园区分布情况

数据来源：赛迪智库整理，2016 年 1 月。

台湾地区中部科学工业园是继新竹科学工业园区和南部科学工业园区之后，在台湾地区中部地区发展起来的又一重要工业区域。园区地跨台湾地区中部的台中市、彰化县及云林县三县市。中部科技工业园中有数百家企业进驻，园区周围还与工研院机械研究所、金属中心以及东海大学、逢甲大学等一批高校相邻。园区中的进驻厂商主要包括友达光电、旭能光电、程泰机械、均豪精密、特典工具等一批光电类和精密机械制造企业。

台湾地区南部科学工业园区，位于台湾地区台南市和高雄市等地，是继北部新竹科学工业园之后台湾地区又一重要工业园区。该园区实现了台湾地区高科技产业南北双核心的目标。其中主要以晶圆代工业和面板制造业为园区的主要产业。园区设立之后带动了南部地区整体的高科技产业发展。南部科学工业园区进驻企业多达数百余家，产业主要包括了半导体业、光电产业、光伏产业、LED及电池、精密机械、通讯产业和生物科技业等。企业有台积电（TSMC）、联华电子、台达电子等多家知名企业。

第三节　政策动向

面对日益严峻的经济下行态势，台湾地区当局采取了一些政策措施来提振经济，促进产业转型。全球制造业在工业4.0浪潮驱使下，纷纷寻求制造智能化转型之道，以应对产业变革提升国际竞争力。德国提出工业4.0作为"2020高科技战略"十大未来计划之一，而美国与日、韩也各自以对应策略推动智能制造发展，台湾则启动生产力4.0创造产业成长新动能。2015年8月，台湾地区当局宣布启动生产力4.0发展方案，预计花费9年，将共计投入71.57亿人民币，投入电子资讯、金属、运输、机械设备、食品、纺织、物流、农业等8大关键领域，主要借由产业科技优势发展智慧工厂，实现大量、多样的数字化生产，提升台湾地区在全球供应链生产的关键地位。2015年10月30日，为应对经济下滑，台湾地区当局推出短期消费提振措施，涵盖"节能省水"、"数字生活"、"网购促销"及"民众旅游"四面向八种措施；预计投入40.8亿元新台币，预估GDP可增30.6亿人民币，多项消费提振措施有效期近4个月。虽然这些措施对遏制经济恶化有一定帮助，但很难从根本上改变台湾经济发展面临的内外结构性问题，经济发展前景很难乐观。

2015年，两岸经贸合作进一步深化。2015年8月25日，海协会与海基会在福州签署《海峡两岸避免双重课税及加强税务合作协议》和《海峡两岸民航飞行安全与适航合作协议》，进一步降低了两岸互相投资的壁垒和障碍，放大了两岸

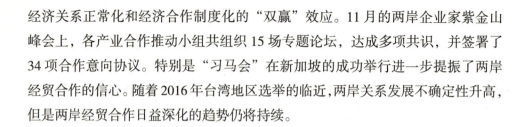
经济关系正常化和经济合作制度化的"双赢"效应。11月的两岸企业家紫金山峰会上，各产业合作推动小组共组织15场专题论坛，达成多项共识，并签署了34项合作意向协议。特别是"习马会"在新加坡的成功举行进一步提振了两岸经贸合作的信心。随着2016年台湾地区选举的临近，两岸关系发展不确定性升高，但是两岸经贸合作日益深化的趋势仍将持续。

第四节　发展趋势

一、工业生产仍将持续低迷状态

2016年，我国台湾地区经济发展面临的内外部环境变数很多，不确定性很高，经济仍将呈现低速增长。台湾地区"主计处"预测，2016年台湾地区经济增长2.32%，台湾地区"国发会"确立的经济增长目标为2.1%—2.7%，可以说"保2"将成为2016年台湾经济增长的主要目标。在台湾地区经济增长预期不高的背景下，台湾地区工业生产将会持续目前的低迷状态。受原物料价格续挫，出口动能减缓等因素影响，制造业景气恐将持续走缓。据台湾地区工研院预测，在低基期下，2016年台湾地区制造业产值成长0.8%，复苏动能非常疲弱。

二、传统产业向智能化方向转型发展

受中国大陆地区经济增长放缓和产能过剩的影响，台湾地区钢铁、石化、汽车等传统产业面临着转型升级的困境。因应企业成长需求，IDC预期，2016年台湾地区企业将加速数字化转型并持续增加其IT预算及支出，并将导入更多创新的技术应用及营运模式以建构企业竞争力。随着信息技术的不断推广应用，台湾地区传统产业的智能化水平将进一步提升。

三、电子信息产业将加快与大陆的整合步伐

长期以来，台湾地区依托IC代工成为全球重要的信息及通信产品主要设计及制造地。但是长期以来台湾地区电子信息产业以电脑为主，在智能手机产业链布局上面临着中国大陆和韩国的激烈竞争。2015年以来，国际半导体厂商们正在掀起一波并购热潮，中国大陆企业加快对台湾地区集成电路企业的并购步伐。台湾地区目前已经向中国大陆开放了IC封装、测试等产业链，但IC设计业一直是"禁区"。随着中国大陆大力推动集成电路产业发展，两岸相关企业的战略合

作与兼并重组不可避免，两岸电子信息产业的要素资源整合将进一步加快。

四、外资撤离步伐加快，吸引外资能力需要加强

全球主要工业国家外商直接投资 (FDI) 存量占 GDP 比率的平均值是 33.6%，台湾只有 13%。20 多年前的台湾地区曾出现过"外资争相投入热"，现在却成为"投资旱渴症"地区。2015 年台湾地区吸引外国直接投资的表现，在全球 211 个国家及地区中排倒数第五。台北市日本工商会在 2015 年 11 月发表的"白皮书"中指出，台湾地区政治经济社会对外人外资"高度不友善"。随着台湾地区选举面临的震荡还将持续一段时间，外资对台湾地区的投资还将观望一段时间。伴随着工业生产的持续低迷，未来台湾地区对外资的吸引力仍将进一步下降。

第五节　企业动态

根据最新公布的 2015 年《财富》杂志世界 500 强企业排名，中国台湾地区有 7 家企业上榜，鸿海总收入 1390 亿美元，名列第 31，为台湾排名最靠前的企业。经过多年的快速发展，台湾地区形成了以电子信息和石化产业为主导的产业格局，涌现出了鸿海集团、台塑集团、台积电等一大批具有全球影响力的品牌企业。台湾地区号称"中小企业王国"，拥有 120 多万家中小企业，占企业总数的比例高达 98%，并创造了 80% 的就业机会，是台湾地区财政收入的重要来源和现代工业发展的重要基础。随着两岸经济合作的不断加快，两岸中小企业的交流与合作正在成为重要合作领域。

行业篇

第九章　原材料工业

第一节　总体态势

2015 年全球经济复苏之路艰难曲折，世界经济增速放缓。主要国家和地区的经济增长不平衡，发达经济体经济复苏步伐会略微加快，新兴市场和发展中经济体经济增速将连续五年放缓，未来经济下行风险不减。在此背景下，全球原油供给过剩，原油价格持续下跌，主要化工产品价格震荡下行；粗钢产量略有下降，钢材价格不断走低；铜、铝、铅等主要有色金属供过于求，主要产品价格波动下降；水泥市场比较低迷，部分国家水泥需求下滑；平板玻璃市场呈现分化态势，传统普通玻璃产品需求减少，高端深加工玻璃需求旺盛；国外稀土矿山纷纷复产，全球稀土多元化供应格局已然形成，稀土价格将持续低迷。

第二节　重点行业情况

一、石化行业

（一）市场供给

2014 年 9 月以来，全球原油供给持续增长，由 2014 年 9 月的 9250 万桶 / 天增加到 2015 年 6 月的 9460 万桶 / 天，且 2015 年 9 月仍维持在 9450 万桶 / 天左右。而受全球经济复苏缓慢的影响，原油需求并不旺盛。至 2015 年 6 月，原油需求为 9200 万桶 / 天，供给过剩高达 260 万桶 / 天。

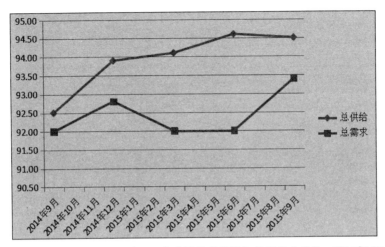

图9-1 2014年9月至2015年9月全球原油总供给与总需求（单位：百万桶/天）

数据来源：Wind，2015年12月。

（二）价格行情

原油供给大量过剩，直接导致其价格震荡下行。2015年1月，布伦特原油和美国西德克萨斯中级轻质原油（WTI）价格分别为47.87美元/桶和47.73美元/桶。而到2015年12月，布伦特原油和WTI价格已分别降至38.33美元/桶和37.05美元/桶。

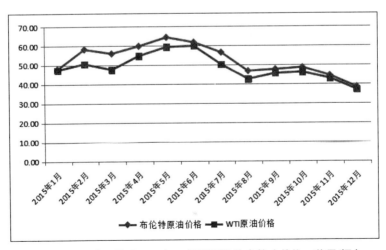

图9-2 2015年1月至2015年12月国际油价走势（单位：美元/桶）

数据来源：Wind，2015年12月。

受油价下跌影响，下游化工产品价格同样呈震荡下行趋势。2015 年 1 月，化工产品价格指数为 87.32，而至 2015 年 12 月已下降到 85.19。

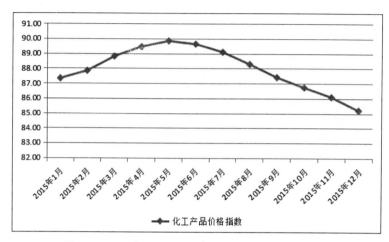

图9-3　2015年1月至2015年12月化工产品价格指数

数据来源：Wind，2015 年 12 月。

二、钢铁行业

（一）市场供给

2015 年 1—10 月，全球粗钢产量略有下降，纳入统计的 66 个国家粗钢产量共计 13.5 亿吨，同比下降 1.6%。

表 9-1　2015 年 1—10 月全球各地区粗钢产量（单位：千万吨，%）

地区	2015年1—10月	2014年1—10月	同比
欧洲	170219	172886	-1.5
独联体	84568	88521	-4.5
北美	94553	101504	-6.8
南美	37281	37792	-1.4
非洲	11781	13287	-11.3
中东	23175	23190	-0.1
亚洲	919542	925695	-0.7
大洋洲	4835	4628	4.5
全球（扣除中国）	670851	682159	-1.7
全球	1345955	1367505	-1.6

数据来源：世界钢铁协会，2015 年 12 月。

从全球各地区粗钢生产情况看，2015年1—10月全球粗钢产量13.5亿吨，其中亚洲地区粗钢产量9.2亿吨，占全球粗钢产量的68.3%；欧洲地区粗钢产量1.7亿吨，占全球粗钢产量的12.6%；北美洲和独联体粗钢产量分别为0.9亿吨和0.8亿吨，分别占全球粗钢产量的7.0%和6.3%；南美洲、中东、非洲和大洋洲的粗钢产量分别占全球粗钢产量的2.8%、1.7%、0.9%和0.4%。

表9-2　2014年粗钢产量前20位国家和地区（单位：万吨）

排名	国家或地区	产量	占全球粗钢产量的比重
1	中国	67510.4	50.2
2	日本	8781.5	6.5
3	印度	7507.5	5.6
4	美国	6724.3	5.0
5	俄罗斯	5930.7	4.4
6	韩国	5767.2	4.3
7	德国	3620.8	2.7
8	巴西	2823.6	2.1
9	土耳其	2655.4	2.0
10	乌克兰	1914.8	1.4
11	意大利	1859.3	1.4
12	中国台湾	1828.9	1.4
13	墨西哥	1587.3	1.2
14	伊朗	1361.1	1.0
15	法国	1282.7	1.0
16	西班牙	1261.2	0.9
17	加拿大	1053.4	0.8
18	英国	951.4	0.7
19	波兰	797.1	0.6
20	奥地利	638.7	0.5

数据来源：世界钢铁协会，2015年12月。

（二）价格行情

从全球钢材价格总体情况来看，2015年钢材价格震荡下行。从国际钢铁价格指数（CRU）的走势来看，钢材综合指数由1月初的年内高点160.55点下跌至11月20日的119.6点，下降了40.95点，跌幅高达25.5%；扁平材价格指数由1月初的146.53点下跌至11月20日的107.3点，下降了39.23点，跌幅高达26.8%；长材价格指数由1月初的195.72点下跌至11月20日的148.9点，下降了46.82点，跌幅高达23.9%。

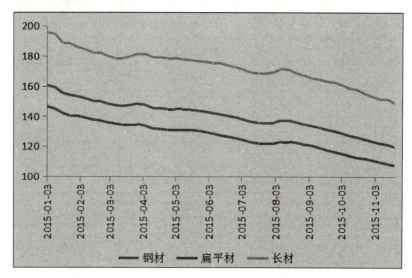

图9-4 2015年以来国际钢材价格指数（CRU）走势图

数据来源：Wind数据库，2015年12月。

分区域来看，亚洲、欧洲和北美钢材市场价格走势均呈现震荡下行态势。2015年年初，亚洲市场钢材价格指数170.39点，此后市场持续震荡小幅下行，截至11月20日跌至123.7点，下降了27.4%；欧洲市场钢材价格指数由年初的127.73点下跌至11月20日的105.3点，下降了17.6%；北美市场钢材价格指数由年初的188.47点下跌至11月20日的127.5点，下降了32.4%。综合来看，欧洲市场钢材价格下跌幅度较低。

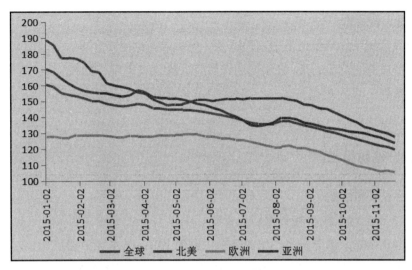

图9-5 2015年以来各地区钢材价格指数（CRU）走势图

数据来源：Wind 数据库，2015 年 12 月。

三、有色行业

（一）铜行业

世界金属统计局数据显示，2015 年 1—10 月，全球铜市场供应过剩 26.6 万吨，较去年同期减少 3.2 万吨。从供给角度看，全球矿产铜产量为 1590 万吨，同比增加 3.6%；精炼铜产量 1910 万吨，同比增长 1.1%。从消费角度来看，全球铜消费量为 1879.8 万吨，比去年增加 0.2 万吨。

（二）铝行业

根据 IAI 的数据，2015 年 1—11 月，全球原铝产量为 5308.6 万吨，同比增长 9.6%。日均原铝产量在 155 万吨以上，高于去年同期水平，基本呈现逐月增长态势，从 1 月的日均产量 155 万吨增长到 11 月的日均产量 162.1 万吨。

（三）铅行业

世界金属统计局数据显示，2015 年 1—10 月，全球铅市场供应过剩 0.8 万吨，而去年同期为供应短缺 3.51 吨。从供给角度看，全球精炼铅（原铅及再生铅）产量为 827 万吨，同比下降 8.3%。从需求角度看，全球精炼铅需求量为 836.6 万吨，同比减少 79.1 万吨。

（四）锌行业

世界金属统计局数据显示，2015年1—10月，全球锌市场供应过剩17万吨。而与此形成鲜明对比的是，去年同期锌供应短缺20.9万吨。同时，从供给角度看，全球精炼锌产量同比增长4.7%；但从需求角度看，全球精炼锌消费量仅同比增长0.9%。

四、建材行业

（一）水泥行业

2015年全球水泥市场普遍较为低迷，受世界经济增速普遍明显放缓、油价走低等因素影响，部分国家的水泥需求也出现下滑。从水泥消费量来看，中国依然名列第一，印度紧随其后。由于下游需求不振，西班牙水泥行业也表现一般，根据西班牙水泥行业协会OFICEMEN公布的数据显示，今年三季度水泥消耗量较去年同期减少0.8%。2015年巴西的水泥企业整体业绩惨淡，前九个月巴西国内水泥销量同比下降7.7%，出口量同比增长10%。埃及是非洲大陆最大的水泥生产国，拥有22个水泥综合工厂，累计年产能6730万吨，另有水泥粉磨年产能360万吨。其中，大部分水泥工厂位于尼罗河三角洲地区。根据埃及政府供应部数据显示，2015年9月埃及生产水泥96.9403万吨，销量为94.5315万吨。

（二）平板玻璃行业

2015年全球平板玻璃市场分化明显，一方面市场对传统普通建筑玻璃产品的需求减少，另一方面对汽车风挡玻璃、光伏玻璃、建筑节能Low-E玻璃等高端深加工玻璃的需求非常旺盛。其中，太阳能市场是平板玻璃需求增长最快的领域。欧洲是最成熟的玻璃市场，其玻璃深加工的比例最高。

2015年全球平板玻璃的市场需求主要来自欧洲、中国和北美。亚洲及太平洋地区是平板玻璃最大的区域市场，也是增长速度最快的市场。其中，中国是全球最大的平板玻璃生产国和消费国。2015年，中国地区普通平板玻璃价格下行，产量增速回落。日本是该地区第二大的平板玻璃消费国，拥有旭硝子、板硝子、电气硝子等多个大型平板玻璃企业，在产品质量、产品性能等方面均尤为突出。2015年随着北美和欧洲地区经济的缓慢复苏，玻璃的市场需求增幅也在不断提高。但受到全球生产力转移的影响，更多的平板玻璃业务转移到发展中国家或地区。因此，中美洲、南美洲、非洲/中东等地区的需求不断上涨，预计将超过北美和西欧。

五、稀土行业

（一）全球稀土生产情况

随着国外稀土矿山纷纷复产，稀土市场国际多元化供给格局已基本形成。在原材料方面，中国在初级原材料领域依旧占据主导地位。除此之外，能够在2015—2016年进行产能投放的公司包括美国钼公司、澳大利亚莱纳斯公司和印度稀土有限公司，以及 Avalon 稀有金属公司所属的位于加拿大西北地区 Nechalacho 项目、Alkane 资源公司位于新南威尔士的 Dubbo 氧化锆项目（副产品为铌和重稀土）以及 Frontier 稀土公司位于南非的 Zandkopsdrift 项目。

（二）全球稀土消费情况

根据莱纳公司的研究，磁石所用的钕和镨的市场需求可能以 9% 的年增长率，从 2014 年的 25 千吨增长到 2020 年的 45 千吨。由此，将带来磁石、镍氢电池以及汽车尾气催化剂的需求大幅提升。预计在 2014 年至 2017 年期间，磁石稀土需求预计增长 8%—12%，稀土合金增长 6%—19%，而玻璃添加剂，陶瓷预计迎来较低增长。

第十章 装备制造业

第一节 总体态势

2015年，全球制造业增速缓慢。2015年第三季度全球制造业呈现温和增长，年均增幅为2.7%。从增长趋势来看，工业发达经济体的制造业呈现在近年产出增长趋势，而发展中国家及新兴工业经济体的制造业产出呈下滑趋势。

分行业来看，机器人产业发展势头良好。受劳动力短缺、人口红利流失以及机器人应用领域拓展等因素的影响，全球工业机器人的市场需求仍在加速增长，这带动了机器人产业的强势增长。据测算，2014年全球销售的工业机器人达到23万台，预计2015年会有15%的增长。同时，增材制造产业增长势头强劲。据《沃勒斯报告（2015）》统计显示，全球增材制造产业在过去26年实现高达27.3%的年复合增长率。其中，2012—2014年全球增材制造产业年复合增长率高达33.8%。2014年全球增材制造产业产值达到41.03亿美元，增长超过10亿美元，同比增长35.2%。

全球车市冷热不均，新能源汽车需求爆发。据LMC发布的数据显示，2015年1—11月份，全球乘用车和轻型商用车的累计销量为8056万辆，同比增长1.6%，呈现小幅增长态势。与此同时，以纯电动车、插电式混合动力车和燃料电池车为代表的新能源车在2015年迎来大爆发。全球新造船市场需求疲软，2015年新船订单量降至2012年以来的最低水平。2015年1—11月份，全球新船订单量同比减少23%，全球手持订单量下滑8%，具体降至4667艘、2987万载重吨。

第二节　主要国家和地区基本情况

一、美国

（一）机床订单和消费量均出现双降

据美国机械制造技术协会（AMT）的统计数据显示，2015 年 1 月美国机床订单额为 3.4 亿美元，环比下降 32.9%，同比下降 4.8%。其中，金属切削机床订单额环比下降 32.9%、同比下降 5.2% ；成形机床环比下降 31.9%、同比增长 14.1%。从订单量来看，1 月机床订单为 1637 台，远低于 2014 年 12 月的 2761 台。2015 年 5 月，美国机床订单额为 3.4 亿美元，环比下降 13.2%，同比下降 6.2%。2015 年 1—5 月，美国机床订单额为 18.0 亿美元，同比下降 7.9%。

（二）汽车销量创历史新高

据美国《汽车新闻》数据中心公布的统计数据显示，受低油价、低利率以及消费者信心增强等因素推动，2 015 年美国汽车销量增长 5.7%，总量为创纪录的 1,747 万辆。同时，12 月销售同比增长 9%，达到 164 万。其中，皮卡、越野车和跨界车销售最为强劲。另外，美联储推行宽松货币政策，房地产、就业率以及消费者信心等各项指标良好等因素都将支撑美国车市继续前行，2015 年美国新车销量高达 1747 万辆就是明证。

二、德国

（一）产销量创历史新高

装备制造业是德国第五大产业，其 50% 以上的机械设备均为出口。德国机械设备制造业联合会（VDMA）表示，2015 年 7 个月，国内和欧元区内获得的订单数量大增，来自欧元区订单同比增幅更是高达 51%。其中，2015 年 7 月德国机械设备制造商获得订单数量同比增加 18%，来自德国国内的订单数量大幅增加，同比增幅达 43%。出口方面，虽受挫于中国与俄罗斯需求低迷，但受益于欧元贬值，德国装备制造业 2015 年仍取得好成绩；三季度的工程产品出口总额增长 2.6%，总金额达到 1,160 亿欧元。德国 2015 年前三季度对美国和英国的整体出口大增，2015 年 1—9 月德国向美国出口了价值 125 亿欧元(133 亿美元)的工程产品。同期，德国对中国的出口额为 120 亿欧元。2015 年美国有望超越法国，成为德国最大的出口市场。

（二）乘用车销量大幅增长

德国汽车市场可以说是 2015 年欧洲车市复苏的一个缩影，将近 20 家车企在德国市场的销量增速达到两位数。统计数据显示，2015 年前 11 个月，德国汽车销量累计达到 326.21 万辆，而去年同期累计为 310.69 万辆，同比增长 5%。其中，乘用车销量累计达到 295.87 万辆，较去年同期的 280.72 万辆增长 5.4%；商用车销量累计达到 30.34 万辆，较去年同期的 29.97 万辆增长 1.22%。

三、日本

（一）汽车新车销量下滑

据日本汽车销售协会联合会和全国微型车协会联合会发布数据显示，受到 2015 年 4 月微型车购置税上调后销量下滑的影响，2015 年国内新车销量（包括微型车在内）为 5,046,511 辆，较上年下滑 9.3%，这是自 2011 年来首次同比减少。同时公布的 2015 年 12 月国内新车销量为 369,460 辆，较上年同期减少 14.5%，连续 12 个月同比下滑。就全年数据来看，微型车销量为 1,896,201 辆，同比减少 16.6%，近 4 年来首次下滑并时隔 2 年再次跌破 200 万辆。除微型车以外的新车销量为 3，150，310 辆，同比减少 4.2%，时隔 1 年再次下滑。

（二）机床产业增速减缓

据日本机床工业协会公布的最新数据显示，2015 年 11 月，日本机床订单额（终值）为 1143.92 亿日元，与上年同期相比下降了 17.7%，已连续 4 个月呈现同比下滑。另一方面，与 10 月相比则增长了 11.0%，连续 2 个月呈现环比增长态势。其中，日本 11 月份国内机床订单额为 454.64 亿日元，同比下降 7.3%，汽车相关产业为中心的"机床需求仍然较为坚挺"。此外，外需的机床订单额仅为 689.28 亿日元，同比大幅下降 23.4%。但是，面向中国市场的电子零部件订单额同比增长 6.3%。

四、韩国

（一）五大车企销量均有上升

韩国五大整车厂商 2015 年本土总销量同比增加 8.7%，达 157.9706 万辆，创下继 1996 年后 19 年来的最高纪录。据韩国整车业界发布消息，现代、起亚、韩国通用、雷诺三星、双龙等韩国五大整车厂商 2015 年全球销量同比增加 0.7%，为 901.1240 万辆。具体来看，现代起亚汽车以 801.5745 万辆排名首位，韩国通用（62.1872 万辆）、雷诺三星（22.9082 万辆）、双龙汽车（14.4541 万辆）分列其后。

（二）造船业形势依然低迷

韩国进出口银行发表数据显示，今年 1—3 季度，韩国造船业订单金额累计 190.5 亿美元，同比减少 19.4%；订单总量为 877 万 CGT（修正总吨），同比减少 2.5%；除集装箱船、油轮以外的其他船种订单量均出现下降，海洋平台订单仅为 1 艘，散货船没有订单。韩国进出口银行研究所预测，2015 年韩造船业累计订单金额为 240 亿美元，同比减少 27%。分析称，世界造船产业不景气是造成韩国造船业出现下滑的主要原因。考虑到海运市场萎缩、既有未建造订单等因素，明年韩造船订单量或将进一步下滑。

第三节　主要行业发展趋势预测

一、全球机械行业预测

（一）全球行业格局稳定

2015 年，在全球机械行业 500 强企业中，从企业数量看美国、中国、日本占据前三位。其中，美国入围企业 140 家，持续占据全球首位，中国以 104 家入围企业位居全球第二，日本以 101 家企业位列全球第三。前 10 强企业中，美国、德国各占 3 席，中国、日本、韩国、中国台湾各占 1 席。前 3 强仍旧由德国的大众汽车集团、日本的丰田汽车、韩国的三星电子占据。预计未来全球机械行业格局基本稳定，500 强企业仍将主要集中在发达国家。传统机械强国竞争力依然强劲，德、美、法等国在行业领域的优势突出。亚洲地区除传统强国日本外，韩国的实力也不容小觑，2015 年进入 500 强的韩国企业平均收入已超越德国。

（二）智能制造成为未来布局重点

当今世界，新一轮科技革命和产业变革正在快速发展，新一代信息技术和制造业正在加速融合，移动互联网、大数据、云计算、增材制造、生物工程、新能源、新材料等领域不断取得重大突破，机械制造业的生产方式、产业形态、发展模式也随之发生着颠覆式的变革。发达国家已经重新认识到实体经济的重要性，并纷纷提出了"再工业化"和"制造业回归"战略，强调通过发展智能制造来重振制造业，并巩固在技术、产业方面的领先优势。美国政府推出了先进制造业合作伙伴计划、成立了智能制造领导联盟和工业互联网联盟。以此为契机，其未来将打造一批智能工厂，加速先进技术的工程化应用，物理世界和数字世界的融合步伐也将随之加快。德国为巩固其在制造业的领先地位，实施工业4.0战略，德国政府深度参与了该战略，并率先开展"工业4.0"标准化工作，发布技术研发路线图。未来德国工业4.0的核心在于打造智能工厂，推动企业建立全球互联网络，并将智能装备、生产系统、管理流程与生产基础设施融入该系统中。

（三）节能环保仍是重要发展方向

节能环保是目前乃至未来机械工业重要的发展方向，"提高能源利用有效性"已成为全球机械制造业者和设备使用者所共同追求的目标。随着全球各国尤其是新兴市场国家对节能环保的关注度的提高，机械工业向环境友好、低能耗、低排放发展的趋势是不可扭转的。在一些地区，节能环保已成为政策法规的明确要求，在帮助企业优化成本的同时还可以有效地提升企业形象。

二、全球汽车行业预测

（一）全球乘用车行业预测

法国思迈汽车信息咨询公司（IHS Automotive）认为，"2018年，全球汽车销量将首次达到并突破1亿大关，到2021年将超过1亿辆，在2013年的基础上再增2500万辆。"其中，中国将以世界上最大单一汽车市场的身份主导产量的增加，北美和欧洲等较成熟的市场也将发挥着重要的作用。随着新兴市场的兴起，成熟市场面临规模缩减的压力，全球汽车产业发展格局正发展着深刻变化。IHS Automotive认为，"到2016年，中国市场汽车总销量将突破3000万辆大关，而印度将取代日本成为亚洲第二大汽车市场。其中，印度市场2014年销量为291万辆，预计2016年达到488万辆，到2020年，印度车市将售出673万辆汽车；而日本排量660 cc以下的微型车销量到2016年将回落至451万辆，2020年更进一步缩水至435万辆。"

IHS Automotive公司预测，在智能网联汽车发展领域，谷歌自动驾驶技术将领跑全球。IHS汽车部门预计，谷歌目前为止已在自动驾驶汽车研发上累计投资了近 6000 万美元，每年近 3000 万美元。在自动驾驶汽车发展的过程中，软件技术是关键因素。先进的自动驾驶软件系统可以有效识别汽车传感器数据，模仿人工驾驶技巧和经验，而谷歌目前正是这一领域的技术领导者。IHS 称，到 2035 年时，自动驾驶和无人驾驶汽车的全球销量预计将达到 1200 万辆，占据全球轻型汽车总销量的约 10%，并且这一预测数据可能较为保守。

（二）全球商用车行业预测

罗兰贝格认为，"高效、绿色、互联、安全"四大趋势正在深刻地影响全球商用车产业的发展，并在未来几年继续对行业产生影响。首先，商用车的高效性包括整体产品拥有的成本、燃油经济性、汽车编队、运营时间、容量优化和交通运输基础设施的优化等等。目前商用车排放技术主要有两条技术发展路线，分别是美国 EGR 技术路线和欧洲的高效燃烧技术的 SCR 路线。第二，商用车的绿色性包括排放标准和后处理的提升，但对内燃机技术的改进仍将是提升效率的最重要方法，因此，提高混合动力、新燃料的应用和整体的燃油经济性将是未来所有商用车企业都会考虑的问题。第三，互联互通性也是商用车未来技术发展的一个重要基础，在很多领域，商用车的互联互通带来的经济效益会比乘用车更有效，主要包括远程故障诊断、负载监控、性能分析、订单管理、在线测试、大数据、远程信息处理等技术的应用，将会使商用车和车队的发展综合联系起来。第四，随着客户的需要和竞争的需要，商用车驾驶安全性的问题和对司机的关注度会越来越高。

（三）全球零部件行业预测

罗兰贝格在 2015 年 12 月 25 日发布的《全球汽车零部件供应商研究》报告中预测，"全球汽车零配件市场短期之内的增长将放缓；长期来看，产业结构将发生根本性改变，专注于产品、客户和区域结构的供应商可能获得较大收益。"报告认为，2015 年全球汽车行业的波动性和不确定性不断增强。预计 2016 年，全球轻型汽车的产量将继续上升，但是增速会大幅下降。其中，欧洲将维持较低水平，日本将有所下降，北美自由贸易区将温和增长，中国仍是唯一的主要增长动力。受终端客户需求继续向亚洲转移、原材料供应商向下游扩张、货币与资本市场波动等因素的进一步影响，未来汽车零部件供应商面临的不确定性将增强，产业结构从根本上发生改变，并重新分配产品和领域的收益。

三、全球航空行业预测

（一）全球民用飞机市场预测

1. 全球新增飞机预测

2015年，波音、空客、中国商飞等公司对未来20年全球新增飞机情况进行了预测。波音预测未来20年将有价值5.6万亿美元的38050架新飞机交付，其中单通道市场继续成为增长最快和规模最大的部分，在未来20年将需要26730架飞机。这些飞机将成为全球民航机队的主力，在全世界超过70%的航线上运载多达75%的乘客。该细分市场是由低成本航空公司和新兴国家与地区的发展驱动的。下表列举了波音、空客和中国商飞对未来20年单通道飞机、双通道飞机以及新增飞机总体情况的预测。

表10-1 未来20年全球新增飞机预测

机型分类 / 预测公司	单通道飞机	双通道飞机	新增飞机总体情况
波音	全球需要26730架单通道飞机，总价值27700亿美元。	全球需要8830架双通道飞机，总价值27000亿美元。	全球需要38050架新飞机，总价值5.6万亿美元，其中包括90座及以下支线喷气飞机2490架，总价值1000亿美元。
空客	全球需要23000架新的单通道飞机，总价值2.2万亿美元。单通道飞机占到了全部新交付飞机总量的70%及5万亿美元价值总量的45%。	全球需要新增大约9600架宽体飞机，价值约2.7万亿美元。这占到了全部新交付飞机总数的30%、总价值的55%。	全球需要新增32600架100座级以上飞机（其中包括31800架客机和800架载10吨以上的货机），总价值近5万亿美元。
中国商飞	全球单通道喷气客机交付量将达到24144架，价值达2.25万亿美元。	全球双通道喷气客机交付量将达8232架，总价值约2.37万亿美元。	全球将有37049架新机交付，价值约48235亿美元。其中涡扇支线客机的交付量约为4673架，价值超过2081亿美元。

数据来源：赛迪智库整理，2016年1月。

波音对细分机型分交付量及价值进行了预测。

表 10-2　各机型新飞机交付：2015—2034

飞机类型	座级	交付总量	美元价值
支线喷气	90座及以下	2490	1000亿
单通道飞机	90—230座	26730	27700亿
小型宽体机	200—300座	4770	12500亿
中型宽体机	300—400座	3520	12200亿
大型宽体机	400座及以上	540	2300亿
合计	—	38050	5.6万亿

数据来源：波音官网，2016 年 1 月。

波音对全球每个区域的新飞机交付量进行预测，认为包括中国在内的亚洲市场将继续引领全球未来 20 年的飞机交付总量。

表 10-3　各地区新飞机交付：2015—2034

区域	飞机交付量
亚洲	14330
北美	7890
欧洲	7310
中东	3180
拉美	3020
非洲	1170
独联体	1150
合计	38050

数据来源：波音官网，2016 年 1 月。

2. 东北亚地区新增飞机预测

波音公司近日对包括日本、韩国和中国台湾在内的东北亚地区未来 20 年的民航飞机需求进行了预测。据此，到 2034 年，东北亚地区民机需求总量达 1450 架，价值达 3100 亿美元。波音预测，未来 20 年，这一地区民航市场表示客运量的收入乘客里程（RPK）将以 2.6% 的年均增幅增长。按目的地区域看，飞往中国、中东、南亚等地的航班将会日趋增长。

3. 超大型航空枢纽城市预测

2015 年 9 月 16 日，在第十六届北京国际航空展览会上，中国商飞公司发布《2015—2034 年民用飞机市场预测年报》（以下简称年报）。到 2034 年，始发或往返于超大型航空枢纽城市的远程航线将在远程航线市场中占据主导地位，其市场份额将由目前的90%（客运量90万乘客/天）提高到95%（客运量230万乘客/天）。超大型航空枢纽城市是城市化和财富聚集的中心，到2034年这种超大型城市的数量将由目前的47个增长到91个，届时，全世界35%的GDP将集中于此。这些超大城市已经拥有良好的航空运输体系，其现有的航线网络将能够很好地承担从现在到2034年70%的整体运输增长。

4. 全球航空客运需求预测

国际航空运输协会（IATA，以下简称"国际航协"）发布最新旅客增长预期指出，2034年客运总量将增至70亿人次，客运需求年均增长率为3.8%（以2014年为基准年），比2014年航空客运总量（33亿人次）翻了一倍多，是2015年预计客运总量（35亿人次）的整整两倍。除了国际航协，波音、空客以及中国商飞也对全球及亚太地区的客运量进行了预测，预测结果列举在下表中。

表10-4　未来二十年全球及亚太地区客运量预测

预测内容 预测公司	全球客运量预测	亚太地区客运量预测
波音	航空客运量将保持4.9%的年均增长率，接近5%的历史最高水平。到2034年，乘机旅客总量将达到70亿人次。航空货运量将年均增长约4.7%。	需要12820架新飞机，总价值1.9万亿美元，占到全世界新飞机交付量的36%。
空客	全球航空客运量年均增长率为4.6%，到2034年，全球客机和货机机队总数将由现在的19000架增长一倍，达到38500架。未来20年，大约有13100架老旧飞机将由燃油效率更高的新飞机替代。	到2034年，亚太地区将成为世界航空运输市场的领头羊，其中中国在未来10年内将成为世界最大的航空运输市场。亚洲和新兴市场是航空运输业强劲增长的催化剂。
国际航空运输协会	2034年全球客运总量将增至70亿人次，客运需求年均增长率为3.8%（以2014年为基准年），比2014年航空客运总量（33亿人次）翻了一倍多，是2015年预计客运总量（35亿人次）的整整两倍。	亚太地区出境、入境和区域内航线每年将新增18亿旅客，到2034年客运量为29亿人次。与其他地区相比，亚太市场占全球客运量的比例将增至42%，年均增长率为4.9%，与中东地区并列榜首。
中国商飞	全球航空旅客周转量（RPK）将以平均每年4.7%的速度递增。到2034年，预计全球客机机队规模将达到41949架，是现有机队（19882架）的2.1倍。	亚太地区（含中国）是增长最快的市场，其机队占全球的比例将从目前的28%增长到2034年的35%，其中中国客机机队的比例将由12%增长到17%。

注：表中波音对亚太地区的预测为2014年的预测结果，其余均为2015年的预测结果。
数据来源：赛迪智库整理，2016年1月。

国际航协发现，就每年新增旅客而言，旅客数量增长最快的五个市场为中国（11.96 亿旅客中有 7.58 亿新旅客）、美国（11.56 亿旅客中有 5.23 亿新旅客）、印度（3.78 亿旅客中有 2.75 亿新旅客）、印度尼西亚（2.19 亿旅客中有 1.32 亿新旅客）和巴西（2.02 亿旅客中有 1.04 亿新旅客）。

国际航协对亚太地区、北美地区、欧洲、拉丁美洲、中东地区和非洲地区未来 20 年的旅客数量进行了预测，预测结果见下表。

表 10-5　国际航协对全球各大地区旅客数量预测

地区	预测结果
亚太地区	该地区出境、入境和区域内航线每年将新增18亿旅客，到2034年客运量为29亿人次。与其他地区相比，亚太市场占全球客运量的比例将增至42%，年均增长率为4.9%，与中东地区并列榜首。
北美地区	年均增长率预计为3.3%，2034年客运总量达到14亿，每年新增 6.49亿人次。
欧洲	该地区年均增长率最低，为2.7%，但每年仍会新增5.91亿旅客。总量将达到14亿人次。
拉丁美洲	该地区年均增长率预计为4.7%，客运总量为6.05亿，每年新增旅客3.63亿。
中东地区	该地区增长幅度大，预计年均增长率为4.9%，至2034年，出境、入境和区域内航线每年新增旅客数量将达到2.37亿。阿联酋、卡塔尔和沙特阿拉伯增长率将分别达到5.6%、4.8%和4.6%。中东地区客运量将达到3.83亿人次。
非洲地区	该地区年均增长率预计达到4.7%。至2034年，每年新增旅客1.77亿人次，客运总量为2.94亿人次。

数据来源：赛迪智库整理，2016 年 1 月。

5. 全球民航专业人员需求预测

波音发布的 2015 年版《飞行员和维修技师展望》中预测，全球在 2015—2034 年将需要 55.8 万名新民航飞行员和 60.9 万名新民航维修技师。

全球航空业对这些民航专业人员的需求将受到经济持续增长的驱动，使每年需要约 2.8 万名新飞行员和超过 3 万名维修技师。

按照地区划分，未来 20 年对新飞行员和维修技师的需求统计见下表。

表 10-6　未来 20 年全球对新飞行员和维修技师的需求统计

预测内容 各大地区	新飞行员（万名）	新维修技师（万名）
亚太地区	22.6	23.8
欧洲	9.5	10.1
北美	9.5	11.3
拉美地区	4.7	4.7
中东地区	6	6.6
非洲	1.8	2.2
俄罗斯/独联体	1.7	2.2

数据来源：赛迪智库整理，2016 年 1 月。

（二）全球公务航空市场预测

1. 全球公务机交付情况预测

霍尼韦尔航空航天集团发布的年度全球公务航空展望报告预测，2015 年至 2025 年间，全球将交付多达 9200 架新公务机，总值 2700 亿美元，较 2014 年的预测总值下降了 3%—5%。报告显示，运营商计划在未来 5 年内购买的新飞机约相当于现有机队数量的 22%，用于替换或补充现有机队；预计近期内大型公务机将占据 80% 以上的新购机支出；预计新机型的推出及经济状况改善将推动公务机行业发展，实现 3% 的年均增长率。

2. 全球公务航空电子设备市场预测

市场分析公司 Avascent 发布的报告预测，2020 年全球公务航空电子设备市场将以 3% 的复合年增长率（CAGR）增长，仅在 2015 年，用于固定翼公务机航空电子系统的经费就将达到 200 亿美元。同时，空运飞机的航空电子零部件设备市场也会比之前预计的发展更快，其 2015 年至 2020 年的复合年增长率为 5.3%，2020 年数额将达 42 亿美元。另外，Avascent 预测涡轮螺旋桨飞机设备年增长率将为 5.5%，2020 年涡轮螺旋桨飞机原有航空电子设备预计将达 3.5 亿美元。

3. 全球各大区域的公务机数量预测

《航空周刊》"2016 年度市场总结报告"对全球各大区域的公务机数量进行了预测。北美地区的增长速度预计为 2.3%，2025 年北美公务机机队将从当前的

19700 架增加到 24100 架，保持其 63% 的市场份额。尽管中国机队规模较小，其增长速度预计会以 9% 的速度最快增长。预计在未来 10 年，中国机队将扩充至 679 架公务机。东欧和西欧机队数量的增长将仅次于中国。除中国外，亚太地区的机队总数为 1025 架，预计到 2025 年将增到 1310 架。西欧 3329 架公务机机队数量每年增长 4.1%，而东欧机队数量预计会以每年 3.6% 的速度从约 540 架飞机增至 740 架。拉美地区在役公务机总计 4558 架，预计到 2025 年增至 4667 架，年增长速度为 0.3%。印度机队数量不超过 70 架，但预计在此期间会以每年 3.1% 的速度增长。与此同时，中东机队目前拥有 419 架飞机，预计到 2025 年将攀升至 510 架。

（三）全球无人机市场预测

研究机构 EVTank 分析指出，2014 年全球无人机的销量为 39 万架，其中军用无人机占 4%，民用无人机占 96%，为 37.8 万架，其中专业级无人机销量约 12.6 万架，消费级无人机销量约 25.5 万架。预估在 2015 年全球消费性无人机市场规模可望达到 17 亿美元，年成长率达 167%。预测未来几年无人机将保持快速增长的趋势，到 2020 年，全球无人机年销量有望达到 433 万架，市场规模将达到 259 亿美元。

四、全球船舶行业预测

预计 2016 年，国际船市新一轮大调整持续深入，产业调整周期的特征不断显现，需求结构出现一些趋向性变化，散货船等常规船型需求仍然乏力，海洋工程装备及高技术船舶需求将企稳回升。同时，受船舶能效和排放更高标准要求的影响，节能环保的新型散货船、集装箱船、油船有望成为市场需求主体，LNG 船、LPG 船将保持旺盛需求，汽车运输船、远洋渔船、豪华游轮等需求增长将表现明显。

（一）全球造船市场难见复苏气象

据日本造船工业协会（SAJ）预测，到 2020 年，国际海运贸易量将达到 116.5 亿吨，到 2035 年将达到 163.1 亿吨。受此推动，国际造船市场需求将从 2020 年开始出现增长，在 2025—2035 年的增速有望恢复到 2000—2010 年的水平。中国船舶工业行业协会分析认为，2015 年全球经济形势错综复杂，但总的趋势是在向好的方向发展。具体来说，美国经济正在放缓复苏，欧洲经济出现复苏希望，中国经济步入新常态，日本经济复苏步伐稳中有升，印度经济增长最为快速，各国的经济复苏形势将积极影响全球航运市场。但从另一个方面看，航运市场运力过剩将导致市场供需矛盾在未来很长一段时间存在。同时，BDI 指数长期处于低位，散货船市场不会提供大量散货船订单，大型集装箱船订单量也将出现下降。油船方面，2015 年油价走低使得石油库存量大幅增加，需求降低，未来油船订单量将出现下滑。

（二）全球航运市场运力过剩

证券日报数据显示，2016 年 1 月 5 日，波罗的海贸易海运交易所干散货运价指数（BDI）继续下跌，报收 468 点，突破了历史最低点 471 点。由于 BDI 指数不断创造历史最低纪录，业内普遍不看好于航运业的未来前景。2008 年金融危机发生之前，全球经济飞速发展，贸易量与日俱进而推升市场运价，为满足市场需求船东大量订造新船。但在金融危机爆发之后，航运市场需求直线下滑。贸易量大幅下跌导致航运市场紧缩，对比大量订造的新船进入市场使得可用运力快速上升，全球航运市场运力严重过剩。通常情况下，旧船随着船龄增长、燃效低下而被进行报废处理，从而平衡新船进入市场的运力增长。而面对短时间内大量新船的进入，通常的拆船率还不足以缓解运力过剩这一问题。另外，全球钢价下跌也使得船舶废钢贬值，油价低行也缩小了现代化船舶与传统船舶之间的经济效益差距，则船东短时间内的拆船意愿下降，产能过剩现象继续恶化。据全球航运咨询公司德鲁里发布的干散货运报告显示，未来一段时间内干散货航运市场前景黯淡，预期航运企业在 2017 年之前不会恢复盈利。

第十一章 消费品工业

第一节 总体态势

2015 年，由于大宗商品价格下跌、美元升值、区域冲突加剧等因素，全球制造业增速继续下滑，但下滑趋势放缓。2015 年 3 季度，整体制造业仅同比增长 2.7%，低于上年同期 0.3 个百分点。在此背景下，消费品工业整体增长疲软，行业增速分化明显，烟草、印刷与出版等行业增速呈现负增长态势。

与整体制造业相比，消费品行业的增长则呈现分化态势。2015 年 3 季度，除食品与饮料、服装、橡胶与塑料、家具及其他制造业增速高于整体制造业外（增速分别为 3.6%、3.6%、3.4% 和 5.4%），烟草、纺织、皮革与鞋帽、木材加工（不含家具）、造纸、印刷与出版等行业的增速均低于整体制造业，特别是烟草、印刷与出版两个行业的增速为负，分别同比下降 1.5% 和 0.8%。

与 1、2 季度相比，第 3 季度各行业增速变化趋势亦整体呈现分化态势。相比 1 季度，3 季度除烟草、纺织、皮革与鞋帽、印刷与出版增速继续下滑外（分别下滑 2.4 个、0.2 个、0.8 个和 0.4 个百分点），其他行业增速均逐步走高。

相比上午，3 季度除食品与饮料、服装、造纸、橡胶与塑料四个行业增速分别高于上年同期 0.8 个、2.4 个、0.3 个和 0.5 个百分点外，其他行业增速均低于去年同期。

第二节 主要国家和地区情况

在全球制造业继续探底的背景下，发达国家与发展中国家消费品工业增速继续放缓，但下降程度收窄。

一、发达经济体

2015 年，在整体制造业进一步放缓的背景下，发达经济体消费品工业延续不景气态势，部分行业增长停滞甚至负增长，且未来形势不乐观。

与整体制造业相比，2015 年 3 季度，除食品和饮料、服装、橡胶与塑料、家具与其他制造业增速高于整体制造业外（增速分别为 2.8%、5.0%、1.4% 和 1.2%），其他行业增速均低于整体制造业。特别是烟草、纺织、皮革与鞋帽、印刷与出版呈现负增长态势，增速分别为 –4.4%、–1.5%、–4.3% 和 –1.6%。

从区域角度及其原因来看，发达经济体消费品工业增长的贡献主要来源于美国和欧盟消费品工业的复苏。受益于内需稳步增长，美国消费品工业增速加快，而欧盟受益于石油价格降低和货币贬值引起的出口增加，其消费品工业亦出现恢复增长态势。

表 11-1　2015 年前 3 季度发达经济体主要消费品行业产出同比增速

行业	2014Q1	2014Q2	2014Q3	2014Q4	2015Q1	2015Q2	2015Q3
食品和饮料	2.1%	2.0%	1.3%	2.6%	0.7%	2.0%	2.8%
烟草	–2.3%	–1.4%	–2.1%	–6.4%	–11.3%	–8.7%	–4.4%
纺织	2.8%	1.8%	0.9%	–0.6%	–1.3%	–1.3%	–1.5%
服装	1.2%	0.8%	–5.8%	–0.6%	–5.4%	0.2%	5.0%
皮革与鞋帽	–0.8%	4.4%	1.7%	–1.8%	–2.5%	–5.7%	–4.3%
木材加工（不含家具）	2.6%	2.2%	1.8%	–1.3%	1.2%	0.2%	0.5%
造纸	0.6%	0.0%	0.0%	–6.3%	–0.5%	–0.6%	0.0%
印刷与出版	–0.3%	–1.0%	–0.3%	–1.3%	–1.1%	–0.9%	–1.6%
橡胶与塑料	5.5%	3.9%	2.6%	2.1%	1.4%	1.1%	1.4%
家具及其他制造业	4.0%	3.2%	2.9%	3.2%	1.9%	1.1%	1.2%
整个制造业	2.5%	1.5%	1.2%	1.5%	1.2%	0.9%	1.2%

数据来源：UNIDO，2016 年 1 月。

二、EIE 及其他发展中国家

2015 年，EIE 及其他发展中国家制造业增速下滑明显，消费品工业增长低于预期，且增速持续下滑。

2015 年 3 季度，EIE 及其他发展中国家整体制造业同比增长 5.1%。与整体制造业相比，消费品工业增长分化态势明显。其中，木材加工（不含家具）、印刷与出版、家具及其他制造业增速高于整体制造业，增速分别为 5.5%、6.6% 和 9.0%；而食品和饮料、烟草、纺织、服装、皮革与鞋帽、造纸、印刷与出版增速均低于整体制造业，增速分别为 4.4%、–1.2%、4.1%、3.1%、2.1%、4.9% 和 3.0%。

从区域角度及其原因来看，EIE 及其他发展中国家消费品工业增速走低主要原因是中国和拉丁美洲消费品工业的增速下滑。2015 年，在经济新常态背景下，中国制造业进一步疲软，增速降至 2005 年以来最低值，拉低了 EIE 及其他发展中国家消费品工业整体增速。此外，由于中国制造业增速的放缓，其他向中国出口原料的发展中国家亦面临制造业下滑态势，国内经济增速放缓，需求疲软。特别是拉丁美洲，许多国家经济陷入衰退，包括阿根廷、巴西和智利。巴西制造业部门连续六个季度增速下滑，阿根廷和智利受累于石油价格下降，经济呈现负增长。

表 11–2　2015 年前 3 季度 EIE 及其他发展中国家主要消费品行业产出同比增速

行业	2014Q1	2014Q2	2014Q3	2014Q4	2015Q1	2015Q2	2015Q3
食品和饮料	6.3%	6.4%	4.8%	4.5%	5.2%	4.1%	4.4%
烟草	22.0%	10.8%	8.4%	7.6%	2.7%	5.0%	–1.2%
纺织	5.7%	6.2%	4.9%	4.6%	4.2%	4.4%	4.1%
服装	9.5%	4.5%	3.9%	4.9%	5.5%	4.0%	3.1%
皮革与鞋帽	10.8%	3.9%	5.1%	3.8%	2.5%	3.9%	2.1%
木材加工（不含家具）	3.9%	8.0%	6.3%	6.0%	3.3%	4.5%	5.5%
造纸	13.1%	4.1%	4.0%	5.2%	2.6%	4.0%	4.9%
印刷与出版	9.6%	11.8%	10.4%	5.2%	2.4%	1.7%	3.0%
橡胶与塑料	7.5%	5.9%	3.3%	3.8%	5.4%	6.3%	6.6%
家具及其他制造业	13.9%	7.7%	9.0%	10.5%	6.9%	8.0%	9.0%
整个制造业	8.6%	7.3%	6.9%	7.3%	5.4%	5.4%	5.1%

数据来源：UNIDO，2016 年 1 月。

第三节　主要国家重点行业情况

一、纺织服装业

（一）意大利

意大利服装品牌全球出名，包括阿玛尼（Armani）、范思哲（Versace）、Gucci、Prada、杜嘉班纳（Dolce & Gabbana）、Missoni、杰尼亚（Zegna）、Diesel等知名品牌。依托其品牌优势，纺织服装工业在意大利制造业中占有重要地位，特别是服装行业。2015年，意大利纺织服装工业有企业数量45429家，实现产值491亿欧元，吸纳就业人数277402人，分别占制造业的11.2%、5.7%和8.7%。

表 11-3　意大利纺织与服装行业生产指标

	制造业	纺织	服装
企业数量（家）	407344	14767	30662
销售收入（亿欧元）	8724.8	210.6	285.1
产值（亿欧元）	8534.9	208.8	281.8
就业人数（人）	3202822	110251	167151

数据来源：Eurostat，2016年2月。

2015年，意大利经济扭转负增长态势，四个季度GDP增长率分别为0.1%、0.5%、0.8%、1.0%，各季度增速均高于上年同期。纺织服装行业作为重要的消费品行业，与宏观经济走势密切相关。

从生产来看，意大利纺织服装工业增长乏力，恢复至2010年的水平仍待时日。2015年1—12月，纺织服装工业生产指数呈现下滑态势，各月均低于90，相比上年，整体变化不大。相比整体制造业，纺织服装工业相对更加不景气。2015年1—12月，纺织服装工业生产指数各月均低于同期整体制造业，当然整体制造业亦增长乏力，各月生产指数略大于90。分行业来看，纺织行业与服装行业均不景气，特别是服装行业。1—12月，服装行业生产指数由76.6震荡降低到76.1，而纺织行业生产指数在85下方波动。

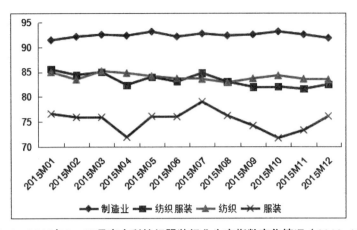

图11-1 2015年1—12月意大利纺织服装行业生产指数变化情况（2010=100）

数据来源：Eurostat，2016年2月。

从销售来看，意大利纺织服装销售明显好于上年，同时表现好于整体制造业。1—12月，纺织服装工业销售收入指数整体不变，但各月略有波动。相比上年，其中8个月份指数均高于上年同期。但相比整体制造业，各月销售收入指数均高于制造业同期水平，其中制造业仍没有恢复至2010年的销售水平。分行业来看，虽然服装行业销售整体呈现震荡上升态势，但远不及纺织行业，纺织行业销售已恢复至2010年的水平，而服装行业仍未恢复至2010年的水平。分销售目的地来看，国内销售依然延续着不景气态势，而纺织服装国外销售已经超过2010年的生产水平，且显著好于2014年，销售收入指数达到129.4。

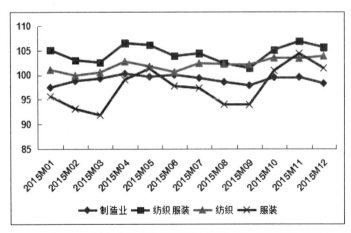

图11-2 2015年1—12月意大利纺织服装行业销售收入指数变化情况(2010=100)

数据来源：Eurostat，2016年2月。

从价格来看，纺织服装价格变化不大，略好于上年。1—12月，纺织服装价格指数均为109左右，各月相比上年同期均略有上升。分行业来看，纺织行业与服装行业价格走势与纺织服装工业价格走势相同，都表现为2015年各月变化不大，略高于上年同期。

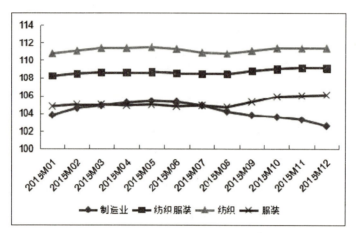

图11-3　2015年1—12月意大利纺织服装行业出厂价格指数变化情况（2010=100）

数据来源：Eurostat，2016年2月。

（二）印度

纺织服装工业是印度的重要经济支柱，也是最大的出口创汇部门之一。目前，印度纺织行业就业人数4500万人，产值占工业总产值的14%，增加值占GDP的4%，出口约为总出口的12%。

进入2015年，从生产来看，纱线增速加快，增速高于2013和2014年。2015年，纱线产量331.6万吨，相比上年同期增长5%。其中，棉纱、混纺纱、化纤纱产量分别为243.6万吨、55.8万吨和32.2万吨，分别同比增长5%、5%和7%。

从价格来看，除棉花和传统纱线价格上升化，其他多数含化纤的混合纱多数呈下降趋势。1—12月，胶纱价格由225.4卢比/千克下降到224.8卢比/千克，尼龙棉花混纺纱由190卢比/千克降低到174卢比/千克，变形纱价由105.2卢比/千克下降至92.8卢比/千克，而棉花由84.7卢比/千克上升到89.5卢比/千克。

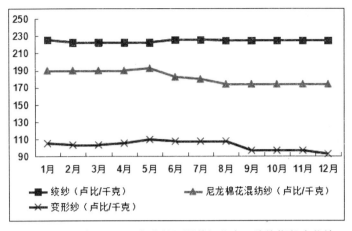

图11-4　2015年1—12月印度纺织服装行业出厂价格指数变化情况

数据来源：印度纺织部，2016年2月。

（三）越南

由于具有原料和劳动力的成本优势，纺织行业与服装行业逐渐成为越南的传统优势出口部门。2014年，越南纺织行业总出口89.4亿美元，其中前十大出口国或地区分别为美国、中国、日本、韩国、柬埔寨、加拿大、土耳其、中国香港、德国、印度尼西亚，累计份额为79.1%。2013年，越南服装行业总出口159.3亿美元，其中前十大出口国或地区分别为美国、韩国、日本、德国、西班牙、英国、加拿大、荷兰、中国、比利时，累计份额为89.0%。

2015年，越南经济快速增长，增速持续上升。GDP同比增长6.68%，高于6.2%的预期增长目标，实现了近四年的最高增速。

从生产来看，受益于经济快速增长，纺织服装工业以及整个制造业呈现出良好的增长态势。2015年，纺织行业与服装行业产量分别同比增长13.9%和5.6%。1—12月，纺织行业生产指数从121.7上升到146.2，服装行业生产指数从152.0上升到180.4。与上年相比，纺织与服装各月生产指数均高于上年同期。与整体制造业相比，纺织行行业生产指数高3.2，而服装行业生产指数低5.1。从主要产品来看，棉织品和化纤织物产量分别为325.5 MN m^2、661.9 MN m^2，相比去年分别同比增长3.7%和−4.3%，衣服产量3208.4百万件，同比增长5.2%。生产的快速增长带动了就业增长。相比2013年，2014年纺织品与服装的就业指数分别为106.7和109.6。

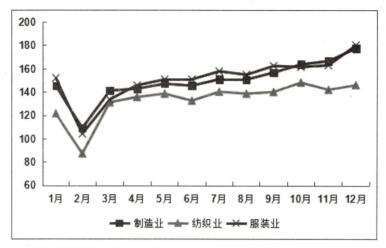

图11-5　2015年1—12月越南纺织服装行业生产指数变化情况(2010=100)

数据来源：越南统计局，2016年2月。

但是，行业库存情况不容乐观，特别是服装行业。服装行业库存增长高于生产增长，反映出国内需求不足。相比2014年，2015年纺织品与服装行业的消费指数分别为101.3和104.4，库存指数分别为111.7和120.0。

二、食品工业

（一）法国

法国是欧盟第二大食品市场，其食品工业在制造业中的地位非常重要，特别是食品行业。2015年，法国食品行业的企业数量、产值和就业人数分别为60603个、1828.2亿欧元和598300人，分别占整体制造业的26.8%、21.9%和20.6%。

表11-4　2015年法国食品工业经济指标

	制造业	食品	饮料
企业数量（个）	226372	57478	3125
销售收入（亿欧元）	8772.5	1547.0	281.2
产值（亿欧元）	7438.1	1375.6	252.0
就业人数（人）	2903732	528674	69626

数据来源：Eurostat，2016年2月。

2015 年，受益于投资和出口快速增长拉动，法国经济持续上行，经济显著好于上年同期。四个季度 GDP 增长率分别为 0.9%、1.1%、1.1% 和 1.4%，出口分别增长 5.7%、8.0%、6.1% 和 4.5%。

与宏观经济走势类似，食品工业缓慢复苏，但复苏迹象依然脆弱。从生产来看，法国食品工业生产整体呈平稳态势，但略好于制造业整体水平。与上年相比，2015 年食品工业略好于上年，略超出 2010 年的生产水平。2015 年 1—12 月，食品工业生产指数在 100 上小幅波动，除 2 月、9 月和 12 月外，其他月份均略高于上年同期。相比整体制造业，食品工业生产指数均高于整体制造业。食品和饮料生产情况均接近食品工业整体生产水平，但饮料生产情况相对好于食品。

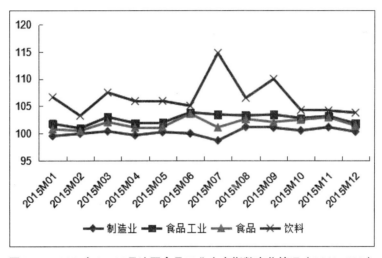

图11-6 2015年1—12月法国食品工业生产指数变化情况（2010=100）

数据来源：Eurostat，2016 年 2 月。

从销售来看，食品工业销售情况略好于上年。2015 年 1—12 月，各月食品工业销售收入指数约为 115，多个月份销售收入指数均高于上年同期。同样，食品工业销售情况显著好于整体制造业。分销售区域来看，国外销售情况显著好于国内销售，且好于去上年同期。

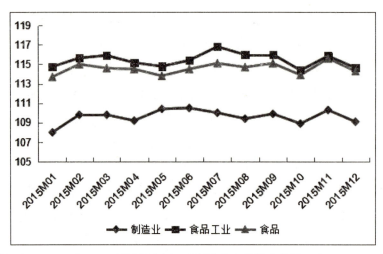

图11-7　2015年1—12月法国食品工业销售收入指数变化情况（2010=100）

数据来源：Eurostat，2016年2月。

　　从价格走势来看，受需求疲软的影响，全年价格较为稳定。2015年1—12月，食品价格出厂价格指数在109左右小幅波动，整体呈平稳态势。食品与饮料价格走势相对分化，食品价格整体呈平稳态势，而饮料价格略有回升。

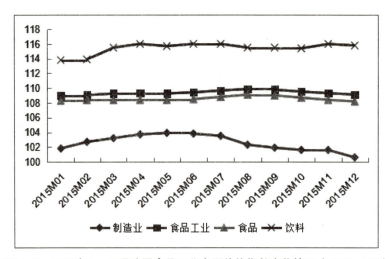

图11-8　2015年1—12月法国食品工业出厂价格指数变化情况（2010=100）

数据来源：Eurostat，2016年2月。

（二）英国

　　食品工业是英国制造业中的重要部门。2015年，英国食品行业的企业数量、产值和就业人数分别为 6889 个、850.7 亿欧元和 363788 人，分别占整体制造业的 5.4%、14.8% 和 14.9%。

表 11-5　2015 年英国食品工业经济指标

	制造业	食品	饮料
企业数量（个）	127943	6889	1341
销售收入（亿欧元）	6109.6	913.3	—
产值（亿欧元）	5757.5	850.7	—
就业人数（人）	2440974	363788	—

数据来源：Eurostat, 2016 年 2 月。

2015 年，受投资严重放缓，英国经济恢复进程减慢，经济存在下行压力加大。四个季度 GDP 增长率分别为 2.6%、2.4%、2.1% 和 1.9%，投资增长率分别为 9.6%、0.8%、1.2% 和 1.5%。

食品工业生产整体放缓，价格亦延续下行态势。从生产来看，食品行业生产情况不如去年。2015 年 1—12 月，食品行业生产指数震荡下行，从 105.5 下滑到 104.5，其中 7 个月份生产指数均低于上年同期。与整体制造业相比，食品行业生产表现较好。相比制造业，除 4 月份外，各月食品行业生产指数均高于同期制造业。

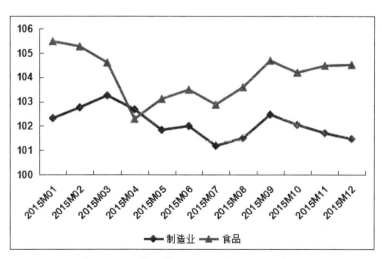

图11-9　2015年1—12月英国食品工业生产指数变化情况（2010=100）

数据来源：Eurostat, 2016 年 2 月。

从价格来看，食品价格仍维持低位。2015年1—12月，食品工业出厂价格指数持续走低，从108.9降低到105.9，而且各月份价格指数均低于上年同期。分产品来看，食品与饮料价格继续延续上年的下行态势。2014年1—12月，食品出厂价格指数从109.1降低到107.1，饮料出厂价格指数从105.4降低到101.1。

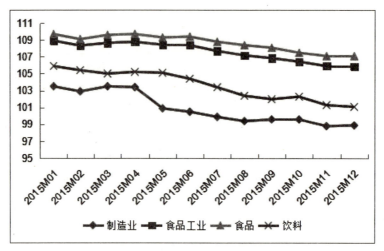

图11-10　2015年1—12月英国食品工业出厂价格指数变化情况（2010=100）

数据来源：Eurostat，2016年2月。

三、医药工业

（一）德国

德国医药工业是制造业的重要经济部门，企业平均产值显著高于整体制造业。2015年，德国医药企业568家，其中基本药物企业和制剂企业分别为75家和492家；产值413.5亿欧元，其中基本药物和制剂产值分别为12.9和400.6亿欧元；就业12.14万人，其中基本药物和制剂就业人员分别为6061人和11.54万人。与整体制造业相比，医药企业数量占制造业0.28%，但产值达到2.47%，医药企业平均产值为整体制造业9倍。

2015年，受制于居民消费支出和投资增速放缓，德国经济低速增长，略低于去年同期。四个季度GDP增长率分别为1.1%、1.6%、1.7%和1.3%，居民消费支出增长率分别为2.0%、2.1%、2.1%和1.4%。

德国医药工业恢复加快，主要经济指标显著好于上年。从生产来看，制药工业生产明显好于上年。2015年多个月份生产指数均高于上年，特别是5月、6月、7月三个月份，生产指数分别为122.5、128.5和125.8，分别高于上年同期12.8个、17.2个和14.1个百分点。与整体制造业相比，制药工业生产整体好于整体制造业，各月份生产指数均高于整体制造业。从制药工业的结构来看，制药工业生产增加的贡献主要来源于制剂部门，而基本药物部门生产不乐观，不仅没有恢复到2010年的生产水平，且低于上年同期。

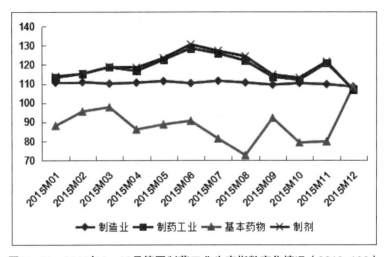

图11-11　2015年1—12月德国制药工业生产指数变化情况（2010=100）

数据来源：Eurostat，2016年2月。

从销售来看，销售亦好于上年。2015年各月销售收入指数在120左右小幅波动，与上年相比，多个月均高于上年同期，特别是上半年显著高于上年同期。与整体制造业相比，上半年制药工业销售好于整体制造业，但下半年销售收入指数均低于上年同期。从制药工业的结构来看，与生产情况不同，制药工业销售增加的贡献主要来源于基本药物，而非制剂。与医药工业相比，基本药物销售收入指数除11月份外，其他各月均高于同期医药工业。与制剂相比，除6月份外，基本药物销售收入指数均高于同期制剂销售收入指数，特别是4月份和12月份，基本药物销售收入指数分别高于制剂21.0和26.6个百分点。从销售目的地来看，销售收入的增加主要来源于国外销售，而不是国内销售。与国内销售收入指数相比，国外销售收入指数各月明显高于国内，各月均高于30.0左右。

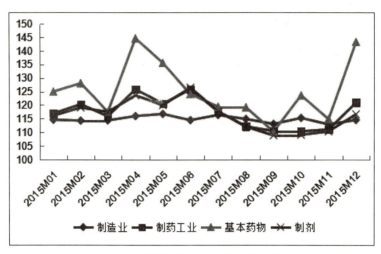

图11-12　2015年1—12月德国制药工业销售收入指数（2010=100）

数据来源：Eurostat，2016年2月。

从就业和产品价格来看，就业情况和出厂价格亦好于上年。与上年相比，就业指数和出厂价格指数各月均高于上年同期。分产品来看，基本药物出厂价格指数低于去年，而制剂出厂价格指数高于上年。

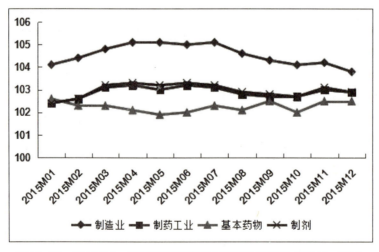

图11-13　2015年1—12月德国制药工业出厂价格指数（2010=100）

数据来源：Eurostat，2016年2月。

（二）比利时

比利时是全球知名的制药产业技术中心和药品分销中心，其大型药企主要为优时比制药（UCB）、欧米茄制药、杨森制药（1961年已经并入美国强生集团，属于强生集团的全资子公司）等公司，此外，在比利时大量投资的大型跨国药企有百特、先灵葆雅、辉瑞制药、健赞制药、赛诺菲—安万特、罗氏制药、雅培公司以及葛兰素史克等大型跨国药企。

目前，医药工业产值和就业人数均约为整体制造业的4%。从市场结构和企业结构来看，比利时医药企业以中小企业为主，大企业垄断了医药市场，其中制剂为医药工业的主要产品。2015年，比利时医药工业企业115家，超过250人企业有9家，而这9家企业产值占整个行业产值的比重高达93.45%。分产品来看，整体制剂企业生产效率显著高于基本药物生产企业：82家制剂企业产值为115.96亿欧元，而33家基本药物生产企业产值仅为1.13亿欧元。

表11-6　2015年比利时医药工业经济指标

	制造业	医药工业	基本药物	制剂
企业数量（个）	33468	115	30	85
销售收入（亿欧元）	2672.7	126.7	1.0	125.6
产值（亿欧元）	2536.2	151.4	1.0	150.4
就业人数（人）	481964	22779	491	22288

数据来源：Eurostat，2016年2月。

2015年，受政府支出和投资不振因素影响，比利时经济增长接近停滞，整体低于去年同期，四个季度GDP增长率分别为1.3%、1.5%、1.3%和1.4%。

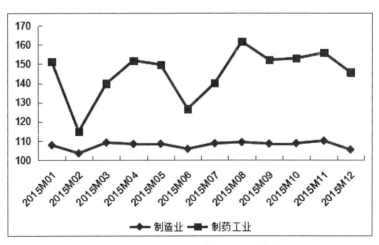

图11-14　2015年1—12月比利时制药工业生产指数（2010=100）

数据来源：Eurostat，2016年2月。

　　从销售来看，医药销售稳步增加，情况亦显著好于上年。2015 年 1—11 月，医药销售收入指数由 158.6 稳步上涨到 162.0。相比上年各个月份销售收入指数均高于上年同期，特别是 1 月和 9 月，销售收入指数分别高于上年同期均接近 60。与整体制造业相比，医药销售呈现良好态势，全年各个月份各月销售收入指数均高于同期整体制造业。

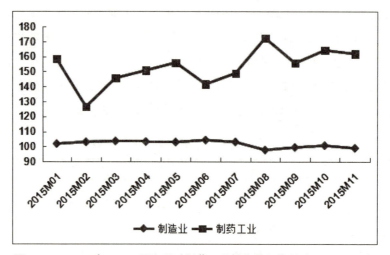

图11-15　2015年1—12月比利时制药工业销售收入指数（2010=100）

数据来源：Eurostat，2016 年 2 月。

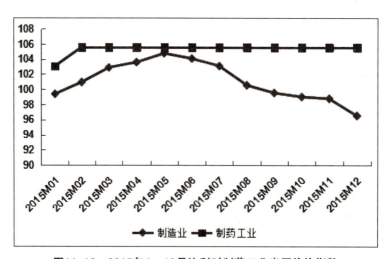

图11-16　2015年1—12月比利时制药工业出厂价格指数

数据来源：Eurostat，2016 年。

从出厂价格来看，由于专利到期和成本控制措施因素，医药价格逐渐平稳。2015 年 1—12 月，医药出厂价格指数整体平稳在 105.6。与上年相比，2015 年药品价格整体高于上年同期，且已经恢复至 2010 年的价格水平。与整体制造业相比，医药工业销售情况显著高于整体制造业，而制造业销售收入指数整体未恢复到 2010 年的水平。

第十二章　电子信息产业

2015 年，全球电子信息产业整体增长平稳，新兴经济体地位不断提升。全球市场规模约为 2 .1 万亿美元，同比增长 4%。从区域格局看，亚洲和其他新兴经济体市场份额保持持续增长，美、欧、日等发达经济体市场份额微弱下降，新兴国家市场的全球增长引擎作用进一步凸显。

第一节　主要国家和地区情况

一、美国

据市场研究公司复兴资本的数据显示，美股科技公司的 IPO 数量正降至近 7 年来的最低水平。2015 年，美国股市只有 11% 的 IPO 来自科技公司，创下自 2008 年以来的最低水平。在 2015 年 10 月出版的《美国国家创新战略》中提出，联邦政府将打造三大创新要素：投资创新生态环境基础要素、推动私营部门创新、打造创新国家。同时，确定了九大优先发展领域：精密医疗、卫生保健、大脑计划、先进汽车、智慧城市、清洁能源和节能技术、教育技术、太空探索和高性能计算。除此之外，技术创新、网络安全、云计算、移动互联网等也将成为国家发展重点。

二、日本

2015 年 1—10 月，日本电子信息产业产值维持在平均每月 1.036 万亿日元左右。1—9 月，日本电子信息产品进口额维持在每月 9104.18 亿日元，而电子元器件依旧是其优势产业。受中国、美国等移动终端企业冲击，消费电子设备行业增速放缓。另据 JEITA（日本电子信息技术产业协会）预测，到 2015 年底，JEITA

会员企业全球产值将比上年增长 7%，达到 42.8 万亿日元。2015 年日本的电子工业产值将比上年增长 7%，为 12.6 万亿日元。

三、英国

在经历了几年的停滞之后，2015 年 ICT 企业又开始为 ICT 基础设施的升级换代加大投入，同时大部分企业对于产品改良的重视程度明显提升。在智能家居方面，据市场研究机构 Strategy Analytics 公布的数据显示，2015 年英国拥有智能家居系统的家庭数量由 2014 年的 307 万户增至 400 万户，同比增长 30%，占全国家庭总数的 14%。在智能交通领域，2015 年 2 月，英国交通部宣布允许进行无人驾驶汽车实际道路测试，英国因而成为欧洲第一个批准无人驾驶汽车道路测试的国家。据英国 3 月份公布的核心科学年度预算显示，无人驾驶汽车技术研发领域获 1 亿英镑，物联网研发获得 4000 万英镑。

四、加拿大

2015 年 4 月，加拿大政府推出了"2015 经济行动计划"（EAP2015），该计划包括：向制造企业提供 10 年的税收激励，以鼓励其增加投资；提供高达 1 亿加元的资金推行"汽车零部件创新计划"，以支持新产品研发；为加拿大创新基金会追加 13.3 亿加元，支持世界级技术研究；为加拿大世界级高速网络研究和教育网络提供 1.05 亿加元资金，以打造更高效的全国性数字基础设施。

第二节　细分领域发展情况

一、计算机

个人计算机方面，2015 年全球 PC 出货量为 2.887 亿台，同比萎缩 8%。其中，笔记本电脑出货量约为 1.644 亿台，年衰退幅度达 6.3%。全球个人电脑市场的集中化继续加剧，六大企业的市场份额继续增加。2015 年，六大企业占据了 73.1% 的份额，高于 2014 年的 70.4%。其中，联想出现了连续三个季度的出货量萎缩，但是其萎缩幅度低于行业平均水平，继续扩大了其行业领先的优势地位。在商务市场，Windows10 操作系统获得了普遍好评，但由于 2015 年第四季度前许多企业仍然在对系统升级进行测试，尚未大规模购买新电脑，因此新系统未能激活企业电脑市场。在服务器方面，2015 年前三季度全球服务器市场营收达到 397 亿美元，季度同比增长分别为 17.2%、6.1% 和 5.1%。

表 12-1 2015 年 Q3 全球服务器系统厂商营收排名

Vendor	3 Q15 Revenue（＄M）	3 Q15 Market Share	3 Q14 Revenue（＄M）	3 Q14 Market Share	3 Q15/3 Q14 Revenue Growth
1.HP	3681.2	27.5%	3378.4	26.5%	9.0%
2.Dell	2431.1	18.1%	2265.9	17.8%	7.3%
3.IBM	1287.6	9.6%	2323.7	18.2%	−44.6%
4.Lenovo	1052.1	7.8%	165.4	1.3%	536.1%
5.Cisco	885.6	6.6%	785.7	6.2%	12.7%
ODM Direct	2210.0	9.0%	1129.5	8.9%	7.1%
Others	2857.8	21.3%	2706.3	21.2%	5.6%
Total	13405	100%	12755	100%	5.1%

数据来源：IDC 全球服务器市场季度追踪报告，2016 年 2 月。

二、智能手机

TrendForce 的报告显示，2015 年全球智能手机销量达到 12.92 亿部，同比增长 10.3%，增速大幅放缓。三星继续保持头号智能手机生产商的头衔，但出货量较前一年仅增长 2%，总量为 3.25 亿部。但是，在全球智能手机上的市场份额为 21.4%，高于 2014 年的 19.9%。苹果位居第二，全年出货量为 2.315 亿部，较前年增长了 20%，其在全球智能手机市场上的份额为 16.2%，较前一年的 14.8% 有所提高。中国智能手机制造商在去年实现了巨大跨越，总出货量达到 5.39 亿部。

三、家用视听

2015 年以电视为主体的全球家用视听产业规模持续扩大，技术创新活跃度继续提升，但增速有所放缓。据 TrendForce 旗下光电事业处 WitsView 的最新数据显示，2015 年全球液晶电视总出货量为 2.15 亿台，同比减少 0.6%，是继 2013 年后再一次呈现液晶电视年度出货量负成长的一年。就企业出货量而言，三星、乐金电子、TCL、海信与索尼位列前五。在显示技术方面，2015 年依然延续了 2014 年的多元化发展态势，OLED、ULED、量子点、激光显示、裸眼 3D、8K 电视等新型显示技术"百花齐放"。特别是在 OLED 电视领域，随着三星的回归以及中国彩电厂商的加入和大力推动，2015年成为OLED"启动元年"。

四、光伏产业

2015年，全球光伏市场强劲增长，新增装机容量预计将超过50GW，同比增长16.3%，累计光伏容量已超过230GW。全球多晶硅产量持续增加，2015年多晶硅总产量将达到34万吨，同比增长12.6%；太阳能光伏组件产量约为60GW，同比增长15.4%。传统市场如日本、美国、欧洲的新增装机容量将分别达到9GW、8GW和7.5GW，依然保持强劲发展势头。新兴市场不断涌现，光伏应用在东南亚、拉丁美洲诸国的发展非常迅猛，印度、泰国、智利、墨西哥等国装机规模快速提升。例如，如印度在2015年达到2.5GW。中国光伏新增装机量达到16.5GW，继续位居全球首位，累计装机有望超过43GW，届时将超越德国成为全球光伏累计装机量最大的国家。

第三节　行业发展特点

一、技术创新加快，服务化趋势明显

美国、欧盟和日本等都将新一代信息技术开发和应用作为新兴产业来重点发展，其中工业智能系统、先进通信技术、基于互联网的智能基础设施等成为2015年的焦点。特别是，个性化、定制化、以用户体验为核心的信息技术服务成为ICT巨头企业转型的重要方向。企业通过技术创新、管理升级、品牌升级和商业模式创新，构筑全面的竞争优势。

二、并购重组加速，助力竞争格局重塑

2015年，在全球经济普遍低迷的不利态势下，并购交易却异常火爆，成为自2007年以来增长势头最为强劲的一年。在信息技术快速演进，新模式、新产品快速迭代的电子信息领域，并购重组成为企业生态体系建设、海外市场拓展、竞争态势转变的重要手段。通过并购获得规模效益和范围经济（即使产品线之间进行互补），对各种业务进行整合，为客户提供一站式服务，将成为未来一段时期全球电子信息产业发展的重要内容。大企业通过并购、重组等方式抢占产业链上游的控制地位，在扩大业务规模的同时，还可以利用专利收购打击或反制竞争对手。

三、企业竞争向生态竞争深层次发展

跨国企业之间的竞争延伸到整个产业链和商业模式的竞争，形成了一个完备的生态系统或生态圈。生产性服务业贯穿于电子信息产业的生产、流通、分配、消费各个环节，极大提高了生产过程不同阶段的产出价值和运行效率。

企 业 篇

第十三章 大众汽车

第一节 企业基本情况

大众汽车（德语：Volkswagen）成立于 1937 年，总部位于德国的沃尔夫斯堡，是世界著名的汽车生产企业。在德语中，Volks 的意思为"国民"，Wagen 的意思为"汽车"，故 Volkswagen 的意思是"国民的汽车"，在中国则称之为"大众汽车"，意思是"人民的汽车"。2010 年，大众汽车成功超越日本丰田、美国 GE 成为全球最大的汽车公司。2012 年大众集团汽车销量超过 907 万辆，其中大众汽车则超过 574 万辆，并且凭借自身环保节能的品牌，成功打开以高于欧洲环保标准以及严苛环保法规定著称的美国汽车市场。大众汽车公司是一个在全世界许多国家都有生产基地的跨国汽车集团，位列世界十大汽车公司之首，目前公司拥有全球雇员 35 万人。但是，2015 年 9 月爆发的"排放门"事件使大众汽车的市场声誉遭受沉重打击。

第二节 企业发展历程

一、创立初期（1937—1960）

1936 年，希特勒曾提出生产一种每个国人都可以买得起的廉价经济型汽车，要求售价仅为 990 马克。为此，希特勒甚至亲自过问奥地利工程师保时捷（波尔舍）主持的设计工作会议。因为私营企业无法生产如此便宜的汽车，故决定由纳粹组织的"劳工阵线"来负责。1937 年 3 月 28 日，"Gesellschaft zur Vorbereitung des Deutschen Volkswagens mbH"公司宣告成立，并于 1938 年 9 月 16 日正式更名为"Volkswagenwerk GmbH"。1938 年，大众汽车开始在今天的沃尔夫斯堡地区建设工厂，主要生产由 Ferdinand Porsche 设计的新款车型，计划年产量为 150 万辆，超过美国的福特汽车成为当时世界上最大的汽车生产商。然而，二战的爆发导致大众的生产能力被用于军备生产，从而使得大众汽车的生产陷入停滞。1945 年 6 月中旬，英国军政府接管了大众汽车公司，并开始大量生产甲壳虫（Volkswagen Beetle）汽车。随着 1950 年 3 月 Type 2 投入生产，大众汽车的产品线进一步扩充。而大众汽车也得到了越来越多人的喜爱，掀起了订购热潮。1955 年，大众在沃尔夫斯堡热烈庆祝其第 100 万辆甲壳虫的下线，从此大众迎来快速发展的时期。

二、迅速发展时期（1960—1990）

1972 年 2 月 17 日，大众汽车生产了 15007034 辆甲壳虫汽车，这超越福特汽车公司 Model T 车型（即公众所熟悉的 Tin Lizzy）在 1908 — 1927 年所创下的传奇记录。1973 年，采用四轮驱动和水冷四缸引擎的新一代大众汽车——首款帕萨特（Passat）车型投入生产，其引擎调校范围达 110 bhp。并且由于帕萨特采用模块化战略设计，标准化的组件可同时应用于多款不同的车型，从而带来显著的规模经济效应。1974 年 1 月，首辆紧凑型箱式小客车 Golf 在沃尔夫斯堡亮相，并且一经推出便快速风靡，进而成为甲壳虫神话的继承者。同年公司还推出了运动型跑车 Scirocco，一直生产到 1981 年。1976 年，以 110 bhp 引擎为主要特色的首辆 Golf GTI 下线，掀起了一阵马路旋风，为又一个传奇的诞生奠定了基础。1983 年 6 月，第二代 Golf 的生产正式拉开序幕。由于该款车型在设计上非常适合于高度自动化的装配流程，因此，机器人首次应用于汽车制造，并且在大众特别建立的最后装配车间（Hall 54）得以实现。1999 年 7 月，Lupo 3L TDI 的推出标志着首款耗油率仅 3 升 /100 公里的量产车诞生，大众汽车公司再次在世界汽车的发展史上写下浓墨重彩的一笔。

三、新时期（2000—　）

进入 21 世纪以来，大众汽车延续着良好的发展势头，但是在发展的背后却隐藏着危机，在第二个十年更是明显。2002 年 8 月，大众开始量产豪华越野车 Touareg，这标志着大众品牌正式进入一个全新的市场领域。同年 12 月，"Auto 5000 GmbH"公司开始生产 Touran 小型厢型车，并且制定了一种旨在实施精益生产，涉及扁平化的组织结构、团队合作、灵活的工作时间和鼓励工人们在生产改进中扮演更积极角色的集体支付模式。2003年，体现一种新的活力观的第五代高尔夫开始生产。2010年，大众汽车成功超越日本丰田、美国GE成为全球最大的汽车公司。2012年大众集团汽车销量超过907万辆，大众汽车则超过574万辆，并且凭借自身环保节能的品牌，成功打开以高于欧洲环保标准以及以严苛环保法规定著称的美国汽车市场。2015年，大众汽车在中国采用全新"基于发动机扭矩"的车尾标识体系。同时，大众汽车发动机创新技术的核心——卓越的"扭矩性能"，使得大众汽车SI涡轮增压直喷汽油发动机能够在不增加发动机排量的前提下产生更大的扭矩，并在较为宽泛的发动机转速范围内，实现并保持最大扭矩输出，这能够更好地适应中国的特殊交通状况。大众汽车高能效的发动机技术与其他节能环保技术，为大众汽车集团在中国开展高能效战略提供了坚实的基础。

但是，另一方面，大众汽车负面事件不断，严重冲击了大众汽车的品牌信誉。2013年3月，中国曝光大众DSG变速箱行驶中动力消失问题，这涉及大众在中国的迈腾、速腾、途安、朗逸、昊锐、明锐等多个品牌。根据中国汽车质量网的数据显示，2012年共收到11631宗汽车投诉。随后，大众发表声明将实施主动召回以解决问题，自2013年11月25日起，召回部分大众、奥迪和斯柯达汽车，共计640309辆，免费为用户提供最新的控制软件。2014年8月针对新速腾后轴纵臂断裂问题，即"断轴门事件"，大众宣布自2015年2月2日起，在中国召回2011年5月至2014年5月生产的新速腾汽车和2012年4月24日至2013年7月17日生产的甲壳虫汽车，涉及车辆分别为563605辆和17485辆。大众汽车公司称，本次召回活动将涉及全球其他市场。同年9月大众发布声明，首次回应了消费者对车辆的担忧，发布了四项措施，史无前例地提出可以"原价置换同价值车辆"。同时，大众汽车的"排气门事件"开始发酵。9月18日，美国环保署指控大众汽车在美出售的部分柴油汽车中安装特殊软件，使汽车在被进行尾气排放检测时可以"欺骗"检测仪顺利过关，而在日常行驶中则使汽车正常排放污染物甚至达到美国法定标准的40倍，严重违反《清洁空气法》，大众或将面临高达180亿美元的罚款，同时需要召回近50万辆汽车。20日，大众承认在美国的"排气门事件"并发布道歉声明。该事件造成大众汽车在美国市场以及全球汽车市场销量的萎缩，国际标普和穆迪均下调了大众汽车的信用评级，同时使得大众汽车上市市值蒸发约250亿欧元，损害了大众汽车在美国乃至全球的品牌形象。

第三节　生产运营情况

一、主营业务

目前，大众汽车的主要代表产品：

（一）运动型小车

大众汽车运动型小车主要是 Polo 和甲壳虫。其中 Polo 是大众汽车旗下最负盛誉的品牌之一。自 1975 年生产至今，在全球的销售量已经高达 700 万辆，被称为德国大众的"神奇小子"。目前，主要是 Polo GTI 和 Cross Polo 两款车型。Polo GTI 是上海大众汽车 2012 年旗下的一款高性能运动型小车，并且作为 Polo 家族中最高端的产品，在中国国内 A0 级市场中，不仅巩固了 Polo 的王者地位，更以最强 A0 的身份引领并开拓新的市场疆域，其主要采用 1.4TSI+DSG 动力，并配备 GTI 经典装备；Cross Polo 被称为是 Polo 的 Cross 版，融合多家之长的 Cross 理念，赋予了 Cross Polo 独特的魅力。另外，2010 年 4 月 30 日，大众汽车隆重推出新甲壳虫黄金排量 1.6L 版本，采用大众汽车 1.6L 直列 4 缸汽油发动机，获得众多用户的爱戴。

（二）小型家用车型

大众汽车拥有众多小型家用车型，包括大众高尔夫、朗逸、宝来、大众速腾、大众 cc、捷达、大众辉腾、帕萨特、迈腾等。其中，大众高尔夫是 1974 年大众汽车推出的经典掀背小型家用车型，已经在全球范围推出第七代，是大众汽车公司生产最多的品种，也是大众最畅销的车型，在全球畅销车型中位列第三，到 2007 年总产量已经超过了 2500 万辆；朗逸是上海大众第一款自主设计研发的量产车，Lavida 朗逸是大众全球战略中专门为满足中国消费者需求而打造的；大众捷达（Jetta）是德国大众汽车集团在中国的合资企业———汽—大众汽车有限公司生产汽车品牌，捷达（Jetta-MK1）于 1979 年在欧洲上市；宝来第四代捷达，德国大众旗下的全尺寸轿车，是从德国大众 golf 车系中衍生出来的，在欧洲市场上针对宝马 3 系列、奥迪 a4、欧宝威达等设计的一款具有竞争力的车型；大众 CC 是一款标准的轿跑车，将轿车的稳定性与跑车的灵敏度完美

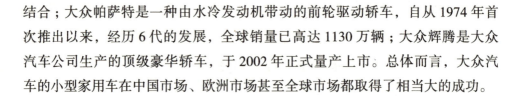

结合；大众帕萨特是一种由水冷发动机带动的前轮驱动轿车，自从1974年首次推出以来，经历6代的发展，全球销量已高达1130万辆；大众辉腾是大众汽车公司生产的顶级豪华轿车，于2002年正式量产上市。总体而言，大众汽车的小型家用车在中国市场、欧洲市场甚至全球市场都取得了相当大的成功。

二、经营状况

2015年大众公司以营业收入2685.666亿美元，利润145.719亿美元，位列《财富世界500强企业》排行榜第八位。根据大众汽车2015年上半年财报，大众汽车集团上半年实现了销售收入和营业利润的双增长：大众上半年销售收入为1088亿欧元（上年同期为988亿欧元），同比增长10.1%；营业利润为70亿欧元（上年同期为62亿欧元），同比增加了13.0%；营业销售回报率维持在稳定的水平6.3%；税前利润高达77亿欧元，与往年基本持平（上年同期为78亿欧元）；税后利润达到57亿欧元，与上年同期持平（上年同期为57亿欧元）。在全球销量方面，大众汽车集团上半年的汽车销量达到5039000辆，较上年同期降低0.5%；在西欧地区，北美地区等发达国家都有6%以上的增长速度，在东欧、南美以及亚太地区均为负增长，在巴西和俄罗斯出现严重下降。

但是，2015年9月份，大众集团全球销量同比跌1.5%至88.53万辆；在华销量同比微跌0.8%至31.84万辆。前三季度，大众集团累计全球新车交付量同比跌1.5%至743.08万辆；其在华销量同比跌5.2%至257.82万辆，在美国同比增长3.2%至45.35万辆，大众集团的主用业务依然强劲。受到大众汽车在美国"排气门"事件的影响，2015年1月至11月，大众汽车在美国的销售量同比下降15.3%；在全球汽车市场的销售量下降1.7%，从而使得大众汽车在北美市场更加"不受待见"，大众汽车将面临着被边缘化的窘境。另一方面，虽然大众三季度营业收入为515亿欧元，高于预期，但是大众汽车第三季度公司营业亏损额达到38.5亿美元，净亏损额高达19亿美元，这也是该公司15年来首次出现季度营业毁损，由此可见"排气门"事件对大众汽车的冲击影响之大。并且，根据大众汽车在全球修复相关柴油车型的费用支付，大众汽车公司认为公司全年营业利润将远低于2014年创纪录的127亿欧元。

根据大众汽车集团的预计，2015年大众汽车的新车交付量将有希望与2014年的持平；大众汽车全集团及其在各个业务领域的销售收入将比2014年高4%左右；销售经营收益率将在5.5%至6.5%之间，其中乘用车业务领域的销售经营收益将在 6.0% 至 7.0% 之间,商用车和动力工程业务领域将在 2.0% 至 4.0% 之间;2015 年公司营业利润将与上年持平。

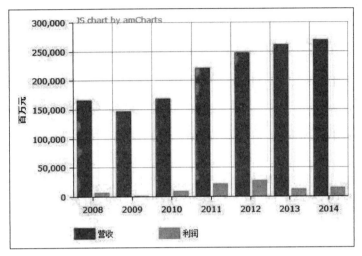

图13-1 大众汽车历年营业收入与利润

数据来源:赛迪智库整理,2016 年 1 月。

第四节 企业战略与布局

一、战略目标

大众汽车集团的目标是为消费者提供安全、环保、有吸引力、有竞争力的汽车产品,代表同类产品的全球最高水平。在发展战略上,大众汽车起步是以生产国民汽车为出发点的,即平民化、大众化;然后在此基础上发展多品牌战略,根据不同消费者的需求生产不同层次的产品,逐步成为全球汽车行业的领导者。从大众汽车起步初期的甲壳虫,到风靡全球的高尔夫汽车,无不是德国国民汽车的典范;然后标准的轿跑车大众 CC、"黎明女神"——EOS 跑车等近年来开始在全球市场销售;面对高收入群体的大众顶级豪华轿车——大众辉腾,也于 2002 年正式量产上市。大众汽车正是通过在国民汽车的基础上,积累用户,开拓市场,根据不同市场需求从低、中、高端层面逐步成为全球汽车领域的佼佼者。

二、企业定位

大众汽车根据不同的层次可以对其不同的品牌进行定位。根据大众汽车的产品进行定位，"大众"在德语中就是"国民的汽车"的意思，主要是为了让德国平民或者是一般的上班族可以消费得起。因此，大众主要定位为国民汽车，甲壳虫便是大众在二战后推出的首款国民汽车；之后大众又推出一款国民汽车——高尔夫，现在几乎每个德国家庭都会拥有一部高尔夫，已然成为德国乃至整个欧洲的国民汽车。根据消费者类型对大众汽车进行定位，每个人对汽车车型的侧重点不同，如有的人看中性价比、有的人看中品牌知名度等。因此，针对不同消费者的需求层次，大众汽车对每个车型进行不同的定位，其豪华高端汽车定位的客户群是富豪、外企高管以及民企高管等高收入人群。另外，大众也会根据竞争对手的变化调整定位。随着韩国现代汽车凭借出口优势的崛起，大众已经将其主要竞争对手从日本丰田转向现代。

三、营销策略

（一）产品研发创新

产品研发创新一直是大众汽车的企业核心任务。2007年9月24日，大众汽车自动变速器有限公司成立，之后各个型号和排量的发动机和变速器逐步量产，并分别搭载朗逸、速腾、高尔夫以及迈腾等车型，大众汽车销售量开始逐步放大。另外，大众汽车目前采用TSI和DSG技术引领汽车行业。TSI发动机结合了缸内燃油直喷和涡轮增压技术，以低油耗实现了强劲动力。TSI发动机已经在全球范围销售的230多万台大众汽车上得以应用。DSG技术诞生于赛车运动，采用独特的"双离合"技术，结合了手动变速箱和自动变速箱的技术优势。大众汽车6速和7速DSG变速箱形成优势互补，配备不同扭矩的发动机，覆盖从小型车到中型车很宽的车型范围，能给驾驶者带来更加平稳、迅速的换挡过程以及更低燃油消耗。TSI与DSG是节能环保的汽车动力技术，将越来越多地装备到大众汽车生产和销售的车型上。2014年大众汽车全球销量超过990万辆，首次站上世界车企销售排行榜第一位，这使得大众汽车集团对提出的"2018年大众汽车集团将年销量提高到1000万辆，税前利润提高到8%以上"的目标充满希望。

（二）服务

生产销售方式的变化是对市场需求变化的反映，消费者对汽车行业的需求也越来越多样化。因此，大众汽车着力于优化营销网络，建立以客户导向为中心目标，以客户为核心功能的营销网络，由"多层式"向"扁平式"过渡，这使营销网络真正走向市场从而更加贴近大众消费者，满足大众汽车用户的多样化需求。大众汽车将经销商和用户的回馈作为大众设计、生产、营销以及服务等改变的重要依据。根据大众汽车用户的私人需求特征来改变大众汽车的产品特点，对旗下所有产品进行重新定位和营销思路的调整，使得大众设计、营销等策略更加符合用户需求特征，更加大众化。目前大众汽车针对用户体验需求做出改变的主要内容是生产线开始启动订单生产。大众汽车秉持着"一辆汽车的好坏，最重要的是要符合用户体验"的理念，高度重视大众汽车的用户体验。大众汽车在设计之初就充分考虑到潜在用户的个人需求以及汽车安全舒适等特性，以消费者的满意度作为衡量标准；另一方面，大众汽车充分利用自己的技术优势如 TSI+DSG，提高汽车的性能，使得大众汽车在经济性和节能性方面具有自己独到的技术。因此，用户的美好感受是大众汽车不断通过领先的技术、精益的制造、严谨的服务，履行对消费者的郑重承诺和执意打造高品质汽车的真正动力，也进一步说明科技创新和重视用户体验一直都是大众汽车的制胜法宝和成功秘诀。

四、区域布局

目前，大众汽车集团已经建立了覆盖四个区域的控制结构：欧洲市场／其余市场、北美市场、南美／南非市场、亚太市场。在此基础上，大众公司已经在全球 18 个国家拥有 45 间制造工厂；在欧洲 11 个国家和美洲、亚洲以及非洲 7 个国家共同经营着 45 间制造工厂；2012 年大众全球雇佣员工超过 50 万，根据大众汽车集团公布的数据，截止到 2013 年 12 月 27 日，大众汽车集团全球员工总数达到 57.3 万人。大众汽车集团每个工作日可生产超过 21500 辆汽车，同时为各种汽车用户提供相关服务，其产品已经在全球 150 多个国家销售。另外，按照各个国家经济状况的不同，大众汽车集团也有自己的区域布局。目前，大众汽车集团在美国、墨西哥、巴西、阿根廷、南非以及中国均设有海外公司。墨西哥的大众汽车公司主要是针对北美市场的需求，尤其是美国市场来设计生产车型。同时，鉴于现实情况，墨西哥大众汽车公司为照顾广大拉美地区的经济水平较低的国家，也同时生产部分价格低廉的车型。例如，2002 年墨西哥大众汽车公司还生产了最后一辆原型的风冷甲壳虫型大众汽车。

第十四章 ABB

第一节 企业基本情况

ABB 集团总部位于瑞士苏黎世，是由两个有 100 多年历史的国际性企业——瑞典的阿西亚公司（ASEA）和瑞士的布朗勃法瑞公司（BBC Brown Boveri）在 1988 年合并而成。ABB 是电力和自动化技术领域的领导厂商，致力于为工业和电力行业客户提供解决方案，以帮助客户提高生产效率，同时降低对环境的负面影响。ABB 集团的业务遍布全球 100 多个国家，拥有 13 万名员工。2015 年位居世界 500 强第 259 位。

第二节 企业发展历程

一、前ABB历史 (1883—1987)

1.ASEA

1883 年，制造发电机的 EA 公司成立，1890 年与 WGEK 合并形成电气设备公司 ASEA。电气化时代为企业提供了广阔市场，1914 年，ASEA 在英国、西班牙、丹麦、芬兰和俄国都建立了分公司。第一次世界大战和俄国革命重创了 ASEA，三年后才走出困境。此后，ASEA 持续扩张，二战时期有所放缓，战后国内电力需求旺盛，ASEA 又获得发展，1954 年几乎垄断了国内电力机车市场并进军国际市场。1961 年，公司进行了重组，从电设备制造商转型为电子和电气公司，1968 年，ASE 的核电事业部与瑞典国有原子能机构合并，建立了 ASEA Atom。

2. BBC（1891—1987）

BBC 公司早期制造的电气设备主要供应欧洲铁路系统，1919 年打开英伦市场并获得巨额海外销售收入，20 世纪 20 年代在意大利、德国、挪威、奥地利和巴尔干半岛等国家设立了分公司。但是法郎和马克贬值及成本的增加让 BBC 遭受巨大损失。此后的工业现代化热潮对强电设备需求巨大，又给了 BBC 新的发展机会。1970 年，BBC 开展企业组织调整，把所有海外子公司组建成五个集团，每个集团有五个事业部。20 世纪 70 年代，BBC 致力于开拓美国市场，但成绩不佳，1974—1975 年，其在北美的销售只占全部销售的 3.5%。1974 年，BBC 收购英国乔治肯特公司，改名为 BBK。20 世纪 80 年代，BBC 调整研发工作，更加有效地利用研发资金。1987 年，公司研发出高效柴油机增压系统。

二、合并发展期（1987—1989）

1988 年，ASEA 和 BBC 公司合并为 ABB。两家原本是竞争对手的公司，合并后节省了大量高昂研发费用，并整合了 ASEA 在斯堪的纳维亚、北欧，BBC 在中南欧的市场优势，实现了双赢。

三、危机时期（1989—1990）

1989 年早期，ABB 与美国电气巨头西屋公司合资成立了新的子公司，ABB 占 45% 的股份。同年 12 月，ABB 购买了西屋持有的股份，实现完全独资。同月，ABB 出资 15.6 亿美元购买了美国燃烧工程公司（CE），然而谁也没想到，这桩交易会给 ABB 埋下祸根。由于 CE 的锅炉产品使用了含有致癌物质的石棉为隔热材料，后来，接触过这种锅炉的人（不包括 CE 员工）对 ABB 提起集体诉讼。原告人数竟多达 10 万名，ABB 为此先后支付了 8.65 亿美元的赔偿，官司仍未彻底了断。2000 年，ABB 以 16 亿美元将 CE 卖给了法国的阿尔斯通公司，但 ABB 仍保留着相关的赔偿责任。2001 年，ABB 出现 6.91 亿美元巨额亏损，面临破产危险，石棉官司费用是其主要诱因。这是 ABB 必须面对的困局，再好的利润也填不满这个赔偿黑洞，何况这时候 ABB 处于亏损状态。

四、兼并扩张期（1990—2000）

1992 年，ABB 在东德、波兰和捷克斯洛伐克建立了 30 家企业，到 1995 年底，基本完成了在东欧和苏联地区的布局，企业增加到 60 家。同时在亚洲投入 10 亿美元，建立了 20 家企业。1996 年，ABB 的铁路运输系统事业部与德国戴姆勒—奔驰的相同部门合并，形成世界上最大的铁路系统提供商。1993 年，ABB 全球事业进行了改组。将一个全球运营中心改为欧洲、北美和亚洲三个运营中心，把六个工业部门改为四个。1996 年 2 月，ABB 的两个母公司分别更名，ASEA 更名为 ABB AB，BB 更名为 ABB AG。ABB 陆续兼并了许多家知名公司，成长十分迅速，有十分鲜明的全球化特征。

五、转型调整期（2001年至今）

21 世纪初，ABB 濒临失败。到 2002 年 9 月，债务高达 90 亿美元，资产净值仅 18 亿美元，市值仅 32 亿美元。ABB 开始推行瘦身和重新确定业务焦点的计划，保留了电力设备、汽车制造厂机器人、重工业制造程控设备等仍具有很强的竞争力且赢利状况良好的业务，其余业务全部出售。通过与花旗集团和瑞士信贷第一波士顿等几家大银行谈判，获得 15 亿美元信用额度，此后逐步度过低迷时期。2005 年，ABB 集团销售收入达 224 亿美元，净收入 7.35 亿美元，重新走上了健康发展之路。

第三节　生产运营情况

一、主营业务

ABB 发明、制造了众多产品和技术，其中包括全球第一套三相输电系统、世界上第一台自冷式变压器、高压直流输电技术和第一台电动工业机器人，并率先将它们投入商业应用。ABB 拥有广泛的产品线，包括全系列电力变压器和配电变压器，高、中、低压开关柜产品，交流和直流输配电系统，电力自动化系统，各种测量设备和传感器，实时控制和优化系统，机器人软硬件和仿真系统，高效节能的电机和传动系统，电力质量、转换和同步系统，保护电力系统安全的熔断和开关设备。这些产品已广泛应用于工业、商业、电力和公共事业中。目前 ABB 全球业务划分为四大业务部，每个业务部由专注于不同行业和产品类别的具体业务单元构成。

电气产品业务部主要业务包括中低压电气设备的生产和服务，主要产品包括配网自动化产品、切换设备、限位设备、测量和传感设备、开关设备、模块化变电站解决方案、控制产品、自动转换开关电器、断路器类产品、开关类产品、终端配电保护产品、开关插座、智能建筑控制系统、电网质量产品、线路连接与保护产品和低压配电系统。ABB 电气产品线很长，适用范围广泛，遍及电力、工商业与民用建筑配电系统，以及各种自动化设备和大型基础设施。

离散自动化与运动控制业务部为客户提供广泛的产品和服务，帮助客户提高生产力、节省能源，同时提高产品质量和生产效率。公司提供的产品主要包括传动、电动机、发电机、电力电子系统、整流器、电能质量产品、光伏逆变器和机器人。作为未来离散自动化与运动控制业务部增长空间的五大战略板块，离散自动化、工业运动控制、可再生能源、电力控制与质量、电动汽车将更好地推动客户提升工业生产率和能源效率。

过程自动化业务部为控制系统、工厂优化及特殊的行业应用，提供集成解决方案和服务，以帮助过程工业的全球客户提升他们所在业务需求方面的盈利能力、资本生产率、风险管理和全球责任。过程自动化业务部涉及的工业领域，主要包括石油天然气、电力、化工和制药、制浆和造纸、有色金属、水泥、采矿、船舶和涡轮增压。

电网业务部是全球领先的电力和自动化产品、系统和服务解决方案供应商，涵盖电力价值链包括发电、输电和配电。我们直接或通过渠道伙伴服务电网、工业、交通和基础设施客户。业务部专注于满足包括可再生能源接入、更复杂的电网、电网自动化、微网等领域的需求。业务部同时提供全面的全生命周期咨询、服务、资产管理解决方案

二、经营状况

近些年，ABB 公司的经营状况总体表现较为平稳。2014 年，营业额和利润额分别为 398.3 亿美元和 25.9 亿美元，比 2011—2013 年略有降低（见图 14-1）。

ABB 集团 2015 年第三季度业绩报表显示，第三季度，公司基础订单下降 3%；订单总额同比下降 12%；受短周期需求量减少影响，销售收入下降 2%；运营息税摊销前利润率上升 50 个基点，增至 12.5%。第三季度的业绩表现反映了公司面临的严峻市场环境。油气领域短周期市场需求不足，中国及美国增速放缓，以及由于 2014 年第三季度 ABB 电力系统和过程自动化部门赢得创纪录的大额订单，导致今年本季度订单额同比弱于上年同期表现。

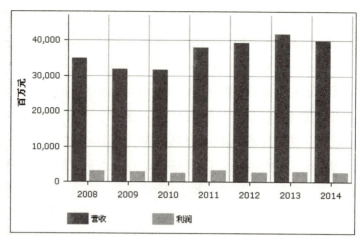

图14-1　ABB汽车历年营业收入与利润

数据来源：赛迪智库整理，2016年1月。

尽管如此，在新阶段战略指导下，ABB克服了各种不利的市场因素，成功赢得关键客户订单，并实现更高的利润率和订单出货比。通过不遗余力的全面执行、业务重组、成本控制以及电力系统业务步步为营项目的实施，将运营息税摊销前利润率提升了50个基点，并实现了更高的每股运营收益。

2015年，ABB发布了新阶段战略的第二期部署，以加快业务部门重组。预计到2016年，市场依然充满挑战。在这种环境下，公司将继续推动自身业务发展；同时谨慎关注外部机会，并通过调整产能、提高生产效率和节约成本应对不利市场环境带来的影响。

第四节　企业战略与布局

一、战略目标

2015年1月1日，ABB开始实施其2015—2020年战略。其主要内容包括：加速领先电力和自动化产品组合的可持续价值创造；侧重于推动盈利性有机增长，增强竞争力并降低风险；通过领先的运营模式提升绩效；开展千日变革计划；未来公司和执行委员会的架构配合新战略；大的全球业务种类是ABB的核心；Peter Terwiesch获委任为执行委员会成员，负责过程自动化；集中市场，精简区域架构；区域市场从8个减为3个，由经验丰富的选委会成员负责；Sasol公司首席执行官 David Constable 加入董事会；专注于有吸引力的股东回报新目标；启动 40 亿美元股票回购计划。

此外，ABB 还公布了新的财务目标，包括 2015—2020 年之间将年均收入增长目标设定在 4%—7% 之间，高于预计的 GDP 和市场增长率。

二、研发创新

创新是 ABB 工作的重中之重，目前其每年在全球的技术研发投入已超过了 10 亿美元。ABB 集团组织架构间的协同配合也让跨国研发活动变得更易操作。在 ABB 内部，"总部"概念非常弱化，各分公司实行业务纵线和区域横线的矩阵管理，这种结构使得 ABB 更容易根据人才和资源的便利程度，将研发分散到最合适的地区。6 年前，在中国研究中心成立之时，ABB 集团从美国等研究中心派来具有几十年研发经验、顶级的技术专家负责管理中国研究中心，搭建研究和开发队伍，指导中国团队的主要工作环节。与此同时，开放的后台服务系统、数据库、研发项目等资料共享机制，也让 ABB 全球七大研发中心之间的合作与交流变得更为顺畅。

ABB 整个研发体系包括前期研究、市场调研、概念性的设计和研究，以及最后的产品开发。研发人员会将风险控制在研发的第一个阶段，在完成立项后，用模型控制整个流程的风险。在产品开发期间，与客户进行密切的合作，客户来到 ABB 一起监测产品的研制过程，让企业与客户之间保持着很高的信任度。为持续改善研发流程，ABB 集团还将持续追踪整个研发进程，并且多维度、多角度地综合评价研发效率，其中较有特色的两个标准是产品的创新比率和产品创新速度。所谓产品创新比率是从经济性角度衡量一个技术会带来多少潜在收入，使产品研发与效益挂钩；而产品创新速度，则是考量研发项目需要多长时间才能走向市场。

二、管理战略

ABB 是一个多业务、多地区市场的跨国集团，采用矩阵结构，把行业和地域这两维结合在一起，采取精准裁员法，并实施以速度为基本准则的 T50 计划。

ABB 的管理机构精简至极，职能人员比同类大公司少了近 90%。ABB 的营运体系只有 3 个管理层级。第一层，在苏黎世总部，由 13 人组成执行委员会。第二层，250 名资深主管，包含 100 位各国经理，其他大部分是业务领域主管。

第三层，5000位利润中心经理和管理小组。利润中心被要求关注眼前利益，也就是所在市场。通过这样的要求，ABB的基层员工能够以客户导向来完善技术和销售、服务。也由于利润中心比较小，其产品种类很单一，员工有能力把该产品研究得更透。

ABB公司采用矩阵式结构，由地域（不同的国家和地区）和行业（65个业务领域）形成两维，其管理业务领域的主管要着眼于本行业的全球战略，并重视预算的执行。因此，其职权很大，可以根据事业发展需求，提出全球工厂布局的改变措施，尽管这些工厂是由地域主管统率的。ABB的最高执行委员会可以解决全球业务主管和地域主管间的冲突，每个业务领域的总部随工厂的设置地域而定。业务领域主管一般不直接管理某一个具体的工厂，除了主管，只设置不多的固定参谋岗位，用短期项目小组的方式展开工作，小组成员由该领域工厂的资深职员临时充任。这些项目小组的目标很明确，例如评估战略性问题、质量改善的问题、新技术的问题等等。由于小组成员来自各个工厂，很容易了解实际情况，有利于问题的解决。

为了实现人力资本合理应用，ABB制定了一套精准裁员法则，内容主要包括：（1）精简为第一要义。ABB刚刚合并成立时，ABB总部的2000名职员被裁减到只有176人，时任公司总裁明确表示精简是任何时候都要奉行的第一守则。（2）总部的确只需要原来10%的人，甚至5%。ABB公司买下一家芬兰著名的工业公司时，总部由880人减为25人。1988年，德国ABB公司总部由1600人减为100人。（3）科学地分流90%被精简的总部人员。30%靠自然淘汰和其他遣散措施；30%转调利润中心；30%成为独立自主的服务中心（往往是新公司），让冗员在工作基层组织中竞争的T50计划不仅使交货周期缩短，而且员工的工作效率也显著提高，缺勤率下降，并有效提高了客户满意度。T50计划的内容是：在1993年之前，产品从接单、计划、设计、制造到交货的周期要缩短50%。这个计划首先在ABB瑞典公司实施，该公司年销售额80亿美元，计划如果成功实施，会增加5亿美元的收入。T50计划不是一个简单的速度概念，而是全新的组织变革，是向管理要利润。像ABB这样的百年制造企业，已经完成了"泰罗制"的洗礼，工业制造的流程等诸问题早已经解决。但是，ABB研究发现，从销售业务到交货这个流程链里面，制造的因素只占据3%。也就是说，高效率的生产管理只影响了微乎其微的部分。于是，瑞典公司首先致力于把各环节（销售、接单、下单、设计、制定规格、规划、交货）整体考虑。在人员组织安排上，打破了原有的职能界限，成立了水平的业务部门，其下组建了多个由 10 人左右组成的高绩效小组，以改善工作程序和绩效为目标。事实证明，T50 计划是成功的。

三、战略布局

ABB 机器人是知名的高品质工业机器人主流供应商。在过去 41 年里，ABB 机器人全球装机量已超过 25 万台。在世界各地的工厂里，从汽车制造到曲奇装箱，无数流水线上都能看到 ABB 机器人忙碌的身影。

近些年，ABB 又迎来新的里程碑，位于密歇根州奥本山的 ABB 机器人北美总部现已正式启动机器人及其配套设备的生产。ABB 由此成为第一家在美国制造机器人的跨国工业机器人企业，加上原有的中国和瑞典生产基地，ABB 机器人的全球制造实力得到了进一步提高。

ABB 在美建厂反映了全球市场对机器人解决方案的需求正在不断上升，也展示了 ABB 致力于深耕北美市场的雄心壮志。对于 ABB 机器人的母公司 ABB 集团而言，北美是一个至关重要的市场。ABB 在美国的销售额为 75 亿美元，雄踞全球各市场之首。自 2010 年以来，ABB 在当地投入的研发、资本支出及收购成本已超过 100 亿美元，员工数量也从 11500 人增长到 26300 人。

在过去五年中，ABB 集团大约 75% 的业务增长来自于新兴市场，而且这一趋势有望持续下去。ABB 与中国的关系可以追溯到上个世纪的 1907 年。当时 ABB 向中国提供了第一台蒸汽锅炉。1974 年 ABB 在香港设立了中国业务部，随后于 1979 年在北京设立了永久性办事处。1994 年 ABB 将中国总部迁至北京，并在 1995 年正式注册了投资性控股公司——ABB（中国）有限公司。ABB 迄今在中国已拥有 25 家合资与独资企业、在 38 个主要城市设有销售与服务分公司和 1.2 万名员工，并拥有研发、生产、销售与服务全方位业务。2003 年，ABB 在《财富》、雅虎等媒体联合进行的调查中被评为中国十佳"卓越雇主"。2005 年，ABB 在中国的销售额达 24 亿美元。中国因此成为 ABB 全球第二大市场。ABB 在 2006 年初将其全球机器人业务总部移至上海。

ABB 在中国参与了众多国家重点项目的建设，如三峡电站建设和输配电工程、南水北调工程、青藏铁路、北京奥运工程中的首都国际机场的改扩建项目、变电站项目、轻轨项目等。为了加强 ABB 在中国石油、天然气和石化等方面的业务，

ABB 特成立了流程工业产品及石油天然气石化合并业务单元。目前，ABB 在北京和上海都设立了研发中心，85% 的产品可以做到本土化。未来，伴随中国对绿色工业发展的需求，ABB 将在核心业务或者产品的基础上，开发新的产品和技术组合；而在区域布局方面，将更加关注国内的内陆地区和二三线城市。在并购这个领域，将继续沿用以前的模式，在国内寻找合适的合资伙伴，加强 ABB 在不同区域的全面布局。

第十五章　阿尔斯通

第一节　企业基本情况

阿尔斯通是全球电力和交通运输基础设施领域的领先企业，总部位于法国巴黎。集成电厂、超高速列车和高速列车、电力设施服务和环境控制系统业务位居全球第一位，地铁系统、有轨电车和轨道信号系统业务位居全球第二位，业务遍布全球 70 多个国家和地区。2015 年位居世界 500 强第 428 位。

第二节　企业发展历程

一、顺利发展期（1928—1998）

阿尔斯通是世界最大的能源和运输设备生产商之一，公司的历史可以追溯到 1928 年，主营业务是电力设备。经过 50 多年的发展，到 20 世纪 80 年代，公司已经成为世界最大的电力设备和运输设备公司之一。1989 年阿尔斯通开始与英国通用电气公司合作，成立通用阿尔斯通公司，寻求共同发展。1996 年，通用阿尔斯通在德国收购了 AEG 公司的输配电业务。1998 年 6 月，通用阿尔斯通公司在巴黎、伦敦、纽约股票交易所成功发行股票，成为上市公司。同时公司收购了西技来克（Cegelec）公司，以强化在电力工程方面的业务。后双方为求更大发展决定分道扬镳。1999 年 7 月，阿尔斯通与 ABB 公司合并发电业务，成立各占 50% 股份的合资公司 ABB 阿尔斯通电力公司。同时，阿尔斯通将其重型燃气轮机业务出售给美国的通用电气公司。2000 年 5 月，阿尔斯通收购了 ABB 阿尔斯通电力公司中 ABB 所持的 50% 股份。从此，该公司更名为阿尔斯通电力部，作

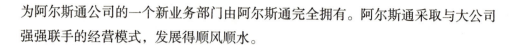

为阿尔斯通公司的一个新业务部门由阿尔斯通完全拥有。阿尔斯通采取与大公司强强联手的经营模式，发展得顺风顺水。

二、危难期（1999—2003）

1999 年，阿尔斯通与 ABB 组建了合资公司 AAP，阿尔斯通与 ABB 各占 50% 的比例。之后合资公司研发了当时世界上功率最大、设计效率最高的燃气轮机发电机组 GT24 和 GT26，产品一经问世，其技术性能便吸引了全世界的眼球，很短的时间内便销售了 76 台。2000 年，阿尔斯通从合作伙伴 ABB 手中花费 50 亿欧元巨资买走 AAP 的全部股份，然而不幸的是，之前合资厂生产的一种发电机组设备被发现存在缺陷，阿尔斯通又为此付出了 20 亿欧元的额外修理费用。2001 年前后，阿尔斯通与加勒比海地区的游轮公司达成了融资协议，而"9·11 事件"使加勒比海地区游船公司业务大幅度减少，阿尔斯通因此蒙受巨大损失。阿尔斯通在"欧洲之星"高速列车工程上由于预算失误再一次雪上加霜。到 2003 年初，公司订单量同比下降了 25%，预计 2003 年损失将达 5 亿欧元。此时阿尔斯通欠外债 50 亿欧元，而自有资产不足 10 亿欧元，资不抵债。2003 年 7 月末，阿尔斯通对外宣布由于财政问题公司将申请破产保护。如果公司破产，将有 70 多家投资商和三家银行受到威胁，法国政府的财政也会受到影响，全球 11 万阿尔斯通的员工也将面临失业。2003 年上半年，法国大公司破产的数量直线上升，破产企业总数为 24810 家，同比上升了 8%。阿尔斯通申请破产保护让法国政府惊恐万分。法国政府得到阿尔斯通财政危机的消息后马上组织了解救阿尔斯通的"营救小组"。营救过程并非风平浪静，起初欧洲竞争委员会对于法国政府对阿尔斯通进行债务重组和注资的计划并不认同，甚至警告法国政府如果给予过多干涉，其将出面阻止。也有媒体称此次政府行为是"法国工业史上最大一次债务重组的政府行为"。 2003 年 8 月，法国政府向欧盟委员会提出了注资阿尔斯通的计划，被欧盟委员会否决，理由是涉嫌不当竞争。经过艰难的谈判，2003 年 9 月 22 日，法国政府的"拯救"计划终于得到欧盟委员会的批准。计划中法国政府出资 8 亿欧元，出资形式是股份购买，法国政府将购入阿尔斯通 30% 的股份，成为最大股东。另外，32 家银行将出资 24 亿欧元援助阿尔斯通。公司的债权也会重组。此次"拯救"共耗资 32 亿欧元。阿尔斯通内部也将进行彻底改革和业务重组，并出让部分业务。

三、扩大期（2003年至今）

重组后的阿尔斯通，有坚实的资金后盾，发展迅速。公司很快就渡过了危机，并进一步扩大业务范围。现在阿尔斯通在全世界70多个国家有分公司或办事处，2015年度销售额达到24.6亿美元。国内公司的电力设备和超高速列车更是位居世界先列，成为装备制造业的龙头企业。现在，阿尔斯通的发电设备占全球装机容量的25%，是全球最大的集成电力供应商，也是全球唯一能提供全方位清洁电力解决方案的供应商。

第三节　生产运营情况

一、主营业务

1. 交通运输

阿尔斯通交通运输通过为客户提供最全面的轨道交通设备、系统及服务来满足人们对可持续发展道路移动性不断增长的需求。1978年第一列TGV超高速列车的诞生，稳固了阿尔斯通在全球高速和超高速列车领域的绝对领导地位。

作为在全球铁路运输业创新和环保技术领域的领先者，阿尔斯通将生态设计原理充分运用到了其第四代超高速列车——AGV·的设计、生产和回收再利用中，以有效降低其在生命周期内对环境所造成的影响。通过使用复合材料、提高牵引功率以及改进列车的铰接方式等，阿尔斯通在将AGV·超高速列车的重量和能耗均减少15%的同时也将列车行驶中产生的噪音降低了10分贝。

自20世纪50年代进入中国市场以来，阿尔斯通致力于成为中国轨道交通领域最忠实可靠的合作伙伴。在铁路交通领域，阿尔斯通与其中方合作伙伴——长春轨道客车有限公司和大同电力机车有限公司精诚合作，多次赢得中国铁道部的重要合作项目，为中国提供了货运电力机车。此外，阿尔斯通还为石太客运专线提供了电气化基础设备，这也是阿尔斯通在中国的首个基础设施合同。在城市轨道交通领域，阿尔斯通参与了北京、上海、香港和南京地铁网络的建设。

2. 电力

阿尔斯通拥有全面的电力解决方案，能够适用于各种主要能源形式（水电、核电、煤炭、天然气、生物质、太阳能和风电），并且空气质量控制系统在减少二氧化碳和氮氧化物排放等方面全球领先。阿尔斯通在法国采用压水堆（EPR）技术为第三代核电站提供汽机岛。目前，集团正在积极推动二氧化碳捕捉技术已经形成一定商业规模。在中国，阿尔斯通先进可靠的技术广泛被应用于多数重要的工程项目上，为三峡工程左岸、右岸和地下电站提供了14台水轮发电机组以及用于左岸的计算机监控系统，参与了大亚湾、岭澳一期核电站汽机岛的建设。同时，与东方电气集团建立了长期核电战略伙伴关系，共同为岭澳二期、红岩河和台山等核电站常规岛提供汽轮发电机组。阿尔斯通在中国拥有20%的水电市场份额，近50%的核电站汽机岛市场份额，还为多个火电项目提供锅炉、汽轮机和发电机组，以及循环电厂等产品和服务。

3. 电网

2010年6月7日，阿尔斯通完成对阿海珐输配电公司输电业务的收购，组建阿尔斯通电网业务，与现有的电力和交通两大部门相辅相成。该部门的创立标志着集团迈出了发展史上关键性的一步。阿尔斯通电网业务拥有超过百年的电网发展经验，以及在电力电子、特高压输电、直流联网、可再生能源并网及电网管理解决方案等关键领域的先进技术和专业技艺。阿尔斯通电网业务在中国拥有12家实体，员工人数2100人。

二、经营状况

由于阿尔斯通的销售市场发布于世界各地，所以近些年，阿尔斯通的营业额并没有因为金融危机的影响出现严重下滑，但可以看出，其利润额不断降低，甚至出现负增长（见图15-1）。其中一个原因是2014—2015财年期间美国通用电气并购阿尔斯通能源业务，因此阿尔斯通的热电、可再生能源、电网业务等经营业务未计入订单额、销售额和营业收入。

根据阿尔斯通公司的年度财报显示，该集团2014—2015财年（2014年4月1日至2015年3月31日）新订单额创历史新高，总额达100亿欧元，比上一财年增长逾60%。这一增长主要归功于阿尔斯通上年获得南非轨道交通项目大单、卡塔尔和澳大利亚有轨电车项目、巴黎地铁列车以及墨西哥全套地铁系统等大型合同。此外，服务及信号系统领域的强劲需求也促进了订单额的增长。数据显示，仅阿尔斯通2014年上半年和南非签订交通设备大单合同金额就高达40亿欧元。

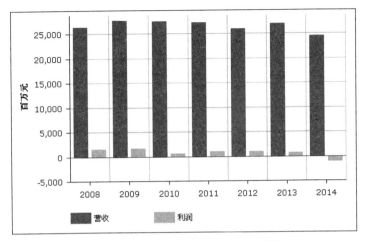

图15-1　阿尔斯通历年营业收入与利润

数据来源：赛迪智库整理，2016年1月。

阿尔斯通2014—2015财年销售额达62亿欧元，其中约30%来自新兴市场；营业收入为3.18亿欧元，增长率达19%。这一财年，阿尔斯通承担的法国、德国、意大利三国的市郊、城际和超高速列车项目、摩洛哥超高速列车项目以及迪拜的有轨电车项目均已交付。阿尔斯通储备订单总额高达280亿欧元，相当于55个月的销售额。

第四节　企业战略与布局

一、战略目标

作为全球电力和交通运输基础设施领域的领先企业，阿尔斯通将可持续发展作为企业的战略指导和最终发展目标。阿尔斯通的可持续发展管理战略体现经济、环境和社会三个方面。经济方面，阿尔斯通将可持续发展管理贯彻于整个商业流程之中，实现了可持续发展管理与企业经营战略的有效结合；生态环境方面，阿尔斯通切实履行企业社会责任，致力于可持续业务增长与环境保护的和谐；社会方面，阿尔斯通发展与善用人力资源，促进企业员工的可持续发展。

二、研发创新

阿尔斯通在全球建有40个实验室、研发中心和设计部门，每年投入巨额资金用于技术和环保产品研发。在电力领域，阿尔斯通的技术通过电厂现代化，可以帮助减少城市超过90%的硫氧化物和氮氧化物等传统污染物的排放，还可大规模减少二氧化碳的排放量。此外，阿尔斯通在二氧化碳捕捉技术开发领域处于领先地位，其先后与七个国家开展了十个二氧化碳捕捉示范项目，力争在2015年左右实现商用化的目标，这一技术一旦与新型的先进燃煤及燃气发电设备相结合，将使客户大幅减少二氧化碳的排放量，同时也能有效控制发电成本。在交通运输领域，阿尔斯通的每一项交通解决方案从一开始就将环境保护问题纳入其中，例如，其在2008—2009财年交通研发支出中，将近20%直接用于环境保护。阿尔斯通交通领域研发主要致力于减少能源消耗，降低对环境的污染，其开发的第四代高速列车每位乘客每公里的二氧化碳排放量仅为2.2克，是公共汽车的1/13，小轿车的1/50，飞机的1/70。

三、管理战略

阿尔斯通为了实现可持续发展管理与企业经营战略的有效结合，而将可持续发展管理贯彻于生产流程及商业运营的各个环节。这其中包括为了持续性地推进可持续发展战略，阿尔斯通每年投资巨额资金用于研发，确保其绿色环保产品和技术能够为客户接受，并在可持续发展管理目标上与客户保持一致。阿尔斯通在与供应商保持良好合作关系的同时，也对供应商采取了更为严格的监控和管理，并在产品设计、生产、使用和回收过程中严格贯彻了可持续发展管理，确保原材料的环保和可回收性。

在生态环境方面，阿尔斯通切实履行自己的社会责任，致力于可持续业务增长与环境保护的和谐。阿尔斯通在每年投入巨资金进行环保技术和产品研发的同时，也对企业自身对环境产生的影响进行监督和评价，以达到持续改进的目的。另外，阿尔斯通成立了以促进和支持环保为目的的阿尔斯通基金会，积极参与社区生态环境保护项目，为企业塑造了良好的社会形象。

在社会方面，阿尔斯通发展和善用人力资源，致力于企业员工的可持续发展。阿尔斯通塑造了可持续的企业文化，并为员工创造富有竞争力的环境。与此同时，通过制定全方位的人才培训计划与合理的绩效管理系统，实现员工可持续发展与企业可持续发展的和谐统一。

四、战略布局

阿尔斯通之前有两个主要业务领域，电力和轨道交通，业务遍及世界上70多个国家和地区。阿尔斯通的业务在全球市场上占有举足轻重的地位，占到了全球发电装机容量的25%，内容涵盖水电、燃煤、燃气、核电、风力发电等各种类型的发电技术。在交通技术方面，阿尔斯通的高速列车方面非常先进，在城市轨道交通、地铁、机车、城际交通，铁路交通，城郊之间的轨道交通等方面也有非常广泛的技术产品和解决方案，占世界四分之一地铁，三分之一城市轨道交通市场份额。此外，阿尔斯通成立了电网业务部，实际上是涵盖了阿尔斯通所有的输电业务，特别是高压输电这块的技术和业务，并将把电网业务融合到阿尔斯通在世界各地已有业务中去。

中国现在是阿尔斯通在全球最重要、最大的市场之一，特别是在基础设施的项目领域，这主要是由于两个大的驱动因素。第一是中国的城市化进程加速。中国有250个城市，超过100万居民的城市有200多个，对于交通运输系统和能源的需求不断地增大，需要有更多的解决方案，包括交通运输领域的解决方案和能源供应的解决方案。第二是就是清洁能源和绿色能源快速发展。对阿尔斯通来说，这也是展示技术水平和创新水平的巨大潜在市场。阿尔斯通有很多先进的清洁能源技术等来面对这些增长因素和挑战。

第十六章　Alphabet

第一节　企业基本情况

Alphabet 即原来的谷歌公司。Alphabet 致力于互联网搜索、云计算、广告技术等领域，开发并提供大量基于互联网的产品与服务。Alphabet 被公认为全球最大的搜索引擎，在全球范围内拥有无数的用户。2015 年 8 月 10 日，谷歌宣布对企业架构进行调整，创办一家名为 Alphabet 的伞形公司（Umbrella Company），谷歌成为 Alphabet 旗下子公司。Alphabet 除了继续负责搜索引擎与地图业务的谷歌公司外，旗下还包括谷歌风投、谷歌资本、谷歌实验室、健康生命、可穿戴设备、无人驾驶汽车以及高空热气球等多个子公司。为方便读者理解，下文仍以谷歌来称呼 Alphabet。

第二节　企业发展历程

一、创立初期（1998 —2001年）

1998 年 9 月，佩奇和布林在加州创立了谷歌公司。但是由于初创时期的员工和资金有限，公司的经营面临很大的困境，特别是全球互联网泡沫的破裂使得互联网公司的经营日益困难。1999 年 6 月，硅谷两家风险投资公司凯鹏华盈（KPCB）和红杉资本（Sequoia Capital）向谷歌投资 2500 万美元。新注入资金为早期谷歌渡过难关起到了重要的作用。谷歌专注于搜索主业，不断优化 PageRank 搜索引擎，很快就靠卓越的技术突破了竞争对手的封锁，搜索市场份额迅速扩大。1999 年底，谷歌签订了第一单商业搜索订单。2000 年，谷歌取代 Inktomi 为雅虎提供搜索服务。2001 年 4 月，谷歌开始实现盈利。

二、快速发展期（2001—2007年）

2001 年，施密特担任谷歌公司首席执行官。从此，谷歌业绩持续高速增长，管理逐步走向正规化，产品走上多元化，公司走向国际化。在公司管理规范化方面，2001 年，谷歌建立了总监一级的管理层，并请来了包括美国前副总统戈尔在内的管理专家对谷歌的管理团队进行培训。这些举措为谷歌未来几年的飞速发展奠定了基础。

在多元化产品布局方面，强化核心搜索技术，分别向上下游扩张。谷歌不断完善搜索引擎，以网景的开放式分类项目为基础，推出了 Googele Directory，网络用户可以同时选择采用分类法来检索相关的网页。上游扩张主要是对内容的扩张，如电子图书、新闻和微博等；下游主要是向下游终端设备渗透，如智能手机、移动电视等。2001 年，谷歌上线图片搜索，2004 年引入 Gmail 邮件服务，2005 年推出 Googele Earth/Maps 地图服务、Googele Talk 即时通信服务、Google Video 视频服务、Google Desktop 桌面服务、Google Book Search 图书搜索服务。至此，谷歌基本形成了以搜索为核心的生态产业链布局。

三、业务转型期（2007年至今）

从 2007 年起，谷歌开始了业务转型，大力推动移动互联网业务的发展。2007 年 11 月，谷歌联合 34 家企业和组织成立了"开放手机联盟"，开发代号为 Android 的手机操作系统。得益于免费使用，2010 年以后谷歌的 Android 系统呈现出突飞猛进的发展势头，在全球智能手机市场中所占份额从不到 10% 一路猛增至 50% 以上。2008 年 12 月，谷歌发布了 Chrome 浏览器的第一个稳定版本。2010 年，谷歌推出第一款智能手机 Nexus One。至此，谷歌正式以自身品牌进军移动终端市场。从 2007 年至今，谷歌基本完成了从操作系统、浏览器和智能终端的移动互联网的全面部署。2015 年 8 月 10 日，谷歌宣布进行组织重整，重整之后，谷歌将会被包含在新成立的 Alphabet 公司底下，此举把谷歌旗下的核心搜索和地图业务与其他新兴业务分离开来。2016 年 2 月 1 日，谷歌市值达到约 5587.6 亿美元，超过苹果，成为全球市值最高的公司。

第三节　生产运营情况

一、主营业务

目前，谷歌已经为用户提供了从操作系统到最终应用的各类互联网产品和服务。依靠强大的技术开发实力，谷歌为客户提供多样化的个性化服务。如Blooger Google 提供的 Blog 服务，Google Mail 开创了海量免费邮箱的电子邮件新时代，以及 Google Earth 提供高清的地理服务。从谷歌眼镜、谷歌热气球、无人驾驶汽车到智能机器人、智能医疗和可再生能源项目，到 Google X 名单上 100多个计划，谷歌涉猎范围远超出互联网甚至计算机科学的领域。谷歌一直奉行70—20—10 的产品投资原则，即 70% 的力量投入核心业务，20% 的力量投入相关业务，10% 的力量放在探索业务上。近年来，谷歌的业务领域已经渗透到社交、地图、人工智能、云计算、智能家居、电商等多个领域。

二、经营状况

2016 年 2 月 1 日，谷歌发布了更名 Alphabet 之后的 2015 财年第四季度及全年财报。

具体来说，Alphabet 第四季度总营收为 213.29 亿美元，比上年同期的 181.03亿美元增长 18%。按照固定汇率计算，Alphabet 第四季度的总营收将同比增长 24%。谷歌第四季度营收为 211.78 亿美元，比上年同期的 179.97 亿美元增长 18%。

按照美国通用会计准则，Alphabet 第四季度净利润为 49.23 亿美元，上年同期为 46.75 亿美元。不按照美国通用会计准则，Alphabet 第四季度净利润为 60.43亿美元，上年同期为 46.54 亿美元。

Alphabet 2015 年营收为 749.89 亿美元，高于上年的 660.01 亿美元。Alphabet 2015 年成本和支出为 556.29 亿美元，高于上年的 495.05 亿美元。Alphabet 2015年运营利润为 193.60 亿美元，高于上年的 164.96 亿美元。Alphabet 2015 年净利润为 163.48 亿美元，上年同期为 141.36 亿美元。

受业绩双双超过市场预期的影响，Alphabet 股价大涨 8%，按照 2016 年 2 月1 日的收盘价计算，苹果市值为 5345 亿美元，Alphabet 市值为 5295 亿美元。大涨 8%，意味着 Alphabet 的市值已经达到约 5587.6 亿美元，从而超越苹果，成为全球市值最高的公司。

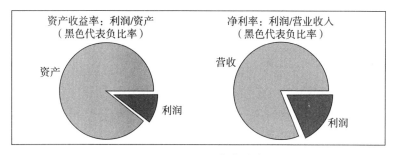

图16-1 Alphabet 2014年收益率/净利率

数据来源：Alphabet 2014 年财报，2016 年 1 月。

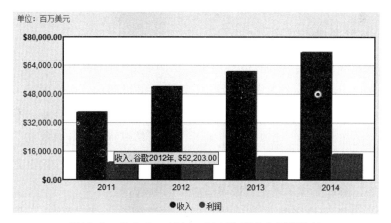

图16-2 Alphabet 2011—2014年营收与利润比较

数据来源：Alphabet 2014 年财报，2016 年 1 月。

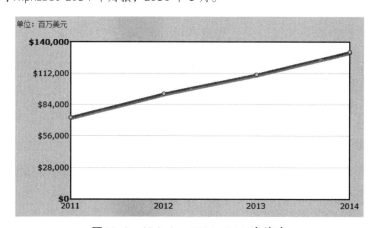

图16-3 Alphabet 2011—2014年资产

数据来源：Alphabet 历年财务报表，2016 年 1 月。

第四节　企业战略与布局

一、战略目标

通过垂直整合和横向扩张，谷歌将自己打造成涵盖硬软件和服务三大领域的综合企业。而谷歌所有的整合和布局，均围绕云计算时代的核心业务展开。谷歌的目标是成为一个网络搜索服务及生产手机、平板电脑和机顶盒的综合性企业，将在互联网世界建立的优势向移动平台领域延伸，最终的战略目标是成为云计算时代的领袖。随着新公司的成立，谷歌又在把业务的触角延伸到综合科技领域。

二、兼并收购

谷歌的发展史就是一部收购的历史，仅 2014 年谷歌共收购及投资了约 100 家企业。2011 年 8 月，谷歌收购了摩托罗拉的手机部门，进入移动平台时代。此举使得谷歌由单纯的网络企业转变为一个软硬兼备的高科技企业，不但彻底改变了其原有的商业模型，也从根本上改变了移动平台时代的战略格局。2014 年 1 月，谷歌宣布 32 亿美元收购了智能家居公司 Nest Labs。这是谷歌历史上规模第二大的收购，给谷歌带来进军智能家居市场的跳板。

当前，谷歌的投资热点已从社交领域转移到企业服务领域，代表企业有DocuSign、Hubspot 等。其在移动互联网和企业管理及服务领域所投企业数量均分别占 17%，云服务 / 大数据、电子商务、多媒体娱乐均分别占 8% 左右。其中，谷歌在商业数据服务领域的关注表现在对 Cloudera、ClearStory Data 和 Recorded Future 等的投资。智能家居、多媒体和医疗健康也是谷歌的新重点，代表企业包括巨资收购的 Nest、Vungle、Jumpcam、FitStar Labs 等。谷歌还投资了在线调查、清洁能源、虚拟现实技术等领域的相关企业。

三、研发创新

近年来，谷歌在占据了搜索服务和移动互联网全球领先地位的基础上，又加快向可穿戴设备、车联网、无人驾驶、移动大数据等领域拓展。

未来谷歌将通过三种途径来让全球更多的人口接入互联网。首先，谷歌将会在更多的农村地区推出 Google Fiber 服务；其次，谷歌将借助 Project Loon 向不发达地区的广大农村推出互联网接入服务；第三，谷歌将通过无人机项目 Project Titan 向边远地区推出互联网接入服务。

此外，谷歌将在未来向某些地区推出移动虚拟运营商（MVNO）服务。谷歌还在进行移动支付服务 Android Pay 的计划。谷歌一直致力于开发无人驾驶汽车，自 2009 年至今已经累计进行了 70 万英里的高速公路和城市街道测试。2014 年 12 月，谷歌宣布已经打造出第一辆全功能无人驾驶汽车原型。

四、区域布局

在国际市场开拓方面，谷歌要求每个产品均支持世界主要国家的语言，并且在全球主要国家开设办事处和分公司。目前，谷歌来自海外的收入已经超过了美国本土的收入。

第十七章　高通

第一节　企业基本情况

高通（Qualcomm）成立于 1985 年 7 月，是一家美国的无线电通信技术研发公司，以 CDMA 技术处于世界领先地位而闻名。当前以核心的芯片研发和专利授权业务为主导。

第二节　企业发展历程

一、创立初期（1985—1994年）

1985 年，高通开始研究 CDMA 民用化之路。1988 年，高通推出 OmniTRACS 卫星定位和传讯服务，主要用于运输行业跟踪卡车车队位置，高通也借此成为 M2M 行业的领先者。1989 年，高通从施耐德汽车货运公司获得第一个主要的 OmniTRACS 合同，目前该系统已成为运输行业最大商用卫星移动通信系统。

1989 年，CDMA 首次历史性的通话。高通首先是和 PacTel Cellular 达成演示 CDMA 技术协议，时间期限只有 6 个月，这份协议也为高通带来百万美元级的资金。

1993 年，高通证明 CDMA 上能够提供 TCP/IP 协议服务，因而成为手机移动网络的早期倡导者。1994 年 7 月，CDMA 成为 ITA 通信标准，这也为高通的 CDMA 商业模式打开了通向世界的道路。高通将 CDMA 的研究成果全部申请了专利。

二、发展壮大期（1995—1999年）

1995 年 10 月，高通分别成立 CDMA 专用芯片部门（CDMA ASIC Products

Unit 即 QCT 前身）以及技术授权部门（QTL），高通的"无晶圆厂 + 专利授权"模式初具雏形。

正是通过这个非传统的技术授权部门设立，高通促进了 CDMA 技术传播，并为大大小小的厂商提供参与 CDMA 增长机会，创造一个以 CDMA 为载体的技术开发商、设备商以及运营商的生态圈，而反过来高通又能享受 CDMA 的繁荣。

1995 年 10 月，第一家商用 CDMA 网络由和记电话有限公司在香港部署，1996 年，贝尔大西洋公司、韩国电信以及西班牙电信（秘鲁）分别部署 CDMA 商用网络。1998 年 9 月，高通推出第一个基于 Palm 操作系统的智能手机，这也是全球第一款 CDMA 智能手机。1998 年 12 月，高通第一次演示了高数率数据（HDR）技术，也就是 CDMA2000 1xEV-DO 标准。

三、稳定增长期（1999年至今）

1999 年，国际电信联盟（IUT）选择 CDMA2000 1X 和 WCDMA 作为 3G 标准。到 2000 年底，全球 CDMA 用户突破 5000 万。

此后，高通选择一步步卖掉设备业务，只留下核心的芯片研发和专利授权业务。自此高通成为一家轻公司，以发挥工程师核心能力技术创新为主，而不是制造和销售。

2001 年，日本 NTT DoCoMo 部署首个商用 WCDMA 网络。2003 年，高通推出第一款 WCDMA 多模芯片，支持 HSDPA/GSM，支持加强多媒体功能。2003 年 9 月，Verizon 在全美范围内部署 CDMA2000 1xEV-D 网络。2007 年，iSupply 将高通评为全球领先移动芯片提供商，称其在移动设备 3G 芯片中占有统治地位。2011 年，高通并购创锐讯（Atheros）公司。2014 年 10 月，高通宣布并购蓝牙大厂 CSR。

截止到 2014 年底，全球有 1.2 亿台智能家庭装置搭载高通芯片，2000 万台智能汽车使用高通芯片，超过 20 款的穿戴式装置采用高通芯片。

第三节　生产运营情况

一、主营业务

高通业务涵盖技术领先的 3G、4G 芯片组、系统软件以及开发工具和产品，技术许可的授予，BREW 应用开发平台，QChat、BREWChatVoIP 解决方案技术，QPoint 定位解决方案，Eudora 电子邮件软件，包括双向数据通信系统、无线咨询及网络管理服务等的全面无线解决方案，MediaFLO 系统和 GSM1x 技术等。

二、经营状况

2015 年 11 月 4 日，高通发布了 2015 财年第四季度（2015 年第三季度）及全年财报。报告显示，高通 2015 财年第四季度营收为 55 亿美元，比上年同期的 67 亿美元下滑 18%；净利润为 11 亿美元，比上年同期的 19 亿美元下滑 44%。高通表示，业绩下滑主要是由于智能手机芯片销售表现疲弱，以及在中国市场的专利授权业务上面临困境。

这已经是高通连续第三个财季净利下滑。在 4 月发布的第二财季报告中，高通宣布净利润同比下降 46%；而高通第三财季净利润为 12 亿美元，比上年同期的 22 亿美元下滑 47%。高通曾预计今年第四财季营收将为 47 亿—57 亿美元，同比最高下降 30%，同时下调了全年业绩预期，营收为 245 亿—255 亿美元，低于 4 月预测的 250 亿—270 亿美元。

高通有超过一半的业务来自中国，但目前在中国市场，高通面临着来自联发科以及其他制造廉价手机芯片的中国小企业所带来的竞争压力。同时，高通原有的业务模式已无法带来太大收益，且在 2G 向 3G、4G 发展的过程中，高通在行业内的竞争优势逐渐消失。

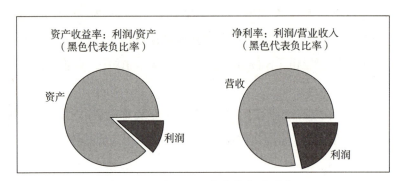

图17-1　高通2014年收益率/净利率

数据来源：高通 2014 年财报，2016 年 1 月。

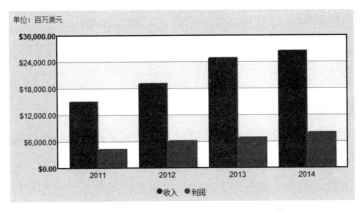

图17-2　2011—2014年营收与利润比较

数据来源：高通2014年财报，2016年1月。

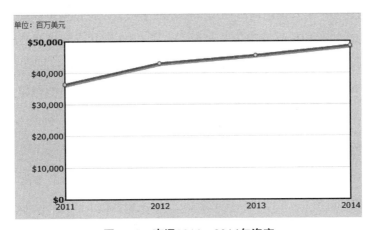

图17-3　高通2011—2014年资产

数据来源：高通历年财务报表，2016年1月。

第四节　企业战略与布局

一、战略目标

高通从2014年开始布局物联网市场。按照规划，高通正在整合包括4G LTE、3G、WIFI、蓝牙、NFC等连接技术，推出了面向物联网的ALLSenn联盟。

二、企业定位

高通致力于以其 CDMA 数字技术为基础，开发并提供富于创意的数字无线通信产品和服务。

三、营销策略

高通注重创新，通过广泛的技术许可及提供芯片和软件持续支持所有制造商（其他芯片供应商、手机供应商、系统设备和测试设备供应商）。

高通将其收入的很大部分用于基础技术研发，并将几乎所有专利技术提供给各种规模的用户设备授权厂商和系统设备授权厂商。高通的商业模式帮助这些系统设备和用户设备制造商以比其自行研发技术、开发芯片和软件解决方案低得多的成本，将产品更快地推向市场。

高通构建了一个其他厂商可以用于创新的基础，以及创造可以降低产品成本的环境。高通的专利授权结构帮助原来不生产 GSM 产品或更早期的模拟手机的厂商投入到开发、销售 CDMA 和 WCDMA 产品中来。这些新厂商的出现带来了市场竞争，降低了终端用户所要支付的成本，凭借扩展更丰富的功能和应用促进了创新。

四、区域布局

高通公司在 20 世纪 90 年代末进入中国市场，先后在北京、上海、深圳和西安开设了四家分公司，并在北京和上海设立了研发中心。目前，高通在中国的合作伙伴已经超过 120 家。

第十八章　戴尔

第一节　企业基本情况

戴尔（Dell）由迈克尔·戴尔（Michael Dell）于 1984 年创立，总部位于美国得克萨斯州。戴尔以生产、设计、销售家用以及办公室电脑而闻名，也涉足高端电脑市场，生产与销售服务器、数据储存设备、网络设备等。

第二节　企业发展历程

一、创立初期（1984—1991年）

1984 年迈克尔·戴尔创立戴尔计算机公司。1985 年推出首台自行设计的个人电脑——Turbo。1987 年戴尔成为首家提供下一工作日上门服务的计算机公司，在英国设立办事处，开始拓展国际市场。1988 年戴尔正式上市。1989 年戴尔推出首部笔记本电脑。

二、发展壮大期（1992—2012年）

1992—1995 年，戴尔实现前所未有的增长。1992 年首次被《财富》杂志评为全球五百强企业。1993 年成为全球五大计算机系统制造商之一，在澳大利亚和日本设立办事处，正式进军亚太区市场，并将目光锁定于尚未有企业涉足的网络服务器市场。

1996—1999 年，戴尔开始进军在线销售。并为全球电子商务制定基准。1996 年在马来西亚槟城开设亚太区生产中心，开始通过网站销售计算机产品，开始主攻网络服务器市场，成为标准普尔 500 指数成分股之一。

2000—2004年，戴尔扩展到PC以外的其他领域，推出外围设备产品和适用于数据中心的产品。2001年首次成为全球市场占有率最高的计算机厂商。

2005—2008年，戴尔为社交和可持续的业务发展设定基准。同时，采用社交网站并提供免费的产品回收服务。2009年，通过对知识产权和研发的巨额投资，戴尔增强了其解决方案的产品组合和能力。

三、转型调整期（2013年至今）

2013年2月5日，戴尔正式宣布，公司创始人、董事长兼CEO迈克尔·戴尔，联合银湖资本，正式完成对戴尔的收购。戴尔在这项交易中的总价值大约为244亿美元。

2014年3月27日，微软和戴尔达成一项专利授权协议。根据协议，戴尔在出售搭载谷歌Android和Chrome软件的设备时将需要向微软支付专利授权费。

2015年10月12日，戴尔与数据存储公司EMC的并购宣布完成，最终戴尔以670亿美元收购了EMC。这不仅是美国乃至全球科技史上规模最大的一笔收购，而且一旦交易最终完成，戴尔也将成为全球最大的私人控制科技企业。

第三节 生产运营情况

一、主营业务

戴尔的主营业务是PC、服务器、显示器、安全服务、云管理软件和业务集成服务。PC业务和服务器业务是主要收入来源。

二、经营状况

2015年12月14日，戴尔公布了自2013年末私有化以来的首份季度财报。

2015财年，戴尔的毛利率下降至19.9%，低于2013财年的22.3%。运营利润为32亿美元，低于2013财年时的40亿美元。戴尔的其他业务线也在滑坡，而唯一例外是服务器业务。与网络设备业务一同，服务器业务本财年上半年营收同比增长约4%。包含Perot Systems在内的服务业务营收同比下降6%，至14亿美元，但运营利润同比增长72%，至6200万美元。戴尔近期已决定出售Perot Systems。

第四节　企业战略与布局

一、战略目标

戴尔的战略目标是通过降低成本和复杂度，为客户简化信息技术的应用，从而使客户能够部署更简便易行、卓有成效的解决方案，享受到更卓越的价值。

二、企业定位

在当前的市场中，PC 的重要性正在下降，而包括服务器、存储设备、网络设备和云计算服务在内的企业系统的重要性正在上升。戴尔一直致力于转变其产品设计领域，力求从消费者电脑公司转变为企业级 IT 公司。2013 年，戴尔完成了私有化，迈入了一个全新的篇章。戴尔全新的定位是一家端到端 IT 解决方案提供商。全新的戴尔四大业务重点是云计算、大数据、移动以及安全。

根据市场的需求，戴尔在其原先由不同专业团队根据消费类客户、中小企业、公共事业、大型企业等不同客户提供个性化解决方案的基础上，更强调和构建各产品领域的专业化能力。目前，戴尔已经在全球范围内完成了终端用户计算、企业解决方案、软件和服务等四大业务部门的组织架构调整。

三、营销策略

戴尔独创了所谓的"戴尔模式"，即根据顾客的定单装配产品，然后直接将产品寄送到顾客手中。本质是抛开传统商业销售链的中间商和零售商环节，节省成本，降低产品价格。

一是高效流程降低成本。低成本一直是戴尔的生存法则，也是"戴尔模式"的核心，而低成本必须通过高效率来实现。戴尔的生产和销售流程，以其精确管理、流水般顺畅和超高效率而著称，有效地将成本控制在最低水平。力求精简是戴尔提高效率的主要做法，戴尔在简化流程方面拥有 550 项专利。

二是按单生产。戴尔根据顾客通过网站和电话下的订单来组装产品，使顾客有充分的自由来选择喜欢的产品配置。戴尔则根据订单订购配件，无须囤积大量配件，占用资金。

三是产品技术标准化。戴尔所经营的技术产品多是标准化的成熟产品，因此总是能让顾客分享到有关行业进行大量技术投资和研发而取得的最新成果。

四是注重树立产品品牌和提高服务质量。戴尔不仅拥有严格的质量保证体系，而且还建立了强大的售后服务网络。戴尔的工作人员不仅通过网站和电话为顾客提供全面的技术咨询和维修指导服务，而且在售出产品后会主动向客户打电话征求意见。

五是"市场介入"理论。戴尔能精确地找到高技术产品市场的切入点，迅速抢夺对手的市场份额。戴尔通常会在市场开始成熟、行业标准已经形成和配件供应比较充分的情况下介入某一市场，并以低价格迅速抢占地盘。

六是"多元化"扩张战略。近年来，戴尔加快了扩张步伐，陆续涉足高端便携电脑、服务器、网络存储系统、工作站、交换机、掌上电脑、打印机、收银机等多种产品。

四、区域布局

戴尔从 20 世纪 90 年代初开始为亚太地区的商业、政府、大型机构和个人提供服务。目前戴尔在亚太区 13 个市场开展直线订购业务：澳大利亚、文莱、中国大陆、中国香港、印度、日本、韩国、澳门、马来西亚、新西兰、新加坡、中国台湾和泰国。除此之外，还有 38 个合作伙伴为其他 31 个市场提供服务。

戴尔通过其"全球客户计划"，向拥有全球业务的亚洲用户提供订制的成套服务和支持。为全球客户提供统一订货、结账、订制产品以及本地供货和现场服务。

第十九章　三星集团

第一节　企业基本情况

三星集团是目前韩国最大的企业集团，也是世界上领先的电子工业公司之一。该公司包括 26 个下属公司及若干其他法人机构，在近 70 个国家和地区建立了近 300 个法人及办事处，员工总数超过 19.6 万人，三星的主要经营项目有：通讯（手机和互联网）、数字式用具、数字式媒介、液晶显示器和半导体等，其业务涉及电子、金融、机械、化学等众多领域。目前集团旗下 3 家企业进入美国《财富》杂志 2015 年世界 500 强行列，其中三星电子排名第 13 位，三星物产排名第 441 位，三星人寿保险排名第 456 位。2014 年三星集团营业额约 1644 亿美元，品牌价值高达 454.62 亿美元，在全球品牌价值中排行榜中排名第 7 位。三星旗下 13 种产品赢得了全球市场占有率第一。目前，三星领先全球市场的产品包括半导体产品、TFT-LCD、显示器和 CDMA 移动电话等。三星在金融领域也正力争有所成就，作为支付解决方案的三星信用卡，被 MasterCard 选为"新千年最佳信用卡公司"。

第二节　企业发展历程

一、创立初期（1938—1979）

三星公司创始人李秉喆最早于 1938 年创立三星商会，李秉喆把业务拓展到韩国大邱市，商会业务重点在贸易出口上，主要面向中国东北和北京等地出口海产品和农产品。经过近 10 年的发展，三星商会发展起面粉厂和糖果机，初步确立了自身的生产和销售业务。从 1938 年到 1966 年，三星先后成立三星海上保险、人寿保险和三星爱宝乐园。1969年，三星三洋电子成立，三星三洋电子先后于1975年3月和1977年更名为三星机械电子和三星电子。20世纪70年代，三星主要对重工业、石化和化工产业进行投资，奠定了三星集团产品和产业多样化发展的战略基础，与此同时三星开始在家电领域进行开拓，先后生产电视机、洗衣机、冰箱、微波炉等家用电器设备。三星电子在该时期开始进行产品出口。

二、扩张发展时期（1980—1993）

自20世纪80年代开始，三星公司完成了核心技术的多元化和全球扩张。在这一时期，三星完成了对初创企业的重组，并将世界五大电子公司作为公司目标。三星在家电领域进一步发展，开始了空调、个人电脑、磁带录像机的生产，并且开始向加拿大出口微波炉产品。将电信公司更名为半导体＆电信有限公司，之后又在1988年合并为三星电子，将家电、电信、半导体作为其主要业务领域，并建立了先进技术研究院，主要致力于研发工作。此后进入90年代，三星电子发展越来越快，先后完成了多项产品的技术研发工作，包括移动手机、动态随机存取存储器、磁盘驱动器、移动手机系统等。与此同时，三星不断开拓海外市场，在德国成立了销售子公司（SEG），于1992年在中国开始生产。1993年收购美国HMS公司。

三、数字化创新期（1994—1999）

进入20世纪90年代，全球电子信息技术领域发展进入了突飞猛进的时期。三星继续以创新引领在数字技术的发展。三星在互联网和数字化方面的发展，使得其在金融危机中几乎未受影响。1994年，三星重工业开发出由韩国制造的电动汽车（SEV-III）256M的DRAM，三星航空公司开发了四相变焦相机。1995年，三星技术研究院研发出实时MPEG-3技术。1997年，三星电子在无线通信类别成为奥运会全球合作伙伴。在此期间，三星电子推出105克的PCS，30英寸的液晶显示器，30英寸液晶显示器的研发，并且宣布开始第二阶段的"新经营"。1999年，三星集团旗下的Aerospace（即后来的三星Techwin）公司联合大宇重工和现代宇宙航空组成了一个独立的经济实体——韩国航宇工业公司（KAI, Korea Aerospace Industries），并开发出了无线互联网手机，即目前的智能手机。

四、全面领先时期（2000年至今）

三星在该阶段依靠数字技术带来了革命性的变化和开拓全球业务的机会。2000年，三星电子推出 PDA 手机、图形内存芯片、高清数字电视。2001年，三星电子在《商业周刊》列出的前一百名 IT 公司中位居第一。2004年，三星研发了第三代蓝光光盘录像机。2013年，三星 Bioepis 与美国默克公司在研发和市场开拓方面成为合作伙伴。2014年，全球智能手机总销量达 12 亿台，较 2013 年增长 28.4%。不过从全年成绩看，三星仍然是全球第一大智能手机供应商，市场占有率达 24.7%，大幅高于苹果的 15.4%。

第三节 生产运营情况

一、主营业务

三星公司共分为 5 个事业板块：分别是电子、重工业、化工业、金融服务业和生活服务和其他行业。

（一）电子

三星电子领域业务主要涉及 IT& 移动通信（移动通信，网络）、消费类电子产品（视觉显示、数字电器、打印解决方案、健康与医疗设备）、设备解决方案（存储器，System LSI，LED）、能源存储系统、锂电池、关键电子元器件、信息和通信技术服务、显示器（LCD，OLED）、电子材料、OLED 玻璃基板。三星电子凭借创新的科技、优质的产品和服务，高度专业的工作人员以及坚持不懈的努力，不断壮大高科技电子制造业和数字媒体的全球数码市场。三星显示器在显示器行业占有一席之地，凭借过硬的技术势力，推出了 LCD 及 OLED 的中小及超大尺寸产品。

（二）重工业

三星重工业领域主要包括工程、采购和建设（建筑、土木及厂房）和造船及海上设施。三星物产工程建设部依靠先进的技术、专业知识以及在建筑、土木工程与房屋建设等领域丰富的经验，为客户提供优质的服务。三星重工业在造船和离岸开发领域占有一席之地，凭借成熟技术和完善服务涵盖各个行业领域，其中包括高价值的造船、能源解决方案、动力和控制系统。

（三）化工业

三星化工业主要侧重于石化产品和用于建筑、医疗和能源领域的精细化学品。三星精细化学生产各种化学品和材料，包括高附加值的精细化工产品，以及诸如太阳能电池多晶硅等产品，为新兴环保能源业务奠定了良好基础。其中三星 BP化学是与英国 BP 化工合作的合资企业，作为国际化学品制造商屡获殊荣。

（四）金融服务业

三星金融服务业包括生命保险、海上火灾保险、信用卡、证券、资产管理、风险投资的业务。三星生命保险是韩国最大的保险公司，并拥有广泛的全国客户满意度（NCSI），标榜以客户为中心并致力于成为投保人生命中的伴侣。三星海上火灾保险，提供全球范围内的跨区域政策和服务，包括美国、欧洲、中国、印度尼西亚、越南和韩国等。三星信用卡是一家综合性金融服务公司，提倡健康消费方式促进日常生活便利性，为用户提供生活特权，提升生活品质。三星证券是一家韩国优秀的金融投资公司，通过市场领先的产品和解决方案为个人投资者提供资产管理服务，同时在极具竞争力的研究和 IT 技术方面为机构投资者提供经纪服务。三星资产管理是韩国优秀的投资管理公司，专业提供投资信托及互惠基金管理、咨询及相关产品和服务。三星风险投资是一家创投公司，积极投资于那些面向未来、横跨多种行业的企业，为其提供全面的整体解决方案，其中不仅包括投资基金，还包括管理支持、技术支持和市场登记。

（五）生活服务和其他行业

三星生活服务和其他行业，涉及贸易、度假胜地、环境美化、时尚业、旅游零售产品和酒店产品、营销传播和广告、安全解决方案、医疗保健服务、医院、问题和趋势研究、生物仿制药物和合约制造生物制剂、餐饮服务等。三星物产贸易投资部努力拓展业务，以保持其在贸易和组织领域的竞争力。三星医疗中心是以病人为中心的医院，不仅提供完善的病人护理、先进的医疗研究，而且还为医务人员提供优质的培训，帮助其职业发展。三星经济研究院是韩国最大的私人智囊团，可针对宏观经济发展、全球性问题、技术及行业发展趋势、公共政策、人力资源和管理方面等问题进行分析研究。

二、经营状况

三星电子发布的 2015 年第四季度的财报显示，截至 12 月 31 日的第四季度，公司运营利润为 6.1 万亿韩元（约合 50 亿美元），同比增长了 15%。彭博社的统计数据显示，预计三星电子半导体业务的运营利润可能会同比增长 20%，达到 3.3 万亿韩元；营收将达到 12.7 万亿韩元。2014 年三星电子营业收入 1958.45 亿美元，下降 6.3%；利润 219.22 亿美元，下降 19.5%；其中资产共计 2096.66 亿美元，股东权益为 1475.72 亿美元，净利率 11.2%。

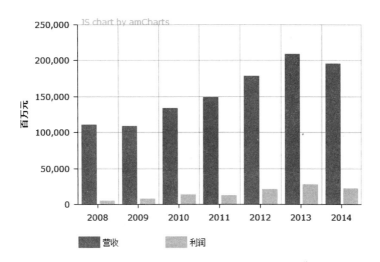

图19-1　2008—2014年三星电子营收及利润（单位：百万美元）

数据来源：三星公司 2014 年财报，2016 年 2 月。

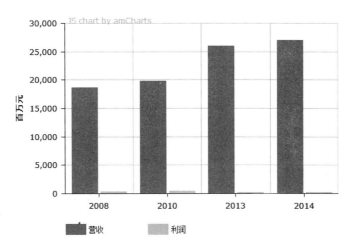

图19-2　2008—2014年三星C&T公司营收及利润（单位：百万美元）

数据来源：三星公司 2014 年财报，2016 年 2 月。

第四节　企业战略与布局

一、战略目标

三星电子将 2020 年未来发展目标定位为"激励世界，创造未来"。这个新目标反映了三星电子的承诺：三星通过自己的三个主要优势——"新技术""创新产品"和"创造性的解决方案"来激励团队，努力为大家创造一个更美好的世界、给大家带来更丰富的体验。三星认识到作为创意企业在国际社会上所担负的责任时，也开始积极投入力量和资源，在践行员工和合作伙伴的共同价值观的同时，力争为行业和客户提供新的价值。三星已经制订出具体的计划，力争 2020 年的收入总额达到 4000 亿美元，并成为世界五大品牌之一。为此，三星还在管理方面制定了三个战略方针："创意""伙伴关系"和"人才"。

二、企业定位

早在 20 世纪 90 年代，三星便宣布打造全球超级品牌，首先决定实行单一品牌组合战略，将品牌名称定为"三星"，并暂停了部分销售较好的低端产品，改变一度过多的子品牌，诸如 Plano、Tantus、Yepp、Wiseview 等等，实施单一品牌战略。再次，三星赋予品牌"数字技术的领先者、高价值和时尚"的内涵，定位于高价、利润丰厚的利基市场，实行差别化定价策略。把目标群体定位于追逐潮流，具有时尚意识的职业人士和年轻的一代。因此三星基本放弃了低端市场，三星的各个产品系列，包括手机、消费类电子设备和存储芯片等都定位在中高端市场，这种市场定位是三星能够建立高贵品牌形象的基础。

三、营销策略

（一）产品研发创新

三星电子从模仿到追赶，从吸收到创新，从韩国龙头企业到全球性企业，不断强化在全球电子领域的领导地位，在手机、智能手机、电视、冰箱、大型显示器、可穿戴设备、存储芯片等多领域排名全球第一。在三星电子全球员工中拥有超过 69000 名研发人员致力于对未来科技的探索，该数量约占其全球员工的 25%；创新投入持续加大，在市场调研公司 Strategy 发布的各大公司 2014 年科研投入排行表中，三星以 136 亿美元（占总营收的 6.3%）的科研投入位列科技公司榜首；

强化专利储备，打破常规的创新思维，以前瞻性的思维引领时尚潮流，让产品焕发新的生机，如曲面屏、柔性屏、折叠屏、"揉揉净"洗衣机系列等。跨界合作，博采众长，通过不同元素的碰撞，产生新的亮点，发现新的契机是三星研发创新的重要原则。

（二）宣传/广告/媒体/合作伙伴

三星集团通过不断参加公益活动提升企业形象，这对三星电子产品的销售起到了不可忽视的作用，从这可以看出企业形象的建立与产品品牌价值的建立可以产生一种协同效应。三星对全球各类活动的赞助活动对品牌的宣传和推广产生了巨大的效应。良好的企业形象能提升产品的认可度，而产品品牌认可度也会使企业的形象得到提升，二者相互联系不可分割。

三星在营销层面的重点就是抓住一切机会对自己产品出色硬件品质进行渲染。例如，1998年，三星赞助长野冬季奥运会成为奥运合作伙伴；三星电子赞助了2012年伦敦残奥会。其他案例比如，在对于硬件设备要求更加苛刻的专业电子竞技领域，三星赞助电竞顶级赛事展示三星产品高品质的品牌形象。

四、区域布局

在韩国政府的政策引导下，从20世纪80年代开始，三星加快了在海外投资设厂的步伐，先后在美国、欧洲和亚洲建立了自己的生产基地。由于在国际化经验、资金、技术实力和营销模式等方面缺乏足够的积累，同时也由于看到在低端领域有巨大的利润空间，三星采取了低价扩展策略，定位于生产和销售低价、低技术含量的产品来参与国际竞争。

三星最早于1995年在中国成立了三星集团中国总部。三星旗下30多家公司中已有23家在中国投资,包括三星电子、三星SDI、三星SDS、三星电机、三星康宁、三星生命、三星火灾、三星证券、三星物产等。电子是中国三星最大的业务部分。中国三星电子在北京、天津、上海、江苏、广东、成都、山东、海南、辽宁、香港、台湾等地区设立了数十家生产和销售部门，主要生产半导体、移动电话、显示器、笔记本、电视机、电冰箱、空调、数码摄像机以及IT产品等。另外中国三星电子还设立了北京通信技术研究所、苏州半导体研究所、杭州半导体研究所、南京电子研发中心、上海设计研究所等研究中心，积极推进产购销的本地化。中国目前是三星主要的海外市场之一,2014年三星电子在中国的销售额约为262亿美元。

第二十章　联合利华

第一节　企业基本情况

联合利华集团是由荷兰 Margrine Unie 人造奶油公司和英国 Lever Brothers 香皂公司于 1929 年合并而成，总部设于荷兰鹿特丹和英国伦敦，分别负责食品及洗剂用品事业的经营。在全球 75 个国家设有庞大事业网络，拥有 500 家子公司，员工总数近 30 万人。经过 80 多年的发展，已经成为世界上最大的日用消费品公司之一。2014 财政年度，联合利华整体收入为 484 亿欧元。联合利华的 400 多个品牌的产品畅销全球 190 多个国家和地区。

第二节　企业发展历程

一、创立初期（19世纪末—20世纪40年代）

1929 年，英国 Lever 公司与荷兰 Margarine Unie 公司签订协议，组建联合利华公司。联合利华第一个十年并不轻松，它开始于大萧条时期，结束于二战爆发。由于第二次世界大战的爆发，导致联合利华在海外业务受到很大影响，不得不扩大对食品市场的扩张，并投入资源进行新材料、新产品、新技术的研发。

二、快速发展期（20世纪50—70年代）

二战结束后，由于对新的日用消费品市场的开发（包括非洲和亚洲），使得联合利华的对外贸易不断扩大。同时，欧洲战后市场，由于欧洲共同体的成立而刺激了它的繁荣，消费者的生活水平不断提升。随着世界经济的发展，联合利华着手开发新产品，联合利华通过一系列的创建和收购，使企业呈现多样化。联合利华设立广告代理，市场调研公司和产品包装公司。1970 年 联合利华购得在

Oss 的肉业公司，该公司后来成为联合利华的肉类集团 UVG。1971 年 联合利华购得力顿国际，成为世界上最大的茶公司之一。1973 年在西班牙购得 Frigo 冰淇淋。1978 年联合利华并购了美国 National Starch 公司，这成为当时欧洲公司在美国的最大并购事件。

三、业务转型期（20世纪90年代至20世纪末）

80 年代初，联合利华提出战略大改革，决定将业务的重心重新拉回到具有广大市场和远大发展前景的一些核心品牌上。联合利华理性地收购了大量公司、品牌，同时也理性地舍弃了大量的产业，如动物食品，包装业，运输业和渔业。特别是费哲罗 1996 年出任联合利华的全球总裁后，即着手进行大刀阔斧的改革，关闭部分工厂、精简公司机构、优化产品种类等。到 90 年代末，联合利华将原来的 50 多个品牌减少到 13 个。

四、发展成熟期（2001年至今）

进入新世纪以来，联合利华开始了大规模并购，仅 2000 年用于收购的金额就达到 280 亿美元。2003 年，联合利华公司把 4 个家用护理产品品牌出售给雷曼兄弟公司和 Witkoff 集团。在 2000 余个品牌中筛选出 400 个核心品牌予以保留，改善了品牌在各自价值链中间的战略定位。2009 年，联合利华在前沿研发领域投资近 8.91 亿欧元，设立于英国、荷兰、美国、印度和中国的全球六大研发中心，正在不断探索革新产品的新技术和新理念，为消费者提供更物超所值的品牌和产品。

第三节　生产运营情况

一、主营业务

联合利华是世界上生产快速消费品的主要企业之一，食品和家用、个人护理产品是其两大业务领域。在食品领域，家乐是联合利华最大的食品品牌，它遍及 100 多个国家，销售额达到 23 亿欧元，产品涵盖汤类，肉羹类，调味酱，面条和现成膳食。在日化领域，在全世界大多数地方，联合利华都是家用洗涤和个人护理用品市场的主导者。包括 comfort（金纺）、omo（奥妙）、cif 等在内的联合利华许多的家用护理产品都是市场上的领头羊。在个人护理用品领域，联合利华的洁肤产品，除臭剂和抗汗剂在国际市场有着不可动摇的地位。

二、经营状况

根据 2015 年世界 500 强排名，联合利华排在第 153 位，比上一年排名 140 位有所下降。过去一个多世纪以来，联合利华一直把新兴市场当作公司战略发展的重点。新兴市场营收占联合利华总营收的近 60%，远高于最大的竞争对手宝洁的 40%。近几年，新兴市场的良好业绩使联合利华获益良多，该公司大部分销售额来自新兴市场，但最近诸如巴西、中国和俄罗斯等市场发展减速在一定程度上遏制了其销售额增长。据报道，联合利华在新兴市场的基础销售额增长率上涨至 8.4%。数据还显示，在发达国家市场，联合利华的第三季度基础销售额增长率为 2.1%，比上年同期为下滑 2.5%。据联合利华发布的 2015 年第三季财报数据显示，集团收入总计 133.96 亿欧元，较上年同期 122.44 亿欧元上涨 9.4%。财报披露，个人护理、食品、点心、家庭护理类营业额分别达到 51 亿、31 亿、27 亿及 25 亿欧元，可比收入增长分别达 6.2%、1.6%、8.5% 和 6.6%。

在亚洲，联合利华第三季度营业额为 56 亿欧元，美洲为 42 亿欧元，欧洲为 36 亿欧元。其中美洲可比收入增长率最高达到 9.4%，其次是亚洲及欧洲，分别为 5.3% 和 2%。在交易量方面，欧洲增长最为迅速达 4.7%，美洲价格增速最快为达 5.9%。在亚非等区域，中国、印度和墨西哥等市场消费意愿都有改善，中国、土耳其增速均达到两位数，日本及俄罗斯增长均有所回升。同时，泰国及南非均反映了市场的疲软状况。

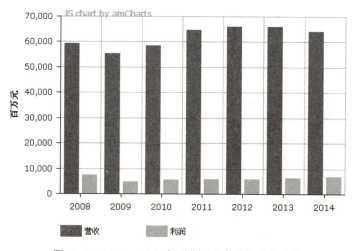

图20-1 2011—2014年联合利华营收与利润比较

数据来源：联合利华公司历年财报，2016 年 1 月。

第四节　企业战略与布局

一、战略目标

联合利华已经在全球范围内设立了新的愿景，清晰明确地指明了公司的长期目标和方向，公司宗旨是以最高企业行为标准对待员工、消费者、社会和我们所生活的世界。愿景包括以下四方面：

（1）每一天，我们都致力于创造更美好的未来；

（2）我们的优质产品和服务，使人心情愉悦，神采焕发，享受更加完美生活；

（3）我们将激发人们：通过每天细微的行动，积少成多而改变世界；

（4）我们要开创新的模式，在将公司规模扩大一倍的同时减少我们对环境的不利影响。

二、兼并收购

近年来，联合利华开启了逆势收购模式。2014年上半年，联合利华明确表示将投资法国高端护肤品牌ioma，成为该品牌的股东，正式进入护理设备领域。2014年底联合利华宣布并购宝洁旗下香氛沐浴露品牌卡玫尔和激爽除北美及加勒比地区以外的业务，同时并购位于墨西哥工厂的生产设施，以扩张个人护理产品线。联合利华于2015年5月宣布收购英国高档有机化妆品品牌REN，开始涉足高端化妆品领域，填补产品线空白。联合利华连续并购个人护理品牌，一方面是为了迎合该公司业务调整的战略，通过并购来丰富现有的产品线；另一方面也是为了通过并购来提升不理想的全球业绩。

三、品牌营销

作为主要的消费品生产企业，联合利华拥有明确的品牌营销战略。进入21世纪的头一个10年，全球化与国际化市场竞争日益激烈。在联合利华看来，品牌是公司核心竞争力的最重要组成部分，抓品牌、创名牌的过程就是企业增强核心竞争力的过程。联合利华品牌战略的一个重要原则，就是要不断进行创新，不断赋予老品牌以全新内容。在跨国经营中，联合利华并不一味推广自有品牌，而是善于收购本地品牌并提升为国际品牌。目前，联合利华在全球有400多个品牌，

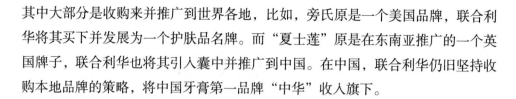

其中大部分是收购来并推广到世界各地，比如，旁氏原是一个美国品牌，联合利华将其买下并发展为一个护肤品名牌。而"夏士莲"原是在东南亚推广的一个英国牌子，联合利华也将其引入囊中并推广到中国。在中国，联合利华仍旧坚持收购本地品牌的策略，将中国牙膏第一品牌"中华"收入旗下。

四、战略布局

联合利华 400 多个品牌的产品畅销全球 190 多个国家和地区。联合利华在中国的历史可追溯至 80 年前，利华兄弟在上海黄浦江畔建立了中国肥皂有限公司。1986 年，联合利华重返中国，始终把成为中国化的跨国公司作为其努力的目标。目前联合利华在华累计投资 10 亿美元，并引进了多项先进的专利技术。旗下品牌奥妙、中华、力士、旁氏、清扬、夏士莲、凌仕、舒耐、立顿、家乐以及和路雪等，已成为广受喜爱的品牌。联合利华北亚区地区总部位于上海，并在上海设立了其全球六大研发中心之一的联合利华全球研发中心（上海）。

第二十一章　索尼

第一节　企业基本情况

　　索尼是日本全球知名的大型综合性跨国企业集团之一。索尼公司是世界视听、电子游戏、通讯产品和信息技术等领域的先导者，是最早便携式数码产品的开创者，世界最大的电子产品制造商之一、世界电子游戏业三大巨头之一、美国好莱坞六大电影公司之一。索尼公司企业总部设在日本东京，是横跨电子、游戏、金融、娱乐等多领域的世界巨擘，拥有世界领先的品牌影响力。索尼前身是"东京通信工业株式会社"，创立于1946年5月，由拥有技术研发背景的井深大与擅长公关、行销的盛田昭夫共同创办。在公司发展的70年时间里，作为一家具有高度责任感的全球化企业，索尼一直致力于为世界各地的人们带来优秀的产品、服务以及全新的生活方式。索尼公司最根本的经营理念，是通过索尼的创新技术和优秀产品帮助人们实现享受更高品质的娱乐生活的梦想。目前，索尼公司已经成为全球化发展的跨国公司，在全球120多个国家和地区设立了分公司和工厂，集团70%的销售来自于日本以外的市场，其中超过70%的员工是非日本籍员工，数以亿计的索尼用户遍布世界各地。2015年全球财富500强排行榜中排名第116名，比去年下降了11名。

第二节　企业发展历程

一、创立初期（1945—1970）

1945年，日本在第二次世界大战后，井深大在东京日本桥地区的百货公司仓库成立"东京通信研究所"。盛田昭夫在井深大的邀请之下加入共同经营，公司并获得盛田酒业 19 万日元资金，于 1946 年正式成立"东京通信工业株式会社"，并迁址到品川区御殿山。这便是索尼公司的前身。井深大在其公司"成立意旨书"当中期望"要充分发挥勤勉认真的技术人员的技能，建立一个自由豁达、轻松愉快的理想工厂"，期待成为"工程师的乐园"。成立初期经营无法稳定成长，1956年开始涉足发展当时不被看好的晶体管技术，开发出世界第一台晶体管收音机"TR-55"，一举获得成功，公司营运渐入佳境。20 世纪 50 年代，索尼的黑白电视虽然大卖，但其技术竞争力却毫无优势，其后所制造的彩色电视品质亦不甚理想，导致巨额亏损甚至公司已到达倒闭的边缘。1967 年，索尼发布了由井深大亲自加入开发的特丽珑（Trinitron）映像管技术，这项技术使得索尼电视在全球热卖，盛田昭夫从日本开发银行所借巨额开发债务也在 3 年内还清。

二、快速发展时期（1970—2000）

1970 年，索尼与 JVC、松下共同发表了 U-Matic 磁带录影系统，为日后的录像带规格竞争揭开序幕。1975 年 4 月 16 日，索尼发表了全球第一台针对民生用市场 Betamax 规格的 SL-300，并一举让索尼成为全球的消费性电子影像大厂。而日本 JVC 在 1976 年 9 月推出了 VHS 规格，后来松下幸之助也决定加入了 VHS 阵营。在 Betamax 与 VHS 影像纪录竞争中，由于 VHS 针对 Betamax 不断改良，索尼不愿开放 Betamax 的规格授权，导致 VHS 以 Betamax 三倍的速度迅速扩张市场。

1979 年，索尼公司推出 Walkman 产品，定位在青少年市场，并且强调年轻活力与时尚，并创造了耳机文化，1980 年 2 月开始在全世界开始销售，并在 1980 年 11 月开始全球统一使用"Walkman"这个不标准的日式英文为品牌，直到 1998 年为止，"Walkman"在全球销售突破 2 亿 5000 万台。盛田昭夫在 1992 年 10 月受封英国爵士，英国媒体的标题是：起身，索尼随身听爵士。

1996 年后索尼陆续推出了 CyberShot 数码相机、VAIO 笔记型电脑、Clie PDA（个人数位助理）等数字化产品，并在市场上获得了空前的成功。而在原本收益差的电影事业群方面，索尼找来了媒体人霍华德·斯金格，在其改革下营运逐渐好转，而后推出《蜘蛛人》《卧虎藏龙》等热门影片，娱乐事业群成为索尼的重要获利来源。在 2001 年 4 月公布的 2000 年财报，索尼靠着 PlayStation 2 的热卖，使它获得成立以来的最高获利 25 亿美元。

三、全面发展时期（2000年至今）

2005 年 9 月 22 日，在霍华德·斯金格以及中钵良治的主导下，索尼公布了代号"日本计划"的中期企业策略（2005—2007 会计年度）改革政策。2007 年度底预定裁减日本国内 4000 和国外 6000 名员工，产品种类也将减少 20%，制造工厂拟关闭 11 家，从 65 家减少到 54 家，在整体的财政评估调整之后，期望在 2007 年度末减少 2 千亿日元（约 17 亿 8 千 600 万美元）成本，营业额约可达 8 兆日元。

电子、游戏、娱乐产业被索尼列为重点产业：电玩方面，索尼拟于 2006 年年中推出"PS3"，同时强化自行开发的电玩软件；娱乐方面，将追求电影事业的稳定成长，以及扩大网络下载音乐事业等等；电子方面，将取消以往公司林立、各自为政的经营方式，加强各单位在商品和产销战略上的横向合作。此外 QRIO 机器人、AIBO 机器狗和豪华品牌 QUALIA 在索尼结构改革中被淘汰，并调整目前以北美、欧洲、日本、其他地区四区规划，调整为北美、欧洲和东亚区，新确定东亚区域包括中国大陆、中国香港、中国台湾、韩国与日本市场。

第三节　生产运营情况

一、主营业务

索尼集团目前主要业务部门有电子业务部、游戏业务部、娱乐业务部、个人方案业务部和金融业务部以及医疗业务部六大部门。主要涉及的业务领域包括：

（一）消费电子

消费电子营业本部，主要包括运营管理总部、销售总部、市场总部和数个下设机构。目前索尼中国消费电子部门已发展和培养了出色的本土管理团队，在全国范围内拥有 2000 多个促销人员，统辖 1500 多个优质经销商，是索尼中国最核心的消费类电子产品的营销部门，其营业额在索尼中国占有重要地位，并一直保持着持续、健康、快速的发展态势。

（二）电子元器件

电子元件部门产品主要有用于 CD、VCD 和 DVD 的光学拾音头及相应解决方案；影像及移动产品市场部负责包括 CCD、LCD 及其他 IT 相关半导体在内的影像及移动产品，这个部门同时拥有一个解决方案平台以适应客户的特殊要求；电脑周边设备销售市场部 的主要产品包括软驱，CD/DVD 光驱，CD-R 和 CD-RW，MO, DDS, AIT 和显示器；电池销售市场部为客户提供手机电池、笔记本电脑电池以及电动工具可替换式电源等；另外还有化学产品（主要是元器件产品的粘贴件）及 Felica 业务等。

（三）广播电视及相关产品

作为广播电视及专业业务领域的领导者，索尼在 30 年前开始进入中国，目前已发展成专业解决方案的整体提供商。业务范围从针对中国各行业客户的高清晰度影视节目制作系统、专业光盘网络系统、媒体资产管理系统、专业显示设备直至视频通讯、网络监控和数字投影、打印机等系统解决方案，这些系统已被广泛应用于包括节目制作、网络通信、政府机构、工矿企业、部队、医疗和教育等各行各业。

（四）游戏业务

索尼游戏业务领域已经成为索尼公司主要的盈利部门。随着索尼虚拟现实设备"梦神计划"（Project Morpheus）项目的曝光，索尼正在为 VR 游戏设立新工作室，主要任务就是为 VR 设备开发原创的独占游戏。

（五）医疗业务

索尼计划在未来成为医疗领域更有影响力的厂商之一。2013 年，索尼与奥林巴斯创建了合资公司，利用索尼图像技术和奥林巴斯在内窥镜领域的专业知识生产设备。索尼的目标是在医疗行业实现 2000 亿日元的营收，同时将采用云、移动、IC 卡等三项技术向电子病历方向发展。

二、经营状况

索尼公布的 2014 财年（截至 2015 年 3 月 31 日）业绩显示，2014 财年，索尼集团实现销售额 82159 亿日元（684.66 亿美元），比上一财年增长 5.8%。报告称，销售增长主要得益于汇率变动、游戏与网络服务业务显著增长、图像传感器等部件业务。2014 财年，索尼集团营业利润比上年增加 421 亿日元，达到 685 亿日元（5.71 亿美元）。增长部分主要来自部件业务、游戏与网络服务业务以及家庭娱乐与音频业务运营数字的大幅提高。2015 财年第三季度，索尼公司销售收入与上年同比增长 0.5%，为 25808 亿日元（约合 215.07 亿美元），营业利润同比大幅增长 201 亿日元，达到 2021 亿日元（16.85 亿美元），增长幅度为 11.0%。

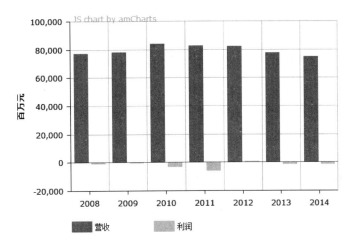

图21-1　2008—2014年索尼电子营收及利润（单位：百万美元）

数据来源：索尼公司 2014 年财报，2016 年 2 月。

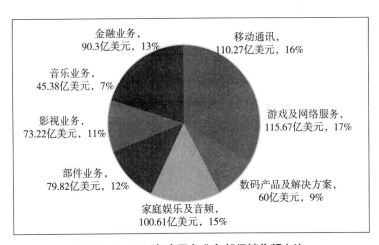

图21-2　2014年索尼各业务部门销售额占比

数据来源：索尼公司 2014 年财报，2016 年 2 月。

第四节　企业战略与布局

一、战略目标

为发展成为面向世界的全球性企业集团，索尼公司不断朝着新领域探索，努力走出一条多元化的道路发展。20世纪70年代后半期，索尼实现了业务多元化。虽然简单从业务结构上看，各领域都是毫不相关的，但不论是化妆品、金融、保险，还是体育用品乃至娱乐，都有着共同的特点，都是索尼极具发展前途的领域。索尼将进军全世界作为其发展目标，并以此形成了索尼独特的全球本土化的经营发展战略。自20世纪80年代开始，索尼开始向海外扩张，并不断到美国、欧洲、东南亚各个地区开设工厂，从而实现了当地的本土化生产和本土管理，公司通过雇佣当地聘用员工和管理人才，使索尼的员工发展成为国际型人才。

二、营销策略

（一）产品研发创新

索尼早期的发展被冠以"土拨鼠"精神，即勇于实验、开创自己道路的精神，在索尼公司技术人员坚持"决不模仿、决不妥协、决不放弃"的精神。对于索尼来说，领先的技术对技术创新和企业发展至关重要，与此同时，索尼认为取得成功还应充分考虑到内外部环境的变化，明确企业成功需要的技术、市场、内部管理各方面的配合与协作，加强内部纵向和横向的沟通管理，及时调整和丰富企业战略，才能让其继续保持领先地位。

（二）坚持多元化战略

20世纪70年代后期，索尼通过合营而带来了多元化发展。索尼还将各业务大类再细分为子业务板块，如电子业务整合为消费产品和部件业务、网络产品和服务业务、B2B及生产业务三大板块，并依靠在技术上的协同性进行产品的研发，例如特丽珑彩电、Bravia液晶电视、Playstation系列游戏机、智能手机、VAIO笔记本电脑、单反相机和摄影机等产品分支。

（三）宣传 / 广告 / 媒体 / 合作伙伴

以推广产品为主的企业专题片一直是索尼企业宣传的重要形式，与索尼务实而注重产品品质的精神相一致。在索尼的专题片中既表现了产品的特征，同时还显示产品品质一样的精细与雕琢。索尼一直追求利用恰当的媒体及媒体组合，来塑造索尼的品牌形象，并且迅速、有效地传递给恰当的消费者，增加索尼品牌的暴露频次，保持和提升品牌形象，争取在低投入的情况下获得最佳回报。索尼广告中一般只挑出产品的一点作为主打，产品的其他方面都在广告中通通忽略掉，这也就确定了明确的诉求点，而且视觉冲击力强，创意十足。因此在广告方面，索尼的促销还是做得比较到位的。

在网络营销方面，索尼也有几大侧重点。一是仔细分析顾客的网络购买行为，为了使消费者的购买更加理性化，就要求企业了解消费者的需求，并在此基础上，对产品进行个性化设计。二是开展网络营销调查，因为网络信息的容量大，信息的传播速度很快，可以通过网络迅速地得到自己需要的资料。

三、区域布局

索尼公司创立初期，技术和产品的研发活动都是以日本本土为中心的。自20世纪80年代起，索尼开始把技术和产品的海外研发作为品牌全球化的战略重心，来适应和完善索尼不断增长的全球制造业部门。这种做法不仅大大缩短了研发周期，还能够更加充分地利用全球研发人才、资源和能力。20世纪90年代初，索尼已经在美国建立了三个技术中心，在德国和英国也分别建立了各自的技术中心。除建立研发中心外，索尼还不断大力推行跨国界技术协作。经过多年发展，索尼集团约70%的营业额来源于日本市场以外的海外市场，非日籍员工人数远超过日籍员工。索尼一直是一个致力于全球化发展的公司，其业务运营、品牌、产品、文化都是无国界的，"全球本土化"是索尼多年以来的全球运营理念。

第二十二章　台积电

第一节　企业基本情况

台积电的全名为台湾积体电路制造股份有限公司，总部与主要工厂位于新竹科学园区。台积电于 1987 年在台湾地区新竹科学园区成立，是全球第一家专业集成电路制造服务公司，也是全球规模最大的专业集成电路制造公司。由于台积电成为世界上第一家自己完全不设计芯片的制造厂商，芯片代工模式的产生，使整个世界集成电路工业出现革命性的变化。美国《商业周刊》评论说，"台积电改变了产业规则，半导体产业会记载它一笔。"

第二节　企业发展历程

一、创立初期（1987—1993）

20 世纪 80 年代以来，由于台湾地区缺乏原料和能源，电子信息产业确立为全岛积极发展的策略性产业。1987 年，工研院院长张忠谋创办的第二个集成电路公司——台积电诞生，采用六英寸技术，成为在台商业化运作的先锋。由此，台湾地区集成电路产业开始进入专业分工的阶段。台积电在早期的创办过程中经历了很多困难，从 1987 年创办开始连续四年亏损，从第 5 年起才开始赢利。最初的客户 INTEL 公司在考察台积电时，发现台积电的产品有多达 200 个缺陷。经过公司团队的不懈努力，台积电的产品终于获得了美日等公司高度认可。

二、快速发展期（1994—2007）

在 1994—1997 年开始台积电进入疯狂增长期，三年盈利率分别为 35％、

40%和50%，2005年台积电的营业收入超过100亿美元，市值超过400亿美元，利润达到50亿美元。1996年台湾股市开始实行QFII制度，外国投资者进入台湾地区股市，外资发现了此前一直默默无闻的台积电独特商业模式的价值，1997年起台积电的股价一飞冲天，从40多元一举上冲到240多元而成为台湾的股王。在2005年之前的10年时间，投资台积电股票的平均投资盈利率达到13%。

三、业务转型期（2008年至今）

由于金融危机的影响，台积电外需市场受到了很大影响，2009年销售额下降至90亿美元，比2008年相比减少了14.47%，但是公司营业利益率为31.13%，充分体现了公司优秀的运营能力和品牌影响力。近年来，由于大陆地区广阔的市场需求，台积电积极布局大陆，决定在大陆设立12寸晶圆厂与设计服务中心，预计于2018年下半年开始生产16纳米制程。

第三节　生产运营情况

一、主营业务

台积电的电子芯片加工产业属于高科技行业中最底部的环节，也是最基础的。身为全球首创专业集成电路制造服务公司，台积公司提供业界卓越的制程技术、通过制程验证的组件数据库、硅知识产权，以及其他领先的专业集成电路制造服务，例如光罩制作服务以及封装与测试服务。据美国调查公司ICInsights统计，在全球半导体代工生产领域，2013年台积电的市场份额为46.3%。如果光从集成电路线宽为28纳米、有助于降低智能手机厚度和耗电量的高性能产品来看，即使算上三星等开展自主生产的企业，台积电被认为占有高达80%的市场份额。美国英特尔虽然在个人电脑用CPU领域占据着80%的市场份额，但在智能手机领域却已落后。

二、经营状况

2015年，台积电合并总营收额1671亿元人民币，同比增长10.6%。2015年第4季度，台积电营收额为402.76亿元人民币，环比减少约4.2%。受市场持续调节库存影响，台积电2014年12月业绩持续下滑，合并营收为115.47亿元人民币，环比减少8%，同比减少16.1%，创21个月以来单月业绩新低。

表 22-1　2015 年 12 月台积电公司营收报告

（单位：新台币百万元）

项目	2015年12月	2015年11月	月增（减）%	2014年12月	年增（减）%	2015年1至12月	2014年1至12月	年增（减）%
营收	5847	63428	（8.0）	69510	（16.1）	843497	762806	10.6

数据来源：台积电公司财报报告，2016 年 1 月。

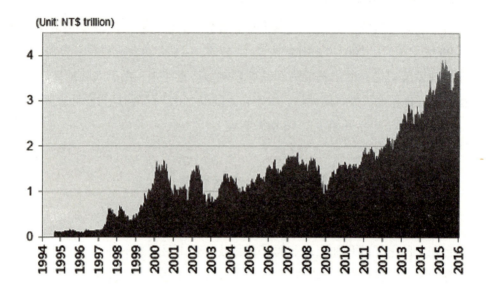

图22-1　2004—2016年台积电公司市值变化

数据来源：台积电公司财务报告，2016 年 1 月。

第四节　企业战略与布局

一、战略目标

台积电近年已将技术发展战略重点集中在客户服务，以专业代工优势提供很高的生产效率与充分的产能，重视客户的知识保护，推动虚拟芯片厂的经营模式，进而提升客户整体服务。台积电的发展目标是成为全球最先进及最大的专业集成电路技术及制造服务业者，并且与无晶圆厂设计公司及整合组件制造商的客户群共同组成半导体产业中坚强的竞争团队。为了实现此愿景，必须拥有以下能力：

一是技术领导者，能与整合组件制造商中的佼佼者匹敌；二是制造领导者；三是最具声誉、以服务为导向，以及客户最大整体利益的提供者。

二、兼并收购

2015年全球半导体企业掀起了足以撼动整个产业格局的并购潮。2014年全球半导体行业的并购交易总额为380亿美元，而2015年已达1200亿美元之多，增幅超过200%。其中，安华高科技公司以370亿美元现金加股票的方式收购博通，为年内金额最大单笔并购交易。随着全球半导体行业并购活动不断兴起，台积电市场也受到了很大的影响。近期，台积电也收购了高通在台湾的一处工厂，继续扩大其封装及测试业务。此外，台积电也积极布局大陆市场，试图通过新一轮战略重组来提升自身竞争力。

三、技术创新

据称，台积电的代工生产费比其他竞争企业高出10%—15%，其竞争力的源泉之一就是技术实力。在集成电路线宽的微细化技术方面，台积电处于领先地位。为实现2016年在全球率先启动线宽仅为10纳米的产品的实现量产这一目标，台积电将从材料阶段开始与相关客户推进共同研发。其卓越的技术实力还体现在成品率上。台积电智能手机用尖端产品的成品率为90%左右，遥遥领先于成品率为70%左右的其他厂商。台积电与英国ARM等集成电路设计公司合作，向客户提供被称为"图书馆"的约6300种集成电路信息和专利等技术，这也成为台积电的优势。

四、战略布局

台积电全球总部以及晶圆二厂、三厂、五厂、八厂及十二厂皆位于台湾地区新竹科学园区；晶圆六厂及十四厂则位于台南科学园区，而十五厂则位于中部科学工业园区。台积公司共拥有三座先进的十二吋晶圆厂、四座八吋晶圆厂以及一座六吋晶圆厂，此外，台积电拥有WaferTech公司（美国）以及TSMC中国有限公司以及新加坡合资SSMC公司充沛的产能支持。2015年，台积电投资中国大陆获得批准，可望成为台湾地区首家独资在中国大陆建立12寸晶圆产能的半导体厂，为顺利抢搭大陆半导体市场崛起商机奠定了重要的基础。

热 点 篇

第二十三章　智能硬件产业创新创业成为全球热潮

　　2015 年 3 月 10 日，苹果公司在全球发布全新 Apple Watch 智能手表；2015 年 4 月，倍轻松健康科技宣布推出握握 WOWO 智能按摩手套；2015 年 7 月，GYENNO 推出睿餐智能防抖勺；2015 年 10 月，华为合作谷歌推出 Nexus 6P 等。这些案例昭示着，以智能硬件为突破口的创新、创业正在全球掀起热潮。

第一节　背景

　　智能硬件产业，主要指以软件技术、互联网和大数据技术为基础，由极客和创客为主要参与群体，以硬件为表现形式的一种新产业形态。随着人机交换技术、虚拟显示技术、无线通讯技术的不断发展，近两年来全球智能硬件产业获得飞速发展，迅速成为最热门行业之一。受全球用户追捧、创业泛滥、厂商卖力、互联网巨头的推波助澜，2015 年全球智能硬件产业创新创业出现爆发性增长。据 IDC 统计数据显示，2015 年第三季度全球智能可穿戴设备总销量超过 2100 万台，同比增加 197.6%。伴随着智能硬件设备的高速增长，无论是美国硅谷，还是中国深圳、北京，智能硬件产业创新创业不断，一大批互联网企业、创新客热情参与其中，智能硬件产业创新创业成为全球热潮。

第二节　内容

　　目前市场上的智能穿戴产品主要有手机、手表、手环、眼镜类产品和便携医疗设备类产品。2015 年，随着苹果的 Apple Watch 正式推出，华为的 Huawei Watch、HTC 的 Grip 健身手环和虚拟现实头戴设备 Vive 等新产品的发布，全球智能硬件产业创新创业成为热潮。Gartner 发布报告称，2015 年全球智能手机销量达 14 亿部，同比增长约 14%。其中，三星、苹果、华为、联想和小米的智能手机销售量分别为 3.2 亿部、2.2 亿部、1 亿部、7274 万部和 6561 万部，市场占有率分别为 22.5%、15.9%、7.3%、5.1% 和 4.6%，位列 2015 年全球智能手机厂商销量前五名。在智能电视领域，2015 年，以乐视、小米为代表的互联网厂商激烈对抗，双方不仅大打价格战，也在产品内容上进行比拼。2015 年 12 月底，乐视宣布完成 300 万台的预期销售目标，小米电视完成 100 万台的销量。在智能手表领域，苹果借助其强大的品牌效应和线上线下销售网络，2015 年在全球销量达 1200 万台，占市场份额的三分之二，三星紧随其后。在智能手环领域，2015 年小米手环销量突破 1000 万枚，而全球销量第一的 Fitbit 更是成为全球第一家可穿戴设备上市公司。据 IHS 预计，全球可穿戴设备市场在 2018 年将达 300 亿美元。

第三节　影响

美国、德国、英国等发达国家在金融危机之后，纷纷重归实体经济领域，将智能制造作为未来国家发展之根基。各国在智能硬件技术、市场、人才等方面的竞争日益激烈。中国是传统制造业大国，智能硬件的快速发展，对中国而言无疑是把双刃剑：一方面，中国制造业基础雄厚，近些年在智能制造方面已经开展了积极探索实践，并积累了一定发展经验，可以有效支撑智能硬件产业发展，带动中国制造业转型升级；另一方面，从全球智能硬件产业发展现状和趋势看，美、德等发达国家凭借其巨型跨国公司拥有的制造业和商业网络优势，已经占据了智能硬件行业发展的先机。而受工业化发展阶段的限制，中国制造业智能化发展历程短，整体处于从自动化向智能化过渡的初级阶段，智能硬件行业薄弱环节较多。在目前全球智能硬件快速发展的趋势下一旦落后，中国智能制造产业在技术、标准、模式等方面将会对发达国家产生路径依赖，就有可能在新一轮的制造业变革中被锁定在产业链末端。

第二十四章　德国大众汽车"排放门"

2015年9月18日，美国环保署指控大众汽车在美出售的部分柴油汽车中安装特殊软件，使汽车在被进行尾气排放检车时可以"欺骗"检测仪顺利过关，违反了美国《清洁空气法》。9月20日德国大众首席执行官马丁·温特科恩就"排放门"事件公开道歉，"排气门"事件开始发酵。

第一节　背景

德国大众汽车成立于1937年，在2010年超越日本丰田、美国GE成为全球最大的汽车公司。多年以来，大众一直致力于生产环保节能的品牌汽车，并凭借该优势成功打开以高于欧洲环保标准以及严苛环保法规定著称的美国汽车市场。因此，美国倡导清洁能源和环保的机构都乐于以大众汽车为"榜样"，推广宣传汽车环保的理念等。但是，2015年9月18日，美国环保署指控大众汽车在美出售的部分柴油汽车中安装特殊软件，使汽车在被进行尾气排放检车时可以"欺骗"检测仪顺利过关，而在日常行驶中则正常排放污染物，从而使得大众陷入"排放门"事件的旋涡。

第二节　内容

柴油车比汽油车排放的尾气中含有大量的氮氧化合物，从而造成的空气污染远远大于汽油车。因此，为了能够符合美国环保标准的要求，进入美国汽车市场的柴油车会在安装微粒过滤装置外，通过喷射尿素溶液将含有氮氧化合物的污染物转化为无污染的氮气和水蒸气。但是，目前这种方式同样存在弊端：一旦尿素溶液耗完，则需要返回修车厂进行填充，从而导致时间成本与使用成本增加。在此背景下，德国大众为了迎合客户的需求，在美国出售的部分大众柴油车上安装了一种"欺骗"软件。这款软件可以通过收集的信息判断汽车是否在接受尾气检测，当软件判断汽车正在接受尾气检测时便会开始工作喷射尿素溶液，使得汽车以"高环保标准"通过检测；当软件判断汽车正在正常行驶时则停止工作，使得汽车尾气排放恢复正常，污染物排放量甚至高达美国标准的40倍。因此，美国环保署对此提出指控，而根据美国《清洁空气法》的规定，大众将面临180亿美元的高额罚单，以及召回约50万辆汽车。

2015年9月20日德国大众首席执行官马丁·温特科恩就"排放门"事件公开道歉，并承诺积极配合相关部门的外部调查，同时公司内部将进行自我调查；22日，美国司法部针对德国大众汽车"排放门"事件展开行动，调查其是否涉及刑事犯罪；23日，马丁·温特科恩正式宣布因"排放门"事件引咎辞职，并希望德国大众可以克服困难重新开始；24日，欧盟多个国家的监管部门针对大众汽车尾气排放检测是否符合环保标准展开调查；26日，上海大众发表声明，此次事件不涉及在华生产销售的大众汽车；27日，德国监管部门要求大众在10月7日前出示一份关于大众汽车是否达到德国尾气排放标准以及何时达到标准的计划书；28日，大众全资子公司奥迪承认，约210万辆奥迪汽车陷入"排气门"丑闻；29日，大众新任CEO穆勒承认公司正面临成立78年以来最大危机；11月4日，德国运输部长表示运输部针对大众部分汽车排放不达标的情况将对大众采取严厉的措施；12月10日，欧洲媒体报道，大众称该事件的主要原因主要是公司个别员工失职造成的；11日，德国大众总部发表声明，美国"排放门"事件是违反行业道德的结果，并非是一件偶然事件。截至目前，关于该事件的详细调查仍在进行中，其影响仍在不断扩大。

第三节　影响

一、大众：品牌信任危机，全球销量萎缩

德国大众的"排放门"事件严重损害了大众汽车在美国乃至全球的品牌形象，

短时间内大众汽车很难在北美地区重塑品牌信任，其造成的损失不亚于面临的直接罚款。事件发生后，国际标普和穆迪均下调了大众汽车的信用评级，同时使得大众汽车上市市值蒸发约250亿欧元。紧接而来的就是，大众汽车在美国市场以及全球汽车市场销量的萎缩。2015年1—11月大众汽车在美国的销售量同比下滑15.3%；在全球汽车市场销量下降1.7%，这将使在北美市场本就"不受待见"的大众汽车面临进一步被边缘化的窘境。

二、德国：汽车行业受影响，冲击德国制造工业4.0

为了抢占未来工业制造的制高点，德国提出了"德国工业4.0"，从而制定了未来德国工业发展战略。汽车产业是德国最重要的支柱产业之一，大众汽车甚至被称为"德国工业王冠上的宝石"。然而，此次"排放门"事件将使整个德国汽车制造行业蒙羞，侵蚀了"德国制造"的品牌，其作为高质量代名词的时代将不复存在，破坏了整个德国工业的形象。受此影响，全球汽车行业开始动荡不安，严重冲击了欧美汽车制造行业，将使全球汽车行业未来发展格局产生重要变动。

三、中国：直接影响不大，但警钟长鸣

目前，中国汽车市场尚未销售大众柴油车，因而我国基本没有受到直接影响。但是，我国汽车企业、监管层以及消费者可以从中得到一些警示：汽车企业应该自觉遵守法律，树立环保理念，不应只图眼前利润，投机取巧欺骗消费者；监管者应当加强监管意识，强化对汽车企业的环保监管，及时发现问题及时处理；消费者要增强维权意识，坚决维护自身合法权益。"排放门"事件使得老牌车企大众几乎面临灭顶之灾，而中国的汽车企业才刚刚开始，需要学习的东西还很多。古人言"以铜为鉴，可以正衣冠；以人为鉴，可以明得失；以史为鉴，可以知兴替"，中国企业应该以大众"排放门"事件为鉴，警钟长鸣。

第二十五章　戴尔收购EMC

2015 年 10 月 12 日，戴尔宣布，将以每股 33.15 美元的价格（包括支付现金和特殊股票）以总金额约 670 亿美元收购 EMC 公司，打破 Avago Technologies 之前以 370 亿美元收购博通的纪录，创造了科技市场新的交易纪录。

第一节　背景

EMC（易安信）是一家成立于 1979 年的美国信息存储资讯科技公司，主要业务是提供信息存储、虚拟化、云计算等用于存储、管理、保护和分析信息的产品和服务，是全球第六大企业软件公司，世界上最大的数据存储平台供应商，2014 年营业收入超过 240 亿美元。然而，其作为核心业务的高端存储业务同比下降了 13%，同时 IT 业务增长缓慢，EMC 面临重新提振企业业绩的压力，甚至在 2015 年年初提出裁员计划。戴尔公司是全球第三大 PC 生产制造商，PC 市场的整体低迷也要求戴尔开始向企业级应用转型。早在 2014 年，惠普、戴尔等公司就与 EMC 接触寻求收购，戴尔更是被认为是最有希望收购 EMC 的公司。因此，戴尔收购 EMC 符合双方共同的意愿。

第二节　内容

2015 年 10 月 12 日，戴尔宣布，将以每股兑换 33.15 美元的现金和特殊股票的价格收购 EMC 公司。其中，现金部分占每股 24.05 美元，剩余部分以 EMC 旗下虚拟软件公司 VMware（威睿）市值为特殊股票，总交易值约为 670 亿美元。交易完成后，VMware 仍将保持为独立上市公司。对于戴尔而言，收购 EMC 将大幅提升其企业级 IT 解决方案的竞争力，同时 EMC 在存储领域的高中低端产品也将弥补戴尔在该方面的不足，这使戴尔成为存储市场的新领导者，也必将与其竞争对手如惠普等的差距进一步拉大。另外，EMC 在云计算、大数据等方面的优势也将开拓戴尔未来发展的新空间。对于 EMC 而言，EMC 并入戴尔将使其企业模式向着多极化、企业数据中心向着灵活化、更加满足企业存储用户需求的方向迈进。此次戴尔收购 EMC 满足双方各自的需求，更加容易形成合力，或许双方未来将获得共赢的局面。

第三节　影响

一、戴尔收购EMC或将引领IT行业新变革

戴尔以约 670 亿美元收购 EMC，打破 Avago Technologies（安华高科技）370 亿美元收购博通的纪录，创造了科技市场新的交易纪录。如此大的并购，必将对整个 IT 行业带来巨大的影响。随着云计算的迅速发展，传统的 IT 企业业务逐渐下滑，服务器、存储以及网络的超融合成为新的发展趋势。戴尔与 EMC 都在寻求企业的转型，而紧靠自己的力量目前还无法成功，因而寻求合作与并购成为比较理想的途径。私有化后的戴尔积极建构聚合框架为戴尔客户提供个性化的私人云服务；EMC 则在收购 VMware 虚拟化软件公司的基础上建立新的融合解决方案，从而获得更大价值。因此，戴尔与 EMC 的合作将成为"聚合基础设施供应商"模式的新典范，或将引领全球 IT 行业甚至 IT 格局的新变化。

二、戴尔收购EMC冲击中国IT企业发展

面对中国巨大的 IT 市场，国内外 IT 巨头纷纷通过强强合作抢占中国市场，如联想收购 IBM X86 服务器、惠普紫光的合作以及浪潮思科的合作等。戴尔收购 EMC 的强强联合必然冲击中国的 IT 市场，对中国本土 IT 厂家造成威胁。其中，受影响最大的可能是联想与华为。此前，联想与 EMC 在存储方面已经合作很长一段时间，而作为与联想业务相似度很高的企业，戴尔收购 EMC 必将冲击联想与 EMC 未来长期的合作。同时，对于正在开拓国内外市场的华为而言，合并后

在存储业务等方面形成规模经济的戴尔也将成为其劲敌。2015 年上半年，华为以 16.8% 的市场份额位居在中国第一位，EMC 以 15.2% 的市场份额紧随其后，戴尔仅仅占有 5.3% 的市场份额；然而戴尔收购 EMC 后占据的市场总份额超过华为的市场份额，位居中国数据存储市场的第一位。

第二十六章 人民币加入SDR

2015 年 11 月 30 日，国际货币基金组织正式宣布：从 2016 年 10 月 1 日起，人民币加入 SDR。即，从 2016 年 10 月 1 日起特别提款权的价值由美元、欧元、人民币、日元、英镑这五种货币所构成的一篮子货币的当期汇率确定，所占权重分别为 41.73%、30.93%、10.92%、8.33% 和 8.09%。人民币"入篮"成功，标志着人民币向着国际化迈进一大步。

第一节 背景

2014 年我国进出口贸易总额为 26.43 万亿元，保持全球第一货物贸易大国的地位；2014 年我国实际使用外商直接投资达 1196 亿美元，居全球首位；2014 年我国跨境贸易人民币结算业务累计实现 6.55 万亿元，比上年同期增长 41%，其中直接投资人民币业务额为 1.05 万亿，比上年同期增长 97%，以人民币结算的对外直接投资和外商直接投资比 2013 年分别增长 118% 和 92%。这意味着人民币国际化正在贸易与直接投资领域迅速发展，国际市场对人民币的需求在不断增长，人民币在全球的认可度在不断提升。同时，2008 年爆发的金融危机充分暴露出现有国际货币和金融体系存在的缺陷：新兴国家市场和发展中国家在全球经济的比重已经超过 50%，而发达国家依然垄断国际货币体系的话语权，使得国际货币金融体系发挥作用有限，SDR 难以有效地补充和扩张。因此，要求国际货币体系改革的声音越来越多，关于人民币加入 SDR 的呼声也越来越高。

第二节 内容

特别提款权（Special Drawing Right，简称"SDR"），亦称"纸黄金"（Paper Gold），是国际货币基金组织（International Monetary Fund，简称"IMF"）根据会员国认缴的份额分配的，可用于偿还国际货币基金组织债务、弥补会员国政府之间国际收支逆差的一种账面资产。另一方面，SDR 是国际货币基金组织设置的一种用于弥补各成员国官方储备不足的国际储备资产，是各成员国使用该资金的一种权利，其价值由美元、欧元、人民币、日元和英镑组成的一篮子储备货币决定。SDR 的宗旨就是补充黄金及可自由兑换货币以保持外汇市场的稳定。国际货币基金组织每 5 年会对 SDR 篮子进行一次评审，而 2015 年正好是其"评审年"，因此，中国向 IMF 提交相关文件，要求 IMF 对人民币是否能够加入 SDR 进行审核，从而正式启动人民币 SDR 进程。

2011 年 G20 集团会议对 IMF 改革做出决定：把 IMF 的配额扩大一倍；把扩大后的配额的 6% 转移给新兴市场国家（中国将成为第三大持股人，投票权将由 3.81% 增加到 6.0%，美国投票权将由 16.75% 降至 16.5%）；IMF 执行董事全部选举产生，而不再有部分直接委任；欧洲让出 2 个执行董事席位给新兴市场国家。同年，国际货币基金组织提名朱民为 IMF 副总裁。进入 2015 年以来，关于人民币加入 SDR 的进程在不断加快，也日益引起各方的关注。5 月，IMF 提出希望人民币加入 SDR，并表示欢迎。6 月，G7 集团财长一致表示愿意接受人民币纳入 IMF 货币篮子（G7：美国、英国、法国、德国、意大利、加拿大以及日本）。11 月 13 日，IMF 总裁拉加德发表声明，经过 IMF 专业人员研究分析，人民币符合"可自由使用"货币的要求，支持关于让人民币成为继美元、欧元、英镑和日元之后加入 SDR 货币篮子的第五种可自由使用货币的建议。11 月 30 日，国际货币基金组织正式宣布：自 2016 年 10 月 1 日起，人民币加入 SDR。

第三节 影响

一、进一步推动人民币国际化进程

根据中国人民银行《人民币国际化报告（2015 年）》，2014 年人民币跨境收支占本外币跨境收支的比重上升至 23.6%，这说明人民币离岸结算市场在不断扩大，人民币国际合作在加快；另一方面，据环球银行金融电信协会（SWIFT）统计，2014 年 12 月人民币正式成为全球第二大贸易融资货币、第五大支付货币、第六大外汇交易货币，这说明人民币在跨境贸易和对外直接投资方面发展迅速，人民币国际化进程加快。人民币加入 SDR 后，我国进出口不再需要第三方货币来进行计价，直接使用人民币计价就可以。同时，我国使用人民币作为本国的支付货币将大大降低我国外汇兑换的风险以及交易成本，加快我国跨境贸易和直接对外投资的发展。因此，人民币"入篮"将进一步推动人民币国际化进程。

二、促进"一带一路"倡议的深入发展

根据商务部《中国对外贸易形势报告 (2015 年春季)》统计，2014 年，我国与"一带一路"沿线国家的货物贸易额达到 1.12 万亿美元，占我国货物贸易总额的 26%。初步预计，未来 10 年这一数字有望突破 2.5 万亿美元。2014 年，我国企业在"一带一路"沿线国家非金融类对外直接投资高达 125 亿美元，占我国非金融类对外直接投资的 12.2%；承包工程完成营业额达到 644 亿美元，占我国承包工程完成营业额的 45.2%。中国承接"一带一路"沿线国家服务外包合同金额为 125 亿美元，同比增长 25.2%；执行金额为 98.4 亿美元，同比增长 36.3%。人民币加入 SDR 后，可以直接使用人民币作为结算货币，将大大扩大我国"一带一路"沿线国家的合作领域，有利于"一带一路"战略的进一步实施。

三、对全球经济稳定发展具有积极意义

作为世界上最大的发展中国家、全球第二大经济体，中国一直积极参与国际金融治理结构的改革，并在中国的主导下成立了亚洲基础设施投资银行和金砖开发银行，有效地推动了区域经济合作。人民币加入 SDR 是对中国在全球经济与金融领域发挥重要作用的一种认可，对全球经济的稳定增长都有重要的意义。根据渣打银行的估算，人民币加入 SDR 后，在 2020 年前各国或将净增持在岸中国国债约 6.2 万亿元；同时全球 11.6 万亿美元外汇储备中，将有 10% 被转化成人民币资产。这都将有助于降低 SDR 汇率的波动性，从而减少对世界经济稳定发展的影响。

第二十七章　巴黎气候大会

2015 年 11 月 30 日至 12 月 11 日,《联合国气候变化框架公约》第 21 次缔约方会议,即巴黎气候大会在法国巴黎隆重召开。12 日,巴黎气候大会主席、法国外长法比尤斯宣布,正式通过具有法律约束力的《巴黎协定》,这对全球应对气候变化具有里程碑式的意义。

第一节　背景

根据 2014 年联合国研究报告,2000 年以来因全球气候变暖导致海平面上升而引发的自然灾害造成的经济损失高达 2.5 万亿美元;到 2050 年左右每年造成的损失预计将超过 1 万亿美元。同时,2015 年 11 月世界银行的研究报告显示,如果不采取合理的措施应对全球气候变化问题,2030 年前全球将新增 1 亿贫困人口,全球气候问题形势严峻。同时,《京都议定书》第二期承诺即将到期,全球面临着 2020 年后如何应对气候变化的问题。2013 年的多哈会议各国领导人承诺在 2015 年前就全球气候变化问题达成具有法律效力的协定。另外,截止到 2015 年 10 月底,全球 155 个国家正式提交了"国家自主贡献预案",该预案是关于各国开展减少温室气体排放的气候行动,已提交预案国家的温室气体排放量占全球排放总量的 90% 左右,而各方提交的"国家自主贡献"文件将为巴黎气候变化大会达成协议提供前所未有的动力。因此,2015 年的巴黎气候大会被寄予厚望,甚至被赋予了拯救人类福祉的使命。

第二节　内容

2015 年 11 月 30 日至 12 月 11 日，巴黎气候大会在法国巴黎隆重召开，出席此次会议的有 138 位国家领导人、195 个国家代表团以及约 2000 个非政府团体等。此次会议的议题主要有四个：1. 各国达成关于 2020 年以后加强应对全球气候变化的行动协作；2. 发达国家在 2020 年前，碳排放量在 1990 年的基础上至少减少 25%—40%；3. 发达国家承诺，在 2020 年前每年为发展中国家提供 1000 亿美元的资金支持，并建立技术转让机制；4. 关于落实《联合国气候变化框架公约》基本原则以及加强全球联合行动的结果，各国在大会期间针对以上议题展开激烈讨论。

2015 年 12 月 12 日，巴黎气候大会主席、法国外长法比尤斯宣布，正式通过《巴黎协定》，这对全球应对气候变化具有里程碑式的意义。《巴黎协定》总共 29 条，包括目标、减缓、适应、损失损害、资金、技术、能力建设、透明度、全球盘点等，为 2020 年后应对全球气候变化行动做出了安排。其中，《巴黎协定》的长远目标是确保全球平均气温上升控制在 2℃ 以内，并为实现 1.5℃ 而不断努力。

第三节　影响

一、对全球共同应对气候变化具有里程碑式的意义

2009 年 12 月 7 日，万众瞩目的哥本哈根气候大会召开，然而会议结果却不如人意。原本期望的《2012 年至 2020 年的全球减排协议》被无法律约束力的《哥本哈根协议》所代替，人们所关注的具有法律约束的协议仍没有达成。2012 年以后，《京都协定》到期后如何应对 2020 年后的气候变化问题提上日程。巴黎气候大会的召开以及《巴黎协定》的颁布，正是解决此问题，为全球各国在 2020 年以后联合行动共同努力应对气候变化行动提供了行动指南，并为以后应对全球气候问题的行动提供了具有约束作用的法律依据，这对全球应对气候变化问题具有极其重要的意义。

二、中国主动参与全球气候治理，展现大国风采

中国一直是全球应对气候变化事业的积极参与者。2015年6月30日，中国正式提交应对气候变化国家自主贡献文件《强化应对气候变化行动——中国国家自主贡献》，承诺我国碳排放强度以2005年为基准量到2030年下降60%—65%；9月中国宣布设立200亿元人民币的中国气候变化南南合作基金，用于清洁能源等领域的国际合作。巴黎气候大会召开前，中国分别于美国、法国、欧盟以及印度等国家和地区签署联合声明，对《巴黎协定》的签署具有借鉴意义。11月30日国家主席习近平在巴黎气候大会开幕式讲话中指出，"中国在'国家自主贡献'中提出的目标虽然需要付出艰苦努力，但我们有信心和决心实现我们的承诺"。与会期间，中国代表团团长与外国代表团团长就谈判过程中的情况及时磋商，并在决定通过的最后关头与个别不能接受协定的缔约方紧急磋商，确保《巴黎协定》的顺利诞生。巴黎气候大会给了中国主动参与全球治理，展示负责任大国风采的机会。

第二十八章　中非"十大合作计划"正式启动

2015 年 12 月 4 日，习近平主席出席中非合作论坛约翰内斯堡峰会，发表题为《开启中非合作共赢、共同发展的新时代》的演讲，提出"为确保中非未来 3 年'十大合作计划'的实施，中国将提供总额为 600 亿美元的资金支持"。这一举措开启了中非合作新篇章。

第一节　背景

2000 年，中国与非洲友好国家在北京共同倡议成立中非合作论坛，从此开启中非友好合作历史新篇章。截止到 2014 年，中非贸易额高达 2220 亿美元，比 2000 年高出 20 倍，中国连续 6 年稳居非洲第一大贸易国；中国对非洲的直接投资年均增长 37%，投资总额超过 300 亿美元，超过 2000 年投资总额的 60 倍；有超过 3000 家中国企业在非投资建厂，对非洲经济增长的贡献率超过 20%。目前，中国正处于实现"两个一百年"的奋斗目标和中华民族伟大复兴的中国梦的征途中，而非洲则提出"2063 年愿景"，为非洲未来 50 年的发展规划了美好的蓝图；中国与非洲在各个领域有强互补性，合作前景广阔，为中非发展战略对接创造了历史性的战略机遇期。新形势下，中非需要全面升级合作伙伴关系，为中非经济发展注入新活力，推动并深化中非"新型合作"发展。在此背景下，2015 年 12 月 4 日，中非合作论坛约翰内斯堡峰会暨中非第六届部长级会议在南非召开。

第二节　内容

2015 年 12 月 4 日，习近平主席出席中非合作论坛约翰内斯堡峰会，发表题为《开启中非合作共赢、共同发展的新时代》的演讲，提出中国将提供总额为600 亿美元的资金支持。具体包括：提供 50 亿美元的无偿援助和无息贷款；提供 350 亿美元的优惠性质贷款及出口信贷额度，并提高优惠贷款优惠度；为中非发展基金和非洲中小企业发展专项贷款各增资 50 亿美元；设立首批资金 100 亿美元的"中非产能合作基金"。通过这些资金的投入，以确保中非未来 3 年在中非工业化合作计划、中非农业现代化合作计划、中非基础设施合作计划、中非金融合作计划、中非绿色发展合作计划、中非贸易和投资便利化合作计划、中非减贫惠民合作计划、中非公共卫生合作计划、中非人文合作计划、中非和平与安全合作计划等重点领域"十大合作计划"的实施。

第三节　影响

中国与非洲的合作是互利共赢的。截止到 2015 年，非洲通过中国的援助或者融资已建和在建铁路里程达 5675 公里，公路里程为 4507 公里；各种类型的学校超过 200 所，政府奖学金名额超过 7000 个，举办的技术管理研修班和培训班超过 100 个；中非合作论坛 15 年来已经为非洲培训各类实用人才 8.1 万多人次。此次中非合作论坛约翰内斯堡峰会，中国向非洲提供 600 亿美元用于"十大合作计划"，其具体内容包括：中国将提供 4 万个来华培训名额、向非洲受灾国提供10 亿人民币紧急粮食援助、支持非洲国家建设 5 所交通大学、扩大人民币结算和本币互换业务规模、支持非洲实施 100 个清洁能源等项目、实施 50 个项目支持非洲改善投资软硬条件、在非洲实施 200 个"幸福生活工程"、为非洲提供 3万个政府奖学金名额、向非盟提供 6000 万美元无偿援助等。中国与非洲的合作广度、深度等各领域各方面都有质的飞跃。我国也正在与非洲积极开展国际产能与装备的合作，积极帮助非洲国家推动工业化进程，最终实现工业化。同时，双方合作互利共赢让中非两国人民共享合作发展成果。另一方面，中国与非洲的新兴战略伙伴关系已经正式上升为全面战略伙伴关系，标志着中非双方合作进入新阶段。总之，中国与非洲的合作正在迈入快车道。

第二十九章　TPP谈判达成基本协议

2015 年 12 月 5 日，新一轮 TPP 部长级会议结束，美国贸易代表迈克尔·弗罗曼宣布，美国、日本、澳大利亚等 12 个国家成功结束"跨太平洋战略经济伙伴协定"（TPP）谈判，达成 TPP 贸易协定。至此，历经 5 年多的 TPP 谈判终于告一段落。

第一节　背景

2009 年以来，新兴经济体迅速发展，尤其是新兴大国日益成为世界经济舞台上重要的利益攸关方；多极化发展也成为当今世界主要的发展趋势之一；国际力量对比也发生深刻变化，中国已经超越日本成为全球第二大经济体。国际经济格局正在发生着重要的变化，国际金融危机暴露出现有国际金融体系的弊端，对世界经济治理造成严重威胁。面对国际经济格局的大变革、大调整，全球各国无不调整国家对内、对外政策以适应格局变化的要求，其中以美国的调整尤为显著。奥巴马政府面临着国内经济衰退、国际格局大调整的变局，深刻认识到调整国家战略的重要性，从而美国开始需求对外战略转型，其目标地区就是被认为是世界经济新增长点的亚太地区，具体表现就是启动以 TPP 谈判为抓手的"重返亚太"战略。另一方面，中国的迅速崛起，开始引领亚洲地区未来的发展："一带一路"战略的提出、亚投行的建立以及亚洲命运共同体的号召等，尤其是 2015 年中国与韩国、澳大利亚自贸区协议的签署，这都使美国感到加快调整战略的紧迫性，因此，美国重启并加快新一轮 TPP 的谈判。

第二节　内容

TPP 全称是跨太平洋伙伴关系协议（Trans -Pacific Partnership Agreement）。2002 年 10 月，新加坡、新西兰和智利在 APEC 墨西哥峰会上发起 "太平洋三方紧密伙伴关系"（Pacific-Three Closer Economic Partnership，简称 "P3"）。随后文莱宣布加入，2005 年 5 月，四国正式成立 "跨太平洋战略经济伙伴关系协定"（Trans-Pacific Strategic Economic Partnership Agreement, 简称 "P4"），并且于 2006 年 5 月 28 日正式签订生效，其主要目标是提供优惠贸易安排和加强贸易合作。2009 年 11 月，美国在 APEC 横滨峰会上高调宣布加入，并正式将其更名为 "跨太平洋伙伴关系协议"（Trans –Pacific Partnership Agreement, 简称 "TPP"）。同时，美国宣称将 TPP 打造为 "21 世纪自由贸易协定范本"，这意味着 TPP 的目标已变成建立全方位的区域经济合作 "范本"。

在 2009 年前由于其影响力比较小，并没有引起大家的关注，而 2010 年 3 月美国的加入成为 TPP 发展的转折点。2010 年 3 月，美国、智利、秘鲁、越南、新加坡、新西兰、文莱和澳大利亚等八个 TPP 成员国在澳大利亚墨尔本召开首轮谈判。6 月,TPP 第二轮谈判在美国旧金山举行,确立了新成员加入准则,即 "新加入成员必须与 TPP 每一个成员国讨论双边协定与贸易问题"。10 月，马来西亚被正式吸纳为第 9 个成员国。2012 年 6 月，墨西哥与加拿大相继加入 TPP 谈判。2011 年 11 月，日本在 APEC 夏威夷峰会期间宣布加入 TPP 谈判，并于 2013 年 7 月 23 日正式加入谈判。至此 TPP 共包含 12 个国家：美国、加拿大、墨西哥、秘鲁、智利、日本、文莱、越南、新加坡、马来西亚、澳大利亚、新西兰。截止到 2013 年 8 月，TPP 一共进行了 19 轮正式的谈判，自此之后，TPP 正式谈判便基本处于停滞状态。2015 年 6 月 29 日,美国总统奥巴马签署《贸易促进法案》(简称 "TPA"），促进 TPP 谈判加快步伐。10 月 5 日，TPP 成员国部长级会议在美国亚特兰大宣布 TPP 谈判基本达成协议。

表 29-1　TPP 谈判具体进程

进程	地点	时间
第一轮	澳大利亚墨尔本	2010年3月
第二轮	智利圣地亚哥	2010年6月
第三轮	文莱达鲁萨兰	2010年10月
第四轮	新西兰奥克兰	2010年12月
第五轮	智利圣地亚哥	2011年2月
第六轮	新加坡	2011年4月
第七轮	越南胡志明市	2011年6月
第八轮	美国芝加哥	2011年9月
第九轮	秘鲁利马	2011年10月
第十轮	马来西亚吉隆坡	2011年12月
第十一轮	澳大利亚墨尔本	2012年3月
第十二轮	美国达拉斯	2012年5月
第十三轮	智利圣地亚哥	2012年7月
第十四轮	美国里斯堡	2012年9月
第十五轮	新西兰奥克兰	2012年12月
第十六轮	新加坡	2013年3月
第十七轮	秘鲁利马	2013年5月
第十八轮	马来西亚哥打基纳巴卢	2013年7月
第十九轮	文莱斯里巴加湾市	2013年8月

资料来源：根据相关资料整理制作。

第三节　影响

一、TPP对中国的影响

TPP 基本达成协议势必对中国造成巨大的贸易歧视与贸易转移，从而对中国与亚太地区国家的贸易造成严重冲击。亚太地区在中国对外贸易中占有举足轻重的地位，根据世界贸易组织（WTO）的统计，2014 年中国进出口贸易总额为 4.3 亿美元，其中 TPP 成员美国、日本、澳大利亚以及东盟均排在中国十大贸易伙伴之列，其贸易总额约 1.5 亿美元，占中国贸易总额的 34.88%。虽然 2015 年 12 月 20 日中韩、中澳自贸协定开始生效，但是 TPP 的迅速扩张定会冲击我国与

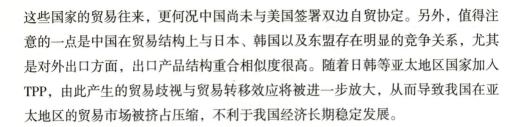

这些国家的贸易往来，更何况中国尚未与美国签署双边自贸协定。另外，值得注意的一点是中国在贸易结构上与日本、韩国以及东盟存在明显的竞争关系，尤其是对外出口方面，出口产品结构重合相似度很高。随着日韩等亚太地区国家加入TPP，由此产生的贸易歧视与贸易转移效应将被进一步放大，从而导致我国在亚太地区的贸易市场被挤占压缩，不利于我国经济长期稳定发展。

二、TPP对亚太地区的影响

TPP的发展对整个亚太地区的政治经济都产生了重要的影响。在经济方面，TPP冲击了亚太地区原有的经济融合机制。日本、越南、文莱、马来西亚以及新加坡等亚太地区区域经济一体化主要成员的流失使得亚太经济一体化的框架与进程被搁浅或者进展非常缓慢；原有亚太国家之间紧密的经贸往来关系以及资源、人员等自由流动也随着TPP的渗透而被打乱，从而进一步加大了亚太地区经济一体化的难度，甚至有可能使其形同虚设。同时，在政治方面，中国一直是亚太地区重要的影响力量并且随着经济影响力的增强在不断扩大。与此同时，东盟的发展壮大日益与中国成为共同主导亚太地区的重要力量。相对于中国与东盟的关系，美国的影响力较小，其影响范围主要集中的美洲地区。但是随着美国"重返亚太"战略的实施，TPP的迅速发展，亚太地区原有的政治力量均衡将被打破。美国通过各种方式挑衅或者诋毁中国，一定程度上破坏亚太各国对中国的政治信任，进而削弱中国在亚太地区的影响力，进一步加强美国在亚太地区的政治影响力。

三、TPP对国际贸易体制的影响

TPP的发展对世界贸易组织（WTO）在国际贸易体制中的作用有一定的削弱作用。在TPP谈判之前，国际贸易运行的体制与规则是以WTO规则为基础通过集体商讨来确定的。然而，WTO组织多哈回合谈判深入僵局：农业保护主义国家与农业大国强国之间关于农业领域规则制定的冲突；发达国家与发展中国家在服务贸易、知识产权保护等领域的矛盾暂时不能调和。美国主导的TPP正好解决上述两个问题，通过TPP谈判各成员国全面开放货物贸易领域包括农业。在TPP谈判中美国具有绝对话语权，从而使得以美国为首的发达国家在制定贸易体制、规则等方面具有绝对权力。因此，这样一个以美国为主导的"全面性、高标准"的贸易体制新规则或将取代原有的双边或多边贸易体系，成为引导全球贸易新体制的范本。

第三十章　美联储加息影响全球市场

2015 年 12 月 16 日，美联储备宣布，将联邦基金利率目标区间上调 25 个基点到 0.25% 至 0.5% 的水平。这是美国九年以来首次加息，结束了美国近五年的零利率时代。

第一节　背景

2008 年全球金融危机以来，世界经济在缓慢中逐渐复苏，为应对全球经济发展的脆弱性、不确定性以及不平衡性的现状，世界各国采取不同措施稳定本国经济的发展。美国则主要是推动 G20 集团的集体拯救危机，同时美国先后四次采取量化宽松政策，且保持基准利率接近为零，以提振美国经济的发展。为此，美联储资产负债表规模大幅膨胀，2014 年高达创历史纪录的 4.5 万亿美元。根据世界银行的预测，2014 年世界经济增长为 2.6%，发达经济体增长率为 1.6%。其中 IMF 预测，美国 2014 年经济增长率为 2.6%，与世界经济增长速度持平，远高于发达国家整体经济增长率，因而美国经济复苏势头比较稳固。与此同时，2013 年 11 月美国非农失业率已经由金融危机时的 11% 下降至 7%，截止到 2015 年 9 月美国非农失业率已经下降至 5.1%，低于 5.5% 的失业率目标。2014 年 10 月美联储正式宣布结束第三轮量化宽松政策 QE3 以来，美联储何时加息就成为全球市场讨论的一大热点。随着加息呼声越来越高，全球各大国际机构纷纷预测美联储在 12 月底或 2016 年 3 月启动加息的可能性比较大。

第二节　内容

2015 年 12 月 16 日，美国联邦储备委员会（The Board of Governors of The Federal Reserve System），宣布将联邦基金利率目标区间上调 25 个基点到 0.25% 至 0.5% 的水平，这是美国九年以来首次加息。2004 年 6 月 30 日，时任美联储主席格林斯潘宣布美联储开始新一轮加息，并且在此后的两年时间内连续十七次加息，截止到 2006 年 6 月 30 日联邦基金利率由 1% 上升到 5.25%，之后宣布暂停加息。鉴于经济形势的发展，2007 年 9 月 18 日，美联储宣布开始降息，截止到 2008 年 12 月 16 日，美联储已经连续七次降息，联邦基金利率也由 5.25% 下降至 0—0.25% 区间，极大刺激了美国经济的发展。随着美国经济的稳定发展，从 2012 年开始关于美联储加息的争论日益激烈。2014 年 10 月，美国退出资产购买计划后，加息的预期一再升温。虽然进入 2015 年以来美联储一再推迟加息，以至于对于美联储加息预期大幅下跌，但是 2015 年 12 月 16 日，美联储再一次宣布加息。

表 30-1　2004—2015 年美联储历次加息时间表

加息情况	时间	变化	联邦基金利率
第一次	2004年6月30日	提升25个基点	1.25%
第二次	2004年8月10日	提升25个基点	1.50%
第三次	2004年9月21日	提升25个基点	1.75%
第四次	2004年11月10日	提升25个基点	2.00%
第五次	2004年12月14日	提升25个基点	2.25%
第六次	2005年2月2日	提升25个基点	2.50%
第七次	2005年3月22日	提升25个基点	2.75%
第八次	2005年5月3日	提升25个基点	3.00%
第九次	2005年6月30日	提升25个基点	3.25%
第十次	2005年8月9日	提升25个基点	3.50%
第十一次	2005年9月20日	提升25个基点	3.75%
第十二次	2005年11月3日	提升25个基点	4.00%
第十三次	2005年12月14日	提升25个基点	4.25%

（续表）

加息情况	时间	变化	联邦基金利率
第十四次	2006年1月31日	提升25个基点	4.50%
第十五次	2006年3月29日	提升25个基点	4.75%
第十六次	2006年5月11日	提升25个基点	5.00%
第十七次	2006年6月30日	提升25个基点	5.25%
第十八次	2015年12月16日	提升25个基点	0.25%—0.5%

资料来源：根据相关资料整理制作。

第三节　影响

一、威胁新兴经济体工业增长

由于美元在国际货币体系中具有重要地位，美联储加息会必将使得美元走强，从而增加美元资产的吸引力，吸引国际资本回流美国。美国作为全球第一大经济体，国际资本的大量回流不仅会波及国内经济，还会波及世界经济，尤其是新兴经济。据统计，2015年二季度，中国外汇储备下降至3.65万亿美元，为七个季度以来最低水平；俄罗斯央行预计，2015年俄罗斯资本流出规模约为850亿美元。新兴经济体面临资本急剧外流、股市下跌、货币贬值、外债偿还压力增大等各种挑战，并将处于两难境地：若不加息，则资金外流，企业债务负担加重，投资意愿下降，影响工业产能扩张；若加息，则融资成本上升，抑制工业发展活力。

二、重压大宗商品价格

大宗商品多以美元计价，美元走强将使其价格走低，形成打压效果。截至2015年10月22日，CRB指数已从2011年4月末的高点370.72点跌至195.58点，累计跌幅超过45%；黄金累积下跌近7%，为2013年6月以来的最大跌幅。大宗商品价格的急剧下跌，使得资源出口型国家出口收入下滑、汇率贬值，进而阻碍了这些国家的工业复苏进程。

三、全球贸易不均衡加剧

加息预期使得美元汇率进一步上升，美国的贸易逆差将进一步扩大。据美国商务部统计，2015年1—8月，美国贸易逆差开始扩大，进出口降幅创2010年以来的新高。2015年前三季度，中国进出口总值同期下降7.9%，其中，出口下降1.8%，进口下降15 .1%。美元升值将使其他国家货币的汇率进一步下降，较高的利率差刺激美国商品进口，不利于商品出口，将加剧美国国内的贸易不平衡，同时也会影响到其他国家的贸易平衡和进出口平衡。全球贸易不均衡的加剧，势必给工业发展带来负面影响。

第三十一章　中韩、中澳自贸区协议生效

2015 年 12 月 20 日，中韩、中澳自贸协定正式生效，实现第一步降税；2016 年 1 月 1 日将实施第二步降税。韩、澳均为中国重要贸易伙伴，中韩、中澳自贸区的建成将对中国对外经贸关系乃至亚太地区的经贸深度融合产生巨大的推动力。

第一节　背景

亚太地区在中国对外贸易中一直占据着极其重要的地位，尤其是俄罗斯、韩国、日本、东盟以及澳大利亚等与中国有密切联系的国家。其中，中韩、中澳经贸关系一直保持良好发展势头，近几年更是成为中国双边关系发展的亮点。根据中国海关统计，2014 年中国与韩国的贸易额为 2904.6 亿美元，同比增长 5.9%，在中国十大对外贸易伙伴中排名第六；与澳大利亚的贸易额为 1369 亿美元，同比增长 3%，排名第八。截止到 2014 年，中国已经连续 5 年成为韩国、澳大利亚最大贸易伙伴、最大出口市场和最大进口来源国。随着中韩、中澳贸易持续发展，中国对韩国、澳大利亚的投资领域在不断扩大，货物产品、服务以及人才等各种资源的自由流动成为趋势。另外，中国已经签署了 12 个自贸协定，涉及 20 多个国家，其中包括：中国与东盟、新西兰、新加坡、巴基斯坦、智利、秘鲁、哥斯达黎加、冰岛以及瑞士。因此，关于中韩、中澳自贸协议的谈判也提上了日程。

第二节　内容

早在 2004 年 9 月 "东盟 10+3" 财长会议期间，中韩经贸部长就在民间层面联合研究自由贸易协定（简称 "FTA"）达成协议。2005—2010 年中韩就关于中韩自贸协定展开共同研究，并于 2010 年 9 月在北京就中韩敏感问题召开自贸协定第一次工作会议。2012 年 1 月 9 日，中韩两国就启动中韩自贸协定谈判达成一致协议，并于 5 月 2 日宣布正式启动自贸协定谈判。5 月 14 日，中韩自贸协定首轮谈判在北京举行，并设立了贸易谈判委员会（TNC）。截止到 2014 年 11 月，中韩双方就自贸协定共举行了十四轮谈判，11 月 10 日习近平主席与朴槿惠总统在北京宣布中韩自贸协定实质性谈判结束。2015 年 2 月中韩初步签订自贸协议，并公开英文版《中华人民共和国政府与大韩民国政府自由贸易协定》（简称 "中韩自贸协定"）。6 月 1 日，中韩正式签署《中韩自贸协定》；12 月 20 日，中韩自贸协定正式生效。

根据中韩自贸协定规定，2015 年 12 月 20 日实现第一步降税，2016 年 1 月 1 日实施第二步降税。另外，根据中韩自贸协定关税减让方案，中韩两国以 2012 数据为基准，中国最终将有 91% 的产品对韩国取消关税，覆盖自韩国进口额的 85%；韩国最终将有 92% 的产品对中国取消关税，覆盖中国进口额的 91%。从 2016 年 1 月 1 日起，中国实施零关税的税目数比例将达 20%，主要包括部分电子产品、化工产品、矿产品等；韩国实施零关税的税目数比例将达 50%，主要包括部分机电产品、钢铁制品、化工产品等。

就中澳自贸协定而言，2005 年 4 月 18 日，中澳两国政府在北京签署《中华人民共和国商务部与澳大利亚外交贸易部关于承认中国完全市场经济地位和启动中华人民共和国与澳大利亚自由贸易协定谈判的谅解备忘录》，标志着中澳自贸协定谈判开始。从 2005 年 5 月在悉尼召开首轮谈判，截止到 2014 年 8 月中澳自贸协定共进行了 21 轮谈判。2014 年 11 月 17 日，习近平主席参加在澳大利亚举办的 G20 领导人峰会期间，中澳双方宣布中澳自贸协定实质性谈判结束，标志着历经近十年、二十二轮谈判的中澳自贸区谈判尘埃落定。2015 年 6 月 17 日，中澳双方在澳大利亚堪培拉正式签署《中华人民共和国政府和澳大利亚政府自由贸易协定》（简称 "中澳自贸协定"）。10 月 22 日，《中澳自贸协定》获得澳大利亚立法机构批准；12 月 9 日中澳两国互换外交照会，并确定《中澳自贸协定》于 2015 年 12 月 20 日开始第一次降税，2016 年 1 月 1 日第二次降税。

根据中澳自贸协定规定，澳大利亚对中国的所有产品关税最终将均将为零；中国对澳大利亚的绝大多数产品关税最终将均将为零。中澳双方均做出承诺：将对对方在多个部门实施高质量的开放。另外，在《中澳自贸协定》生效日起，中澳双方均给予对方最惠国待遇；大幅降低企业投资审查门槛；增加企业投资的市场准入机会、可见性和透明度。此次中澳自贸协定涵盖货物贸易、服务贸易、投资和规划共 10 多个领域，包含电子商务、政府采购等。

表 31-1　中韩、中澳自贸协定谈判进程表

中韩谈判			中澳谈判		
进程	地点	时间	进程	地点	时间
第一轮	中国北京	2012年5月	第一轮	澳大利亚悉尼	2005年5月
第二轮	韩国济州岛	2012年7月	第二轮	中国北京	2005年8月
第三轮	中国威海	2012年8月	第三轮	中国北京	2005年11月
第四轮	韩国庆州	2012年10月	第四轮	澳大利亚堪培拉	2006年2月
第五轮	中国哈尔滨	2013年4月	第五轮	中国北京	2006年5月
第六轮	韩国釜山	2013年6月	第六轮	中国北京	2006年9月
第七轮	中国潍坊	2013年7月	第七轮	澳大利亚堪培拉	2006年12月
第八轮	韩国仁川	2013年9月	第八轮	中国北京	2007年3月
第九轮	中国西安	2013年11月	第九轮	中国北京	2007年6月
第十轮	韩国京畿道	2014年1月	第十轮	澳大利亚堪培拉	2007年11月
第十一轮	中国四川	2014.年5月	第十一轮	中国北京	2008年6月
第十二轮	韩国大邱	2014.年7月	第十二轮	澳大利亚堪培拉	2008年9月
第十三轮	中国北京	2014年9月	第十三轮	中国北京	2009年3月
第十四轮	中国北京	2014年11月	第十四轮	澳大利亚堪培拉	2010年2月
			第十五轮		2010年6月
			第十六轮	澳大利亚堪培拉	2011年7月
			第十七轮	中国北京	2011年11月
			第十八轮	澳大利亚堪培拉	2012年3月
			第十九轮	中国北京	2013年6月
			第二十轮	澳大利亚堪培拉	2014年5月
			第二十一轮	中国北京	2014年8月
			第二十二轮	澳大利亚布里斯班	2014年11月

资料来源：根据相关资料整理，2016 年 1 月。

第三节 影响

一、中韩、中澳自贸协定将使中国人民享受更多实惠

澳大利亚的农产品包括乳制品、牛羊肉、海鲜以及葡萄酒等、韩国的电子产品和日化产品包括洗发水、沐浴露、服装鞋帽等在中国市场颇受消费者喜欢。但是一直以来，高额的关税以及进口限制使得澳大利亚的农产品、韩国的电子产品和日化产品在国内市场价格比较高，或者必须出国才能够购买得到，难以满足消费者的需求。中韩、中澳自贸协定签署、实施后，中国消费者未来可以不用出国就可以享受免税的澳大利亚商品以及价格低的韩国商品。根据协定规定，在未来5—10年内，韩国的日化产品将降税20%—35%，甚至将为零关税；澳大利亚绝大部分商品将降为零关税，这使得中国消费者享受更多实惠。

二、中韩、中澳自贸协定将提升双方合作水平，共享互利共赢盛况

中韩、中澳自贸协定的实施，中国与韩国、澳大利亚的贸易量在短时间将迅速增加；同时中韩、中澳之间资金、资源以及人员流动更加便利。根据海关初步预测，以2015年上半年双边贸易量为基准进行静态估算，在中韩自贸协定规定下，2016年中国约260亿美元的出口货物、韩国约200亿美元的出口货物在对方享受关税优惠；在中澳自贸协定规定下，2016年中国约200亿美元的出口货物、澳大利亚约150亿美元的出口货物在对方享受关税优惠。自贸协定实施后，中韩企业产业链将更加紧密融合，竞争力将得到共同提升；中澳在由于产品结构上的互补性，将提升双方协同合作水平，从将促进双方共享合作共赢新局面。

三、中韩、中澳自贸协定将开创中国"自贸区战略"新局面

中共十八届三中全会明确提出，"国家实行自由贸易区的战略，形成面向全球的高标准自由贸易区网络"。中韩、中澳自贸协定的实施具有里程碑式意义，为中国在亚太乃至全球建设高水平的自贸区产生示范效应。同时，中韩、中澳自贸区的最终成型也将成为中国构建全方位对外开放新格局的先行者，为中国全面推进"自贸区战略"打开了突破口。目前我国已经签署14个自贸协定（包括中韩、中澳），涉及22个国家，以及商务部正在研究"一带一路"沿线65个国家的自贸区战略重点等，中韩、中澳自贸区的建成将逐步引领中国在更广大的地区实施自贸区战略的新局面。

第三十二章 亚投行成立推动"一带一路"战略实施

2015 年 12 月 25 日，中国财政部部长楼继伟在北京宣布，《亚洲基础设施投资银行协定》正式生效，这标志着亚投行在法律意义上正式成立。同时，亚投行开业仪式暨理事会和董事会成立大会也将于 2016 年 1 月 16 日至 18 日在北京举行，届时全球将正式迎来首个由中国倡议设立的多边金融机构。

第一节 背景

近年来，以新兴经济体为主的亚洲地区面临着保持经济增长与调整经济结构的两难境况：亚洲需要通过经济结构调整保持经济的持续性增长；而经济结构调整有赖于经济稳定持续的增长，两者的结合点就是扩大投资和加快基础设施建设。根据亚洲开发银行报告，未来 10 年，亚洲基础设施投资需要的金额高达 8.22 万亿美元，即每年需要新增 8200 亿美元用于基础设施建设。亚洲地区国家就是因为建设资金不足，铁路、公路、桥梁、港口、机场和通讯等基础建设不能满足经济发展的需求，从而限制了亚洲区域经济的快速发展。但是目前现有的多边银行，如世界银行和亚开行，融资贷款能力有限不能够满足亚洲如此庞大的基础设施需求，根据研究两家银行每年仅能为亚洲国家提供给 200 亿美元左右的贷款额度，与亚洲实际所需相差太大；同时它们并非是专门针对基础设施投资建设的金融机构。另外，亚洲新兴经济体发展潜力十足，前景广阔，只要各国相互合作，完全有能力共同建设一个新的专门针对基础设施建设的多边银行，扩大投资融资规模以满足亚洲基础设施建设需求。因此，亚洲基础设施投资银行应运而生。

第二节 内容

亚洲基础设施投资银行（Asian Infrastructure Investment Bank，缩写为 AIIB，以下简称"亚投行"）是一个政府间的亚洲区域多边开发银行，重点在于支持亚洲基础设施建设。2013 年 10 月 2 日，中国国家主席习近平在出访印度尼西亚期间提出筹建亚洲基础设施投资银行的倡议，以促进区域内互联互通基础设施建设俄经济一体化。10 月 9 日至 15 日，李克强总理出访东南亚时，向东南亚各国家提出筹建亚投行的倡议。2014 年 10 月 24 日，首批 21 个意向创始会员国的代表在北京签署《筹建亚投行备忘录》，共同决定成立亚洲基础设施投资银行 (AIIB)，标志着由中国倡议建立的亚洲区域多边合作开发银行的筹备工作迈入新阶段。11月 28 日，筹建"亚投行"首次谈判代表会议在云南昆明举行，正式启动亚投行章程的谈判准备工作。2015 年 1 月 15 日至 16 日，筹建亚投行第二次谈判代表会议在印度孟买举行，将 2015 年 3 月 31 日作为世界各国以"亚投行意向创始成员国"身份申请加入的截止日期。3 月 30 日至 31 日，筹建亚投行第三次谈判代表会议在哈萨克斯坦阿拉木图举行，深入讨论了《亚投行章程（草案）》修订稿，并就相关问题作专题汇报。4 月 15 日，根据规定日期一共有 57 个国家申请加入亚投行，均成为意向创始成员国，其中 34 个域内国家，23 个域外国家。6 月 29日，亚投行 50 个意向创始成员国代表在北京正式签署《亚洲基础设施投资银行协定》（以下简称《协定》）。截止到 12 月 4 日，科威特代表在北京正式签署《亚洲基础设施投资银行协定》成为第 56 个签署国，亚投行 57 个意向创始成员国只有菲律宾还没有签署该协定。14 日，俄罗斯总统普京正式签署法令批准《亚洲基础设施投资银行协定》，根据规定，签署协定的国家仍需要经过本国立法机构批准。2015 年 12 月 25 日，《亚洲基础设施投资银行协定》正式生效，标志着亚投行正式成立。

表 32-1　亚投行意向创始成员国

域内国家	亚洲（34国）	孟加拉国，文莱，柬埔寨，中国，印度，印度尼西亚，约旦，哈萨克斯坦，科威特，老挝，马来西亚，马尔代夫，蒙古国，缅甸，尼泊尔，阿曼，巴基斯坦，菲律宾，卡塔尔，沙特阿拉伯，新加坡，韩国，斯里兰卡，塔吉克斯坦，泰国，土耳其，乌兹别克斯坦，越南，吉尔吉斯斯坦，格鲁吉亚，阿联酋，阿塞拜疆，伊朗，以色列
域外国家	欧洲（18国）	奥地利，丹麦，法国，德国，意大利，卢森堡，荷兰，西班牙，瑞士，英国，芬兰，马耳他，瑞典，挪威，冰岛，俄罗斯，葡萄牙，波兰
	非洲（2国）	埃及，南非
	大洋洲（2国）	新西兰，澳大利亚
	美洲（1国）	巴西

资料来源：根据相关资料整理制作，2016 年 1 月。

　　根据规定，亚投行的法定资本为 1000 亿美元，中国初始认缴资本目标为 500 亿美元，为最大股东；各意向创始成员国就以各国国内 GDP 衡量的经济权重作为各国股权分配的依据达成共识，其中，中国的股权份额为 30.34%；印度为 8.5%；俄罗斯为 6.6%；德国为 4.5%。其主要任务是以融资支持的形式援助亚太援助亚太地区国家的基础设施建设——包括贷款、股权投资以及提供担保等，以振兴包括交通、能源、电信、农业和城市发展在内的各个行业投资。亚投行成立的第一个目标是投入到"丝绸之路经济带"的建设，其具体项目之一是北京到巴格达的铁路建设。

第三节　影响

一、亚投行：打造"一带一路"的金融支持平台

　　"一带一路"战略的实施有赖于亚洲地区各国互联互通的实现，而这则以基础设施的完善为先决条件。要解决基础设施建设落后的局面就需要强大的金融平台来提供支撑整个亚洲地区基础建设的资金。根据亚开行的研究，亚洲各地区要想维持现有经济水平则需要每年 8000 亿美元，其中 68% 用于新增基础设施投资，32% 是维护或维修现有基础设施所需资金。目前，各国单打独斗无法实现，同时现有的多边银行机构能力有限，因此，必须借助强有力外部力量，而亚投行

则正好弥补这些缺陷。亚投行不仅仅是为"修路"和"造桥"而生，更重要的是它将在投融资集体改革方面发挥重大的作用，成为亚洲地区针对于基础设施建设的专门性多边银行机构，为亚洲地区各国基础设施建设提供充足的资金支持，势必会推动亚洲乃至全球经济的健康持续发展。

二、亚投行的建设有助于共筑亚洲命运共同体

2015 年 3 月，习近平主席在博鳌论坛开幕式上提出建设"亚洲命运共同体"，并指出"我们要积极推动构建地区金融合作体系，探讨搭建亚洲金融机构交流合作平台，推动亚洲基础设施投资银行同亚洲开发银行、世界银行等多边金融机构互补共进、协调发展"。亚投行的建设和发展都是开放的，欢迎"一带一路"沿线国家核亚洲国家的参与。亚洲是亚洲人的亚洲，是世界的亚洲。亚投行的建设有助于各国在基础设施方面的合作，增强各国之间的相互了解和信任，以及文化等各方面的交流，另一方面，亚投行的建设有益于亚洲各国积极参与亚洲事务，做亚洲自己的主人，打造"亚洲命运共同体"，共享亚洲繁荣发展的成果。

三、亚投行的建设有助于提升中国富余产能"走出去"

作为亚投行的倡议者、最大的股东，亚投行的建设对中国来说也有着许多益处，其中非常重要的一点就是有助于中国富余产能"走出去"。虽然亚投行的法定资本只有 1000 亿美元，但是其可以撬动 5000 亿—10000 亿美元的资金规模用于亚洲基础设施建设，这就为我国国内富余产能"走出去"提供了机遇。目前，中国国内富余产能过剩问题比较严重，在水泥、钢铁、煤炭、电解铝等十大基础性产业更为严重。亚投行可以促进亚洲基础设施建设，以此带动中国富余产能的"走出去"。同时，亚投行的建设也可以促进中国"富余"资金的"走出去"。根据中国外汇管理局的数据，截至 2014 年 12 月，中国的外汇储备规模已达 38430.18 亿美元，位列世界第一。亚投行的建设可以将中国的"富余"资金转化为基础设施建设，降低外汇储备风险。亚投行的建立对于中国来说，扩大了中国投资需求，拉动了中国经济发展，促进了中国产业结构转移与产业升级。

四、亚投行的建设有助于提升中国国际金融话语权

亚投行是由中国倡议建设的亚洲区域多边银行机构，中国出资 500 亿美元占亚投行法定资本的 50%，是亚投行最大的股东，占有 26.06% 的投票权，具有实

际的一票否决权。因此，亚投行是中国主导的地区金融体系，对于制定其法律法规具有主导权，有助于提升我国在地区金融事务的话语权。另外，亚投行的建设有助于人民币国际贸易结算货币和外汇储备货币。亚投行的建设有助于人民币地区化，进而有助于人民的国际化。同时，这也为中国展现大国在金融领域的形象提供了平台，有助于加强我国在全球经济与金融领域的影响力，提高我国在国际金融领域的话语权。

展望篇

第三十三章　世界工业发展的有利因素

第一节　新一轮科技革命和产业变革蓄势待发

当前，全球正处于新一轮科技革命和产业变革的关键时期。信息技术、新能源、新材料、生物技术等重要领域和前沿方向的革命性突破和交叉融合不断加快，特别是以互联网为代表的新一代信息技术正在推动制造生产方式和组织方式的变革。全球正在进入"互联网＋"时代和智能硬件时代，以无人机、无人驾驶汽车、可穿戴设备、智能机器人为代表的新产业形态正在加速涌现。为了抢占竞争制高点，发达国家持续加强研发投入，寻求在关键领域的技术突破。美国发布了《先进制造伙伴计划》，大力推动工业互联网发展，以 3D 打印、智能机器人、新材料等领域的技术创新持续推动本土制造业重振。目前，机器人研发已经在军事、工业、生物医疗等领域取得多项实质性突破，高端复合材料已经得到了推广和应用。德国大力推出"工业 4.0"战略，通过打造智能车间和智能工厂，不断提升制造业的数字化和智能化水平。法国对"新工业法国"计划进行了修订，优化国家层面的总体布局，调整后的法国"再工业化"总体布局为"一个核心，九大支点"。具体地，一个核心即"未来工业"，主要内容是实现工业生产向数字制造、智能制造转型，以生产工具的转型升级带动商业模式变革。日本发布了最新制造业发展白皮书，再次强调要积极发挥 IT 的作用，建议转型为利用大数据的"下一代"制造业。新兴国家也将技术创新作为转型升级的重要方向，大力推动新兴产业领域的发展。在新一轮科技革命和产业变革的推动下，世界工业不断增添新的发展动力和活力。

第二节　以美国为代表的发达国家经济复苏动能有所增强

国际金融危机以来，发达国家加快了产业结构调整步伐，纷纷启动"再工业化"战略，重视对新产品新技术的培育，推动工业复苏的势头不断加快。一些跨国企业也纷纷加大对本国的投资力度，将高端制造业迁回本国，带动了工业复苏进程。美国经济复苏步伐稳健，从就业到收入等方面都取得了显著进步，并将持续表现强劲。在美国本轮经济复苏中，创新是重要推动力之一。2015年，谷歌、亚马逊等一批高科技上市企业股价创出历史新高。美联储预计，美国经济2016年将增长2.4%，高于2015年的2.1%。欧洲经济仍旧面临着严峻的外部环境挑战，各国分化态势明显。作为欧洲经济的主导推动力，受消费需求增长的影响，德国经济有望继续稳定增长，据德国慕尼黑Ifo研究所公布的一份调查显示，德国工业企业计划在2016年增加投资6%，大型制造业公司将拉动投资增长，进而带动工业生产。日本经济增长虽然仍然疲软，但工资上涨将带动个人消费，企业的设备投资仍将保持较高水平，工业生产将有所提升。日本政府确定了2016年度的经济增长率预期，名义经济增长率约为2.9%，除去物价上涨的后的实际增长率为1.7%左右，较2015年度的1.5%有所加快。发达国家经济增长速度的提升将进一步刺激消费需求，提振市场信心，有利于全球工业的整体复苏。

第三节　新兴经济体持续深化改革推动工业稳定增长

近年来，以中国、印度等为代表的全球新兴经济体持续深化改革开放，通过释放政策红利推动实体经济的发展。中国自2013年以来全面深化改革，推出了一系列有利于工业发展的政策措施。随着中国制造2025、"互联网+"行动的加快实施，中国制造正在加快向中高端迈进。印度启动了以"经济增长"为目标的大规模经济改革计划，正在采取更为宽松的政策推进经济特区建设，并对外资政策做出一系列调整，鼓励外资参与基础设施和制造业方面的投资。巴西政府也认识到基础设施匮乏、贸易保护主义、产业结构单一、自主创新能力弱这些结构性问题和人为的障碍，开始着手进行结构改革，从而控制通胀、提高劳动生产率和降低生产成本。西方的经济制裁则倒逼俄罗斯加快国内结构调整，摆脱依赖资源发展的经济模式，大力推动远东地区发展。拉美、非洲等地区也加快了工业化步伐。随着新兴经济体结构调整的不断深化，各国工业发展水平将进一步提升，从而有利于世界工业的稳定增长。

第四节　大宗商品价格持续下跌推动全球需求增长和成本下降

2014 年下半年以来，受地缘政治、宏观经济、外汇市场等外部因素及供求关系、产能布局、进出口政策等因素影响，原油、铁矿石、铜等大宗商品价格大幅下跌。此轮大宗商品价格下跌动力强劲，短期内企稳回暖的可能性不大。而上游价格下降有助于需求逐渐复苏，降低世界工业发展的原材料成本，在中短期内有助于多国工业复苏，遏制全球通胀压力。对全球制造业而言，国际油价下跌将减轻通胀压力，制造企业受惠于成本的降低和消费需求的提升，扩张动能将有所提升。世界银行认为，结合历史来看，供给面冲击导致油价下跌 30% 的情况应会在中期内给全球 GDP 带来半个百分点的提振。此外，大宗商品持续下跌有利于新兴国家转变经济发展方式，将经济发展更多放在实体经济发展上，推动全球产业结构加快调整。

第五节　自贸区谈判推动全球投资和贸易更加便利化

近年来，以 TPP、EPA、TTIP 等为代表的区域自由贸易谈判正成为发达国家推动全球贸易格局重构的重要途径。随着全球掀起新一轮的自由贸易浪潮，区域经济一体化将进一步推动全球经济的快速发展。TPP 和 TTIP 的共同特点就是广覆盖、高标准，其主要内容包括：消除货物贸易的关税和非关税壁垒；消除服务贸易和投资的限制性措施；在知识产权、竞争政策、劳工标准、环境标准、政府采购和技术创新等领域制定高于世贸组织现行标准的规则。跨太平洋伙伴关系协定（TPP）谈判结束，产生的影响不可低估，跨大西洋贸易与投资伙伴协定（TTIP）等区域贸易谈判可能加速，参与国家之间的投资和贸易壁垒将进一步消除，进而有利于参与国进一步提升工业生产。与此同时，以中国为代表的发展中国家也大力推动自贸区谈判，中国提出的"一带一路"战略正在加快推动中国与周边国家的互联互通与产业合作。中美、中欧、中日韩等相关投资和贸易协定谈判也在加快推动。随着自贸区谈判进展的不断加快，各国投资和贸易便利化将有利于全球工业的持续增长。

第三十四章　世界工业发展的不利因素

第一节　全球经济形势仍然面临较大的不确定性

2015 年以来，全球经济增长势头受到抑制，呈现疲弱和分化的特征，美国经济继续向好，日本 GDP 连续两个季度呈现负增长，欧元区经济增长日益企稳，新兴经济体经济增长持续下滑。联合国发布的《2016 年世界经济形势与展望》报告指出，全球经济在 2016 年和 2017 年将分别增长 2.9% 和 3.2%。全球经济增长动力主要来自于美国、中国等国家，新兴经济体金融风险加剧，经济增长略低于预期。在全球经济形势日益严峻的形势下，各国经济增长分化态势明显，特别是新兴经济体的经济增速出现了结构性放缓与周期性放缓叠加的局面，将导致新兴经济体经济增长进一步放缓。此外，中东、乌克兰等地区地缘政治冲突风险给世界经济复苏也蒙上了阴影。总体而言，全球经济形势日益复杂，面临较大的不确定性，制约了企业投资者的积极性，各国工业生产可持续增长仍面临着较大挑战。

第二节　美国加息冲击新兴经济体工业发展

美联储加息是影响国际资本流动最大的变数。2015 年 9 月 17 日，美联储宣布维持加息将增强美元资产吸引力，导致投资者在全球范围内重新进行资产配置，引发大规模国际资本跨境流动，进而对全球金融市场造成新的波动。在这种情况下，国际金融市场动荡在所难免，新兴经济体尤其是经济基本面较差的国家更容易遭受外部冲击。2015 年 10 月 1 日，国际金融协会（IIF）发布的报告认为，新兴市场今年将出现 1988 年以来首次资金净流出。美国加息后将导致国际资本从新兴经济体进一步撤离，造成这些国家融资成本上升。同时，美元进一步走强势必打压不断下跌的国际大宗商品价格，严重冲击依赖大宗能源、资源商品出口的资源主导型新兴经济体的贸易出口。从中长期来看，世界经济面临着陷入低增长的风险。全球金融危机不但给各国经济带来周期性的冲击，压抑了总需求，也严重影响着供给和中长期潜力增长。

第三节　大宗商品价格下跌冲击出口国工业增长

受全球经济增长乏力和产量盈余导致的需求疲软的影响，2015 年全球大宗商品价格持续大幅下跌。截至 11 月 18 日，反映一揽子国际大宗商品综合价格表现的美国商品调查局指数（CRB）下滑到 183 点附近，逼近 1986 年以来的最低记录，距离 29 年来的最低点 181.83 点不足 2 个点，全年已累计同比下滑超过 20%。综合分析各方面因素，大宗商品价格可能继续降低，这主要由于目前的供需格局短期内很难改变，一方面，受经济低迷影响，大宗商品进口需求不旺；另一方面，供给并未相应减少，石油输出国组织（OPEC）坚持不减产。高盛、摩根、花旗等国际投行认为，大宗商品价格走低的趋势可能还会持续几年。全球大宗商品价格持续低迷使得相关生产国和出口国的经济复苏受到严重冲击，工业生产的动力明显不足，2015—2017 年的经济增长率平均比 2012—2014 年减少大约 1 个百分点。能源出口国经济增速下降可能更大，平均大约 2.25 个百分点。

第四节　互联网技术推动全球制造业体系加速重构

当前，全球正掀起新一轮创新和变革的浪潮，移动互联网、智能终端、大数据、云计算、物联网等技术研发和产业化都取得重大突破，互联网跨界融合趋势明显。特别是在传统工业领域，智能制造、智能交通、智能家居等逐渐从概念走向现实，迈入高速发展期。企业生产也从以传统的产品制造为核心转向提供具有丰富内涵的产品和服务，互联网企业与制造企业、生产企业与服务企业之间的边界日益模糊。从某种程度上讲，制造业互联网化正成为一种大趋势。互联网技术的发展正在对传统制造业的发展方式产生颠覆性、革命性的影响。随着新一代信息技术的突破和扩散，柔性制造、网络制造、绿色制造、智能制造、服务型制造等日益成为生产方式变革的重要方向。一方面，生产模式中的各环节间更加高效地配置生产要素和时间，有效降低了生产过程的中间消耗，提高了资源配置效率。另一方面，智能装备广泛应用于生产过程，在降低人工误差的同时，也降低了人工成本，并高度规范了生产操作。同时，在多国、多个企业间，形成以创新链、产业链、价值链为核心的局域网络，全球协同化生产模式的运转更加顺畅和高效。虚拟化技术、工业互联网、3D打印、大数据、工业机器人等技术将进一步重构全球制造业体系。

第五节　全球经贸规则重塑将引发新一轮贸易争端

近年来，全球掀起了新一轮自由贸易区谈判热潮。在TPP、TTIP、TISA、RCEP等自由贸易区谈判的推动下，国际贸易投资规则体系面临重塑。2015年10月5日，TPP成功结束了多年的谈判，12个谈判国达成了基本协议，同意进行自由贸易，并在投资及知识产权等广泛领域统一规范。2015年10月23日，TTIP结束了第11轮谈判，欧盟提议在TTIP文本中专门设立一章，以确保欧美双方都能坚持较高的劳工标准和环保标准。随着发达经济体与新兴经济体不断争夺全球贸易格局调整的主导权，全球贸易格局重构步伐不断加快。欧美等国家凭借资金和技术优势以更高的贸易标准，将进一步挤压新兴经济体的产品市场空间，全球贸易争端将持续增多，对以中国为代表的新兴经济体带来了明显冲击。

第三十五章　世界工业发展的趋势特点

第一节　世界工业保持低速增长，全球制造业扩张缓慢回升

2015 年全球制造业在就业、需求和产出均存在扩张，但扩展步伐放缓，略逊于年初表现。今年制造业产出和新订单的扩张速度减缓，就业从年初的高位有回落，投入成本连续扩张，全球制造业活力欠缺。全球制造业采购经理人指数 10 月份为 52.2，与 9 月份持平，虽连续 23 个月高于 50 的经济景气荣枯分界线，但这也处于今年以来的低位，显示出全球制造业后续动力不足。由于亚洲制造业疲软，欧洲制造业低迷，导致全球制造业扩张呈现减缓的趋势。目前，美国制造业对全球制造业复苏的贡献较大，新兴经济体制造持续低迷，世界工业发展仍将面临着诸多挑战。预计 2016 年世界工业经济发展仍保持常态化的低速增长，全球制造业 PMI 指数将保持 50 以上，但是制造业扩张动能略显不足。

第二节　发达国家分化态势明显，新兴国家工业持续深度调整

2015 年以来，美国工业生产呈现较强的增长态势。美国制造业订单逐月增加、制造业指数呈上升趋势，截止到 10 月份，美国 10 月制造业 PMI 终值为 50.1，连续 34 个月位于荣枯线以上。目前美国内需趋于平稳，并呈现缓慢增长态势。随着美国积极打造高端技术装备，开发清洁绿色能源，较低的低能源成本让美国制造业在全球的吸引力越来越大，预计 2016 年，美国工业继续保持良好增长态势，制造业扩张动能较强。

欧盟主要国家的内需不足和外需的疲软对欧元区制造和整体经济形势构

成了巨大压力。根据 Markit 公布的数据，欧元区 10 月制造业 PMI 终值从 9 月终值 52.0 升至 52.3，高于预期值和初值 52.0。该指数已连续 28 个月保持在荣枯线以上。除希腊制造业景气仍然紧缩外，其余欧元区国家多呈现扩张，德国制造业 PMI 和工业生产指数整体上亦呈现小幅回升态势。但考虑到难民潮压力和巴黎恐怖袭击的影响，欧盟经济复苏进程将存在一定的不确定性，预计 2016 年欧盟制造业将持续疲软态势，扩张动能有所不足。

日本经济依然疲弱，投资信心指数和前景指数均处于近期较低水平，10 月日本投资信心指数仅为 –2.5，创 2013 年以来新低，表明未来日本工业生产和投资活动将持续偏弱。11 月路透短观制造业景气判断指数 +3，创自今年 3 月以来最低，并低于前值 +7，反映了对海外市场需求减缓，造成日本工业下滑。预计 2015 年日本工业生产继续维持现状，工业发展呈现微弱复苏态势。

2015 年以来，俄罗斯和巴西制造业 PMI 基本处于荣枯线之下，10 月份俄罗斯虽然较前期有所提升，但仅为 50.2，也是首次升至荣枯线以上；巴西则出现大幅下降，创 2009 年 4 月以来最低值；9 月份两国工业生产指数分别同比下降 3.6% 和 10.8%，降幅十分明显。印度制造业 PMI 继续回落，10 月为 50.75。10 月份南非 PMI 值为 52，与上月持平，未能延续大幅提高的态势，表明回暖基础不牢固。总体来看，受大宗商品价格下跌、流向新兴市场的资本减少、信贷增长过快、部分国家政局动荡和金融市场波动等多重因素影响，新兴经济体的工业生产在 2016 年将继续走弱。

第三节　绿色化、智能化和服务化转型趋势不断加快

以钢铁、水泥、纺织、化工等为代表的全球传统产业在经历了产业结构优化升级之后盈利能力明显增强，特别是发达国家房地产市场的回暖将使全球传统产业扭转持续恶化的局面，并且随着国际大宗商品价格的持续下跌，原材料成本价格将持续下滑，预计四季度传统产业的转型步伐加快，增长速度将有所提升。在先进制造业领域，随着德国的工业 4.0、美国的工业互联网和中国的"互联网 +"战略的不断推进，工业互联网 +、工业云、移动 O2O 等新型生产组织不断出现，极大地提升了工业设备、生产过程、产品和用户数据的感知、传输、交互和智能分析的能力，制造业服务化已成为全球产业发展的显著特点和重要趋势。特别是

随着大型跨国企业服务收入占比的大幅提升，基于产品的增值服务已成为国际大型制造企业的主要收入来源。预计 2016 年，制造业向绿色化、智能化、服务化转型趋势不断加快。

第四节　全球直接投资将略有增长，跨国公司本土化进程加快

根据联合国贸发会议（UNCTAD）发布的《2015 年世界投资报告》显示，受全球经济脆弱、投资者对政策不确定、地缘政治风险提高等因素影响，2014 年全球外国直接投资（FDI）为 1.23 万亿美元，同比下降 16%。综合考虑发达国家制造业继续回流、新兴经济体继续加大产业升级力度、全球产业格局调整步伐加快等因素的影响，流入发展中经济体的投资将继续增加，全球产业双向转移的趋势日益明显。预计全球 FDI 在 2015 年到 2017 年将分别增长到 1.4 万亿、1.5 万亿和 1.7 万亿美元。随着全球经济复苏，预计 2015 年全球外国直接投资仍保持小幅度增长，跨国公司本土化进程日益加快。

第五节　全球贸易保持增长态势，新兴经济体贸易联系将增强

受到主要经济体进口需求下滑、石油等大宗商品价格下跌以及全球汇率市场强烈波动等因素的影响，世界贸易组织（WTO）将 2015 年的世界贸易增长预期下调至 2.8%，大幅低于此前 3.3% 的增长预期。而 2016 年的全球贸易增长预期从 4.0% 微调至 3.9%。综合考虑人民币加入特别提款权（SDR）为全球贸易增长创造新空间的有利因素，以及大宗商品价格进一步走弱、金融市场的不稳定性加剧、美国未来货币政策走向模糊等不利因素的影响，预计 2016 年全球贸易将呈现微弱增长的势头。

第六节　跨国企业持续并购重组，资源配置全球化步伐加快

随着欧美发达国家经济的持续复苏，跨国企业不断加快战略调整步伐，全球企业并购正以创历史新高的速度加速推进。联合国贸发会议发布的报告提出，

2015年上半年全球跨国企业并购总规模达4410亿美元，比去年同期激增136%，创下2007年下半年以来的新高，也就是国际金融危机以来的新高。随着新兴经济体竞争实力的增强，企业对外投资规模也不断提升，新兴经济体之间的投资合作不断加快。在全球并购活动日益活跃的背景下，预计2016年跨国企业并购重组步伐将进一步加快。与此同时，在互联网技术的推动下，一些跨国企业将价值链与生产过程分解到不同国家和地区，技术研发、生产以及销售的多地区协作日趋加强，内部组织扁平化和资源配置全球化将成为制造企业培育竞争优势的新途径。

后　记

　　《2015—2016年世界工业发展蓝皮书》由中国电子信息产业发展研究院赛迪智库世界工业研究所编撰完成，旨在梳理世界主要经济体工业发展概况及最新发展动态，探讨、展望全球产业新格局与新趋势。

　　本书由樊会文担任主编，赵树峰担任副主编，分前言、综合篇、区域篇、行业篇、企业篇、热点篇和展望篇等七部分内容，各篇章供稿人分工如下：综合篇（任宇）、区域篇（朱帅、丁悦、苍岚、任宇、陈永广）、行业篇（薛载斌）、企业篇（丁悦、陈永广、苍岚、朱帅）、热点篇（李鑫）、展望篇（陈永广）。同时，本书在研究和编写过程中得到了工业和信息化部各级领导及行业协会和企业专家的大力支持与指导，在此表示衷心的感谢。

　　当前，我国经济发展进入新常态，制造业发展已经到了爬坡过坎、由大变强的重要关口。扎实推进《中国制造2025》、"互联网＋"等国家重大战略，推动工业的供给侧结构性改革，提升供给体系的质量、效率和层次，是当前我国工业发展的重中之重。在此，希望我们的研究能够为探索中国特色新型工业化道路提供一些国际视角的思考。但由于研究能力有限，本书在编写过程中的疏漏和不足之处在所难免，诚恳希望得到来自政府领导、行业专家和企业的批评与指正。